泰戈尔笔下的教育

［印］泰戈尔 ◎著
［中］白开元 ◎编译

中央编译出版社
Central Compilation & Translation Press

目 录

译　序 / 1
初入学堂 / 1
记忆中的师范实验小学 / 5
学习英语 / 11
在家里学习 / 16
在英国留学的日子 / 21
鸟巢里的教育 / 27
初等教育 / 30
自由的教育 / 33
重提老问题 / 36
科学协会 / 40
再谈科学协会 / 45
历史书籍 / 48
历史故事 / 51
教育的载体 / 54
教育方法 / 72
教育和目标 / 77
民族学校 / 84
教育问题 / 92

教育的弊端 / 109

《教育的弊端》引发的争论 / 121

教育改革 / 126

教育运动的序幕 / 132

大学议案 / 138

学生的隔离服 / 144

印度教大学 / 157

宗教教育 / 173

圣蒂尼克坦的老师们 / 192

国际大学 / 197

梵学书院 / 236

图书馆 / 240

在北海对少年儿童的讲话 / 242

在北京英语教师联合会举行的欢迎会上的讲话 / 246

在北京大学对学生的讲话 / 251

在上海贝纳斯夫人家中谈儿童教育 / 253

在国际大学中国学院揭幕仪式上的讲话 / 258

在莫斯科和小学生就教育进行座谈 / 265

译 序

罗宾德拉纳特·泰戈尔是享誉世界文坛的印度大文豪。他从八岁开始练习写作,一直到逝世前口授最后一首诗《你创造的道路》,创作生涯长达七十余年,为后人留下五十余部散文集。

泰戈尔的散文创作与诗创作几乎是同时起步的。泰戈尔十四岁那年在文学杂志《知识的幼苗》上发表第一首诗《野花》。不久,他以稚嫩的笔写就的处女作散文也在该杂志上发表。1941年,泰戈尔逝世前三个月,发表最后一篇重要散文《文明的危机》。散文创作也贯穿他的一生。

教育,是泰戈尔散文重大题材之一。

纵观泰戈尔漫长的一生,除了文学创作,推广合作社和建校办学,是他两项重大社会实践活动。

泰戈尔有关教育的论述至今具有现实意义。

泰戈尔认为愚昧无知是国民贫穷的根源,他把发展民族教育事业视为一条重要的救国之路。他痛恨殖民当局从政治需要出发,推行培植奴性的教育制度。他痛心地指出,旧学校培养的学生,死记硬背殖民当局审核的教材,一心想当上文书、听差、管家、律师,或在政府部门中谋得一官半职,只顾自己过上舒适生活,对广大贫苦民众冷若冰霜。泰戈尔反其道而行之。他创建学校,一开始就尽力让学生"懂得什么叫为民造福"。他分析严酷的社会现实,一针见血地指出:"为了使教育制度有利于为印度造福,印度的民族学校应摆脱(殖民)政府的统治。"

从1901年开始，泰戈尔在圣蒂尼克坦实施他的教育计划，他发现现有教材不适宜孟加拉儿童，便亲自动手编写了几套由浅入深的教科书，这些书后来被其他一些学校所采用。由于资金不足，缺少教职人员，他不得不亲自为学生上课，甚至要为学生张罗餐具、卧具，安排他们的食宿。他的诺贝尔文学奖金、孟加拉语著作的稿酬，以及圣蒂尼克坦的土地、房屋全部捐赠给学校。学校急需经费的时候，他毫不犹豫地卖掉作品的版权和妻子的首饰。泰戈尔打破排除殖民当局对民族教育的限制，揭露殖民当局以高薪为诱饵，从民办学校挖走优秀教师的卑鄙伎俩。他克服重重困难，为印度培养了大批人才。他呕心沥血发展民族教育的无私奉献精神令人敬佩。

泰戈尔创建的静修林般的学校，是一方净土。他倡导一种全新的师生关系。他强调学生和教师，不分贫富，应朝夕相处，亲如一家人。他深情地说："师生关系，应该是非常纯真的。给予知识，接受知识，双方之间的桥梁，是尊敬和慈爱。没有情谊的纽带，只有交易的关系，那么，接受知识者，是不幸的；传授知识者，也是不幸的。"但有了"师生充沛的情谊，教育事业，能像健康机体内血液流动那样，向前发展。"泰戈尔触及本质的睿智见解，像一面镜子，照出了极少数人至今把教育当作挣钱手段，把学校变成商贸机构，巧立名目胡乱收费，甚至贪污犯罪的丑恶灵魂。

泰戈尔的倡导的教学方法，独树一帜。

泰戈尔自幼对印度旧式教育制度深恶痛绝。他称采用填鸭式的授课方式和死板的考试模式的小学，是"教学的工厂"，是高墙环围的"监狱"。学生从上午十点到下午四点钟，死记硬背老师机械地传授的知识，笔记本的三四页"写满从机器里流出来的话"，到了考试的时候，把囫囵吞下的话吐出来，写在试卷上，有个及格分数，就心满意足了。旧学校的学生不爱动脑筋，只会重复书本内容，没有独立思考的能力，对社会问题鲜有独立见解，人云亦云，是只会重复主人的话的"鹦鹉"。

结合自己的切身体会，泰戈尔认为，"思维能力和想象力是人生旅途中两种宝贵资本。想成为人才，这两种资本缺一不可。""小时候不注意培养，走上工作岗位，它不是唾手可得的。"但千篇一律的旧式教育内容，一刀切的考试方法，想要高分必须接受的标准化的答案，造成了学生僵化的思维定式，"堵塞了通往形象思维王国的道路。"

泰戈尔认为，人的想象力必须在儿童时期培养。因为儿童的心灵稚嫩，好奇心旺盛，感觉能力极为强劲。这时候，应让儿童走出与生活脱离的课堂，生活在"大地母亲的慈怀中"，在云彩和阳光的游乐场，在寥廓的天空下做游戏，感受自然的千姿百态和无穷变幻。无垠的天空，浩荡的长风，苍翠的树林，对他们来说，重要性绝不亚于书本和考试。与此同时，开设音乐、绘画、舞蹈课程，创造浓郁的文化氛围，让学生无拘无束地作画，唱歌，跳舞。"在形象、趣味、色彩、馨香、画面、旋律的熏染下，让他们的童心像百瓣莲花一样怡然绽放"。泰戈尔和其他艺术家写诗、谱曲时，总让学生簇拥在身边，谛听发自作家内心的新鲜的诗作和乐曲，不知不觉汲取无形的艺术营养，最大限度地释放潜藏于人性深处的想象力。

缺少想象力的学生长大以后进入社会，走上工作岗位，一如既往地循规蹈矩，不敢跨出陈旧规则的樊篱，便不会有创新的勇气和能力，不可能在科技创新和社会变革上有所作为。自古到今，所谓创新，所谓变革，本质上就是敢想敢为，就是标新立异，而想象力是不可缺少的前提和动力。没有想象力，创新变革恐怕就是一句空话。

泰戈尔是自然之子，对自然的眷恋使他在十三岁那年冒天下之大不韪，断然决定不上学，与他憎恶的牢房般的学校一刀两断，走上自学之路。他广泛涉猎家里收藏的梵文、孟加拉语、英语名著，一拿到优秀之作便如饥似渴、废寝忘食地阅读，努力提高自己的文学修养。同时以敏锐的目光关注社会现实，精心选择题材，进行文学创作。他的五哥乔迪宾德拉纳特既是兄长又是导师，从不因他年幼而小觑他，而是耐心细致地对他讲解孟加拉诗歌的韵律，和他一起分析他稚嫩之作的不足之处，把修改过的习作在家中办的杂志《婆罗蒂》上发表。兄长的真诚帮助和指导,给予他极大鼓励,使他逐步登上不同门类的文学巅峰。1913年,他把自己的一部孟加拉语诗歌译成英文,取名《吉檀迦利》,介绍给西方读者,大受欢迎。他因这部诗集荣获诺贝尔文学奖。

  泰戈尔成为亚洲获此殊荣的第一人,既有客观原因也有主观原因,既是历史的偶然,也是历史的必然。假如他的家庭不民主不开明,逼迫他改弦易辙。假如他不敢抗命,对长辈言听计从,按部就班地学完高中课程,进入大学深造,继而到国外镀金。凭他的高智商,他学理工绝对可成为一名卓有建树工程师。学文科完全可以成为一名赫赫有名的律师,或在仕途上前行,登上殖民当局允许印度人登上的最高的行政职位——县长的宝座。果若那样,历史就得重写。所幸的是,那一切没有发生。因为,他的选择得到了家人的尊重,使他从旧教育制度的桎梏中得到解脱,兴趣得到充分扩展,想象力得以自由驰骋,从而写出大量名篇佳作。即使在本书关于教育的文章中,泰戈尔也轻车熟路地采用拟人手法,营造幽美神奇的意象,把他的论点阐述得极为生动,具有说服力。如:"孟加拉人的心殿,燃烧着愿望的祭火。熊熊火焰中,冉冉升起手持祭品的民神。"形象地表现了全体孟加拉人民创建自己学校的喜悦心情。关于梵教,泰戈尔写道:"我们看见它从信徒的生命之源流淌出来。它不是水坑,不是石堤环围的池塘,它是在岁月之野上奔腾的江河,它有流动的姿态,有一往无前的气势,让新时代啜饮自己的甘露。"诗人以"岁月之野上奔腾的江河"这个奇丽意象诠释抽象的梵教,既能为人接受,又给人以美的享受。追根溯源,诗人高超的艺术技巧和非凡成就,来源于儿童时代兴趣的温室里培养的无羁的形象思维能力。这可以说是对当今望子成龙的家长们无声的提醒:尊重保护你孩子的兴趣吧,它是培育你孩子未来骄人成就的沃土。压制孩子的兴趣,等于断送他的美好前景。

  经过二十余年的艰苦努力,泰戈尔把在圣蒂尼克坦创办的只有五六名学生的小学逐步扩建成一所大学和进行国际文化交流的中心。之所以有如此巨大变化，与泰戈尔摘取诺贝尔文学奖桂冠有直接关系。泰戈尔荣膺诺贝尔文学奖，为印度争得了荣誉，各国文化界人士不由得对印度刮目相看。泰戈尔应邀频繁出访，与各国政要名流广泛接触，共商文化交流的途径和措施。他从法国、德国、瑞士、奥地利、捷克等欧洲国家获得的大量赠书，为国际大学开展西方学研究创造了必要条件。应泰戈尔的邀请，包括希尔芒雷维、安德鲁斯、皮尔逊在内一批西方学者，到国际大学开课或从事印度研究。东西方学者的荟萃，赋予圣蒂尼克坦无可争议的国际属性。

国际大学也是中印文化交流史上一座醒目的里程碑。

1924年，泰戈尔应邀访问中国，在北京、杭州等地发表讲话，回顾中印两国对世界文明作出的巨大贡献，表达疏通蔓生着忘却的荒草的友谊大道的热切愿望。他还在北海、北京大学、北京英语教师联合会举行的欢迎会和上海贝纳斯夫人家中，就教育发表演讲，阐述他的真知灼见。经过多年不懈努力，1937年，在他创办的国际大学成立了唯一的外国学院——中国学院。圣雄甘地在致泰戈尔的贺信中，祝愿中国学院成为生机勃勃的中印关系的象征。国大党主席尼赫鲁在致泰戈尔的贺信中说，在历史的黎明时分，具有灿烂文化和和平发展的悠久传统的中印兄弟两国，应在世界之剧中扮演最重要的角色。揭幕仪式上，泰戈尔发表热情洋溢的讲话《中国和印度》。泰戈尔为之倾注大量心血的这所学院，为印度培养了许多汉学专家，至今是印度汉语教学中心。

毛泽东主席创建的新民学会的会员、中国著名学者谭云山先生，担任中国学院首任院长。圣雄甘地在致谭云山先生的信中，称谭云山先生为筹建中国学院所作的不懈努力，极其珍贵，并祝愿中国学院获得丰硕成果。通晓梵文的吴晓铃、金克木先生先后来到国际大学任教。国际大学接待过徐悲鸿、徐志摩等中国著名文化使者。徐悲鸿作为访问学者在国际大学一年期间，为泰戈尔所作的经典画作，被多部中文版泰戈尔诗集用作封面，影响甚广。

周恩来总理1957年应邀访问印度，特地前往国际大学参观。他在欢迎大会上赞扬泰戈尔是"憎恨黑暗、争取光明的伟大印度人民的杰出代表，中国人民永远不能忘记泰戈尔对他们的热爱。中国人民也不能忘记泰戈尔对他们的艰苦的民族独立斗争所给予的支持。"

本书编译过程上，孟加拉语作品中遇到的问题，曾向中国国际广播电台孟加拉语部专家萨拉乌汀（shalauddin）请教。在此，谨向他表示衷心感谢。希望拙编能对我国研究泰戈尔教育思想有所帮助，对我们的教育改革有所启示。译者的孟加拉语、汉语水平有限，译文难免有不当之处，欢迎外国文学研究者和读者不吝赐正。

白开元

初入学堂

我们三个男孩①是一起长大的。两个伙伴比我大两岁。他们师从马达波昌德拉,按部就班学习的时候,我也已开始读书,详细情况现在记不太清了。

记得当时吟诵的一句诗是:细雨霏霏,树叶战栗。那时节,我头顶着"玻、坡、摸、佛……"等字母的风暴,刚刚登上彼岸。"细雨霏霏,树叶战栗",是我今生读到的第一首诗。后来每当记起当时是多么快乐,我就深刻地感到,诗为什么需要韵律。诗句押韵,诗读完了,却意犹未尽。诗的内容表达完了,却依然余音绕梁。诗意以韵律与耳朵和心灵继续做游戏。那一天,在家里走来走去,我满脑子是"细雨霏霏,树叶战栗"的意境。

泰戈尔和两个小伙伴

童年时代的另一件事,深深地镌刻在我的心扉。我家有一位老账房,名叫格伊拉施·姆卡吉,他跟我家的亲戚一样,非常幽默,和我家每个人开玩笑。新女婿初次登门,他总是充分发挥诙谐的才华,把人家推进尴尬的境地。传说,他死后,他

---

① 指作者和他的哥哥索蒙德拉纳特和外甥苏笃波拉萨特。

的幽默感有增无减。过去，我家长辈喜欢使用制图仪器，与亡灵对话。有一天，他们用圆规的铅笔芯画的笔迹中，出现了格伊拉施·姆卡吉的名字。于是问他：请告诉我们，你居住之地的民风如何？传来的回答是：你们活着想骗我告诉你们我死了所知道的一切，别做美梦！

小时候，正是那个格伊拉施·姆卡吉以极快的速度，朗诵一首很长的儿歌，博得了我的欢心。我就是儿歌中的男主人公。儿歌浓墨重彩地叙述的一位女主人公，在不远的将来，像我希望的那样，毫不踌躇地走到我身边。这位迷醉世界的姝丽，以容光照耀着守望者的命运。听着，听着，我的心被那种情景迷住了。从头到脚，她戴的价值连城的首饰，他一件件细细叙述。接着讲述男女主人公相会的缠绵情状，不少理智的成年人，听了也会怦然心动。我这个少年更是热血沸腾，眼前看到的是色彩缤纷的奇特的欢乐场面。之所以有这样的艺术效果，根本原因在于不停地快速朗诵诗句和抑扬顿挫的节奏。少年时期，品尝文学趣味浓郁的作品的情景，历历在目。我还记得另一首儿歌的两句诗：噼里啪啦下大雨，河里波涛汹涌。这首儿歌简直就是我儿童时代的《云使》①。

此外，第一天上学的情形，也记忆犹新。有一天我发现，哥哥和年长的外甥苏笃波拉萨特上学去了，可我还没有被认为有资格上学。除了放声大哭，我没有其他宣传我也有上学资格的良策。在这以前，我没乘过汽车，也没有外出过。苏笃波拉萨特每天放学回来，极其夸张地讲述上学和放学路上的所见所闻，弄得我再没有心思待在家里。我的家庭教师为了扼杀我上学的热情，用学校暴戾的教鞭吓唬我，说了句后来被证实的话：现在你哭着要上学，日后你为了不上学，哭得更凶。那位家庭教师的姓名和模样，无论怎样搜索记忆也记不起来了。但我清楚地记得他那一针见血的话和那条可怕的皮鞭。今生今世，我还没有听到过像他那种灵验的预言。

凭借眼泪的力量，我终于提前进了东方学校。记不清楚在学校里学

---

① 印度古代著名诗人迦梨陀娑的名作。

到了什么知识,但学校里惩罚学生的高招,依然记得。哪个学生背书结结巴巴,就勒令他站在长凳上,平直地伸出两条胳臂,两摞写字板压在他的两只手上。小学生娇嫩的身体和脆弱的心灵能否培养出承负如此沉重的石板的能力,是值得心理学家研究的课题。

就这样,幼小的我开始读书了。最初,我阅读仆人们爱看的几本书,踏上文学的探索之路。其中最重要的两本,是贾诺卡创作的诗歌的孟加拉译本和葛里迪巴斯改写的《罗摩衍那》。我至今记得某一天读《罗摩衍那》的情景。

泰戈尔故居朱拉萨迦

那天天空阴云密布。我在外宅甬道旁的游廊里玩耍。记不清因为什么原因,苏笃波拉萨特为了吓唬我,突然大叫起来:"警察!警察!"关于警察的职责,我大致有个印象。我知道,认定某人是罪犯,把他交到警察手中的话,那么,就像鳄鱼用锋利的牙齿咬住猎物,消失在深水里那样,警察拧着不幸的犯人的胳膊,消失在高深莫测的警察所,是他们的天职。想不出什么办法,能让我这个无辜少年免受那种残酷的处罚,我撒腿就往内宅跑去。他们在后面紧追不舍——这种无根由的恐惧,诱发了我满背的鸡皮疙瘩。一见母亲,我向她报告了我的危急处境，她没有露出特别忧虑的神色。可我觉得外出很不安全。外祖母和一位远房婶婶正在读葛里迪巴斯改写的《罗摩衍那》。我把这本云石纸（Marble paper）封面已经污渍斑斑、书角破损的书抱在怀里，坐在母亲卧室的门口读了起来。前面是内宅环围花园的正方形游廊，从布满阴霾的天空，下午暗淡的日光费力地挤进游廊。见我读到《罗摩衍那》中悲伤的故事，扑簌簌落下眼泪，外祖母硬是把书从我的手中夺走了。

记忆中的师范实验小学

在东方学校读书的时候,我想出了一个消除学生地位卑微的良策。我在家里游廊的一个角落开了一堂课。栏杆是我的学生。我端来一张椅子,坐在它们面前,手执木板,一本正经地授课。那些栏杆中间,哪一位是好孩子,哪一位是淘气包,早已泾渭分明。甚至品学兼优的栏杆和顽皮透顶的栏杆、聪明的栏杆和愚笨的栏杆的面相的差异,我也一目了然。我的木板一次次重重地落着淘气的栏杆的身上,它们皮开肉绽,活着但求一死,以得到永久的安宁。木板的重击下,它们越是呲牙咧嘴,我越生它们的气。怎么做才能让它们受到足够的处罚,我一时想不出更好的办法。如今,已没有人能作证,当年在那宁静的教室里,我授课是多么可怕。那时的木头学生的位置上,最近安装了铁栏杆。我们的后辈中间,没有一人还会接受那样的教学重任,接受的话,采用过去的那种教学方式,绝不会有好结果。

十二岁的泰戈尔

我看得很清楚,小学生学习老师讲的书本内容,很不用功,但模仿老师的神态动作,不觉得很困难。教学方面的种种弊端,诸如不公正、不耐心、粗暴、偏见等等,比起其他教学内容,更容易被我们学到手。所幸的是,除了像木栏杆之类的紧闭嘴巴、正襟危坐的物体之外,对其他物件施暴的办法，还没有为柔弱的我所掌握。然而，尽管栏杆与学生之间的差别甚大，我与某些心胸狭隘的教师在心理上却没有丝毫区别。

我在东方学校读书的时间不长。后来，我转入师范实验小学。那时我年纪很小。记得开始学习的几天，所有的学生坐在阶梯教室里，以歌的曲调朗诵诗歌。这种学习方法中间，包含着在学习知识的同时让学生身心愉快的尝试。可是歌词是英文，曲子亦是外国的。我真不明白，我们念经似的在朗诵什么，这算不算表演。每天参加那种莫明其妙的单调的活动，在我不是件快乐的事。然而，校方接受了一种特殊的教学理论，满以为他们在给孩子们提供欢乐；他们觉得通过观察每个学生的表情，来判断这种方法的成果完全是多余的。仿佛按照他们的理论得到快乐，是学生自己的责任，得不到快乐是他们的罪过。为此，他们从英文书中撷取理论，并以此为根据，找到相应的歌曲，便觉到万事大吉了。分析英文在我们的口中变成了怎样的语言，对于词汇学家来说无疑是有价值的。我还记得的唯一的一行是这样的：

格洛基　普洛基　兴戈尔　梅拉令　梅拉令　梅拉令

反复揣摸，找到了这行诗的几个英文词，但"格洛基"是哪个英文词的变形，绞尽脑汁也想不出来。其他几个词可能是：Full of glee, singing merrily merrily merrily。

越过模糊的阶段，有关师范实验小学的记忆，渐渐变得清晰起来，可它的每一部分都不甜蜜。当时如果能与其他学生相处得非常融洽，学习知识的疲劳也许不会感到难以忍受。但实际情况是：大部分孩子对别人是那样的不真诚，同他们相处有一种蒙辱之感，放了校，我独自坐在二楼对着马路的一面窗前消度时光，只有服侍的仆人陪着我。我在心里暗暗地计算，一年，两年，三年……不知还要这样无聊地熬过几年。我至今记得给我上过课的老师中的一位①。他使用的语言那么不干净，引

---

① 指哈尔纳特·潘迪德。

起我的反感，我从不举手回答他提的问题。一年到头，听他的课，我默不作声坐在最后一排。学生们一起念书的时候，我思考着如何解决世界上许多棘手问题。我记得其中的一个问题是：不使用武器如何在战场上击败敌人？这个问题很让我伤了一番脑筋。在同学们哇啦哇啦的读书声中，我在脑子里设计了解决这个问题的许多方案。我当时想，采取切实措施，训练狼狗、猛虎等凶残动物，如果把它们引得战场上，整整齐齐地排成三四行，大战的序幕，将是十分壮观的。接着使用自己的膂力，获胜决不会很困难。我在脑子里想象着在战场上毫不费力地布阵的情形，看到了我方稳操的胜券。手头没有什么事，我能找到做成大事的不少极为简单的办法。真做事的时候，我发现困难是实实在在的，有些难事，纵有三头六臂也做不成。其中某些障碍，你设法躲避，它反而七八倍地扩大。

在这种烦人的教室里，一年终于熬过去了。在穆吐苏丹·巴贾斯波第的监考下，举行了孟加拉语的年终考试，我得了第一名。我们班的老师对校方说，监考老师偏袒我，于是让我单独考了第二回。这次校督拿一张椅子，坐在监考老师的身旁。由于命运的垂青，我仍然独占鳌头。

师范实验小学的老师尼尔格穆勒·戈萨尔先生经常来我家辅导我们学习功课。他异常瘦弱，皮肤干皱，话音尖细，让人觉得他是一根披着人皮的细藤条。从上午六点到九点，他履行教课的责任。我们跟他学习用的教材有奥卡尔·库马尔编写的《美术入门》、《人性与事物》，沙特葛里·达多编写的《动物进化》，以及麦克尔·默屠苏登·达多的诗集《因陀罗吉特伏诛》。我的三哥赫蒙德拉纳特竭力主张传授给我们各个学科的丰富知识，所以，我们在家里学到的知识，大大多于学校里的教学内容。清晨，天麻麻亮，我们就起床，束上腰带，跟一只眼失明的拳击手学习拳击。接着，沾染尘土的上身，穿了衬衣，学习物理、数学、几何、历史、地理和诗集《因陀罗吉特伏诛》。放学回来，又有两位老师教我们绘画和体育。黄昏，奥古尔先生来教我们英语。九点以后，才能休息。

星期日上午，毗湿奴·昌德拉先生教我们唱歌。此外，希塔纳特·达多先生也经常以咒语般的生动语言，为我们上自然课。教学激起我们高涨的兴趣。点火加热，玻璃杯里下层的水变轻，向上流动，上层较重的水，向下流动，于是水"咕嘟咕嘟"地响起来。有一天，他用木屑点燃火，烧玻璃杯里的水，为我们演示。我记得当时见了那情景，万分惊讶。之后的一天，我又弄清楚了牛奶中的水是另一种物质，加热的话，水可以变成气体，脱离牛奶，心里感到特别高兴。星期天上午他要是不来，那天对我来说就不是货真价实的星期天了。

此外，有一段时期，我们跟堪培尔医学院的一个学生学习过人体学。用铁丝串联的一个骷髅挂在我们的教室里。

这期间，赫龙姆波·达笃罗特诺为我们开了梵文课，要我们背诵"毗湿奴"、"梵天"等梵文名词，以及普玻得维写的梵文语法规则。各种骨头的专有名词和普玻得维规定的语法规则，这两者谁是赢家，我说不准。感觉是"骨头"稍微软弱一点。

孟加拉语学习有了一定的进展以后，我们开始学习英语。我们的英语老师奥古尔是医学院的学生。傍晚，他登门讲课。读书得知，木块摩擦生火，是人类最了不起的发明。我无意对此提出抗议。可是，黄昏时分，鸟儿从不点灯，这是雏鸟莫大的幸运，也是我每天无从忘怀的。它们在早晨学习语言，心情是那么愉快，读者想必注意到了。当然，也应当记住，它们学的不是英语。

医学院这位当家庭老师的学生，身体强健得太不合情理了，他的三个学生由衷地希望他生病不能来上课，可他天天让学生的希望落空。只有一次，医学院的洋学生和孟加拉学生之间爆发冲突，凶狠的敌人掷过来的一张椅子，击中他的脑袋，顿时血流如注。这件事是很悲惨的，不过那几天，我们并不因英语老师的额头被击破，上不了课而感到倒霉，相反，我们觉得他康复得如此之快，简直不可思议。

黄昏，下着瓢泼大雨，马路上积了齐膝深的雨水，我家花园后面的池塘里水快要溢出来了。花园里木苹果树（wood-apple）的长发蓬乱的头颅，直直地挺在水面上。在雨季黄昏欢悦的氛围中，我们兴奋的心田仿佛盛开了一朵金色花。规定的上课时间，已经过了三四分钟，仍不见老师身影，但今天他究竟来不来，难下断语。我们把椅子搬到临街的游廊里，目光惶惧地望着胡同的转弯处。突然，胸膛里的心脏仿佛摔了一跤，直挺挺地倒在地上。那转弯处出现了恶劣的天气也不能将其打得狼狈逃窜的黑伞。别人能像他这样吗？不能，绝对不能！在这宏大的世界上，找得到维玻布提①的后辈，但那天黄昏，在我们楼前的胡同里，绝不可能出现像这位英语老师那样忠于职守的第二个人。

　　回首往事，我觉得，奥古尔先生并不是对学生很凶的老师。他从不用拳头管教我们。他有时说话嗓门很大，但可以说其间从无咆哮的成分。然而，不管他是一个多么好的人，他居然在黄昏教书，而且教的是令人讨厌的英语。天气恶劣的日子过去之后，即使把在黄昏点燃黯淡的油灯，教孟加拉孩子学英语的任务交给保护大神毗湿奴的使者，毫无疑问，他也会被认为是阎王的索命鬼。

　　记得有一天奥古尔先生耐心地对我们解释，英语并非枯燥无味。为了说明学英语是很有意思的，他感情充沛地朗诵了一段课文，说不清那是诗还是散文。我们听了觉得很古怪，嘿嘿地笑了起来，打断了他的朗诵。他似乎明白了，英语好学还是难学，这是难断的公案。谁想获得学位，只能靠自己去奋斗十一二年。

　　家庭老师常常独辟蹊径，往我们学习内容的沙漠中，吹来印刷书本之外的温煦的南风。有一天，他出人意料地从口袋里掏出纸包着的一个"秘密"说："今天我让你们见识见识上帝创造的一个奇迹。"说罢，他打开纸包，取出人的一根气管，详细讲述了气管所有的功能。我记得当时我心里受到了强烈的震撼。我知道，每个人都能讲话，讲话这件事竟然可以如此精细地加以剖析，是我从未想到的。但不管气管的功能是多么神奇，总归不会比人更重要。当然，我当时没有这样细想，可心情有

---

① 梵文诗人，《后罗摩传》的作者。

点儿沮丧,说心里话,老师热情地讲解,可我表情冷淡。说话的真正奥秘在人的秉性中,而不在气管里,解剖人体的时候,这位老师也许忘了这一点,所以有关气管的讲解,未能在少年的心中引起共鸣。

后来,他带我们去参观医学院的解剖室。解剖台上是一具老妇人的尸体,见了尸体,我的心跳并未加快,但地板上放着的一条腿,使我震惊不已,肢解的人体太触目惊心了,太难看了!地板上那条发黑的刺目的腿给我留下的印象,久久挥之不去。

艰难地学完了贝利塞尔卡尔编写的两本初级朗读课本,麦克尔克斯编写的高级课本又塞到了我们手中。我们厌烦英语的原因,一是每天黄昏,我们全身已经疲惫不堪,思绪飞向内宅的卧室,二是厚实的那本书的封面黑乎乎的,书中的语句艰涩难懂,内容中没有丝毫温情,我们从中看不到守旧的文艺女神母亲般关爱儿童的任何迹象。书页中也不像现在孩子读的书有那么多插图。每一部分课文内容的门口,一层层一排排由音节连缀而成的单词,端着重读符号的"刺刀",在进行战术演练,以便刺杀儿童。

头撞英语的城堡,撞得头破血流,也进不了城堡。家庭老师常表扬他另一个聪慧的学生,责备我们不像他那样用功。这种比较性的批评,未能诱发我们对那个孩子的钦佩。我们感到惭怍,但那本黑封面的课本,在我们眼里始终是一团漆黑。自然女神可怜生灵,在艰深难懂的事物中间,注入引人迷迷糊糊跌进睡乡的咒语。所以我们一开始学习,脑袋就耷打下来。往我们的眼皮上喷水,叫我们在走廊里跑步,也没有恒久的效果。这时候大哥迪琼德拉纳特倘若在教室外的游廊里走过,看见我们昏昏欲睡的样子,总是吩咐下课。但一听到他的话音,我们立刻清醒过来。

学习英语

　　我们在师范实验小学的学习突然结束了。事情是这样的：我们学校的一位老师想读格索里·莫罕·米德拉写的《我的祖父》的英译本。我的同学——外甥苏笃波拉萨特壮着胆子，到父亲的书房里跟他借这本书，他以为同我父亲交谈，不能使用平常与老百姓说话用的那种带有方言色彩的孟加拉语，因此他用纯正的文言组织句子，以"无可挑剔"的语调对我父亲提出要求，我父亲这才发觉，我们所操的孟加拉语，朝前迈进，最终势必踢开自己的孟加拉特质。

　　第二天上午，我们照例在南屋走廊里摆了桌子，墙上挂了黑板，坐下听尼尔格穆勒讲课，父亲忽然派人把我们三个学生叫到他三楼的房间里，严肃地说："从今天起，你们不必再学孟加拉语了。"

　　我们听了心花怒放。

　　这时尼尔格穆勒正坐在楼下，孟加拉语的几何课本打开着，可能还打算让我们背诵《因陀罗吉特伏诛》的篇章。然而，就像临终之前，各种家务事做得井井有条，对于走上黄泉路的人来说，已经毫无意义，对我们来说，从家庭老师到挂黑板的钉子，一瞬之间，全变得像海市蜃楼一样空幻了。如何面带恰到好处的庄重神色，向家庭老师通报我们解脱的消息，成了一道难题。我们克制着激动，把父亲的决定告诉了他。挂在墙上的黑板上的神奇几何线条，呆呆地望着我们的脸。《因陀罗吉特伏诛》中的每个字母，一直是我们的敌人，此刻，老实地仰面躺在桌上，把它们想象成友人也不是不可能的了。

　　临别之时，尼尔格穆勒先生说："为了尽责，我平常对你们非常严厉，你们不要记在心上。今后，你们会懂得我教给你们的知识的价值。"

后来，我们确实领悟了它的价值。小时候学了孟加拉语，日后顺利地从事脑力劳动才成为可能。应该尽量让教学成为像吃饭那样的一件事。第一口咬食物，就觉得味道很好，吃饱之前，肚子处于亢奋的状态，这样，方能驱散消化液的懒惰。

开始学习英语的泰戈尔

孟加拉人学习英语，却交不上这样的好运。咬第一口，两排牙齿就疼得颤动起来，口腔里发生一次小地震。此外，它不像泥粒那样容易溶解，而像需要大量唾液才能化解的硬邦邦的甜食，等到明白这个道理，孟加拉人的年寿已经耗掉一半。

英语的拼写和语法，拼命往口腔里塞，噎得流鼻涕、掉眼泪，心灵依然饥肠辘辘。之后费尽波折，很晚才尝到食物的滋味，解除饥饿。开初得不到发挥心灵作用的机会，心灵的动力必然趋于衰枯。

离开了师范实验小学，我们进了洋人办的名叫孟加拉研究院的学校。入了学，我们脸上增添了几分光彩，仿佛一下子长大了许多，起码我们跨上了自由的第一级台阶。事实上，我们在这所学校里取得的进步，主要体现于享受自由。我浑然不知在那儿学了什么，学习不下工夫，不用功也没有人管。学生个个是调皮鬼，但不令人厌恶。感受到这一点，心里特别舒畅。有的学生在手心上反写"ass"（驴），冲别人喊一声"hello"（喂），假装亲热地在他的背上拍一下，"ass"便清晰地印在他的背上了。有的学生走着走着，冷不丁把剥了皮的香蕉往旁人的头上戳一下，一转眼不见了人影。也有学生"咚"地给你一拳，像老实巴交的好人似的扭头望着别处，看他那副样子，会错认为他是非常文静的人。这种种顽皮的行为，是针对皮肉的，并不伤害人的心灵。这些只能称作恶作剧，而不是侮辱。在我看来，这好比把脚从泥淖中拔出来，搁在石头中间，即使脚挤断了也是好的，脚终究摆脱了污泥的纠缠。

像我这样的孩子在这所学校学习的最大好处在于，没有人认为我们怀有今日苦读今后飞黄腾达的狂妄野心。这所学校规模很小，收入很低，我们使校长感动的一大优点是：我们每月准时交学费。所以，拉丁文语法未成为我们扛不动的负担，作业中有许多严重错误，我们的后背也未落下一块伤疤。也许，是那位老谋深算的校长严禁老师体罚，并不是因为老师有一颗慈母心。

在这所学校里虽然尝不到教鞭的味道，可它毕竟是一所学校。它的教室是冷酷的，墙壁像卫兵，教室里没有一丝家庭的温暖。整所学校像一只有许多小格的大箱子。哪儿也没有装饰品、图画和色彩，没有采取吸引孩子心灵的任何措施。学生喜欢什么，不喜欢什么，这是客观存在，对学生好恶的"考虑"，却早已经被逐出学门。所以，跨进学校的大门，走到窄小的庭院里，心里立刻感到郁闷，于是经常逃学，成了我与学校关系的基石。

我逃学有一个帮手。我的哥哥们跟一位先生学习波斯语，大家称他"蒙西"。这位中年老师，瘦骨嶙峋。他的骨骼仿佛是用一块黑蜡布包裹起来的，体内既无血液也无脂肪。他精通波斯语，英语也能对付，但在外语方面他无意成为佼佼者。他坚信，他舞棍弄棒，技术异常娴熟，音乐艺术上也有非凡造诣。他在我家庭院里的阳光下，"嗖嗖"地挥舞木棍，做出各种奇特造型，他的身影是他的对手。不言而喻，他的身影从未战胜过他。当他大吼一声，木棍击中他的身影，他带着胜利的骄傲微笑时，他的身影垂头丧气，静静地蜷伏在他脚边。有人说，他唱的歌很不悦耳，听起来像阴间的曲子，如诉如泣，令人毛骨悚然。我们家的歌手比斯奴经常诙谐地对他说："蒙西先生，你可夺了我的饭碗啦！"他不答话，极为鄙夷地付之一笑。

讨得蒙西先生的欢心并不难。我们求他帮忙，他立即给校长写信，说明我们请假的必要性。校长收到他的信，从来不深入调查，因为他心中有数，不管我们上不上学，我们在班上绝不会是垫底的学生。

当年为了维护种姓的纯洁，孟加拉学生在单独的屋子里用餐。在这间屋子里，我与几个学生做过长谈。他们年纪比我大得多。其中一位喜欢用"伽费"调作曲，他更喜欢丈人家某一位未过门的女性。所以他时常作曲填词，学习期间也从不间断与那位女性的来往。

我的另一位同学，在这儿也需作详细介绍。玩魔术的嗜好，是他的特点。他甚至出过一本很薄的关于魔术的书，宣扬自己是一位教授。在这之前，我从未见过出版过署名书籍的学生。所以，至少在魔术技巧方面，我对他是十分佩服的。因为，我从不认为，一行行笔挺的字母中间，能够混进谎言。迄今为止，印刷字母作为师尊的象征，出现在我们面前，所以我对它是极其敬畏的。想想看，能用抹不掉的墨水撰写文章，这岂是区区小事！不躲避，不蒙面，那些字母列队站在世界面前，展示他的才华！他的退路严实地堵死了，不相信他岿然不动的自信心，是件难事。

出过书的那位同学成了我们的朋友，每天乘我家马车上学。那一段时间，他是出入我家的常客。他对演戏也有浓厚兴趣。在他的帮助下，有一天我们在拳击房里竖起几根竹竿，糊上白纸，在上面画了彩图，搭了一个简易舞台。由于长辈的制止，未能如期演戏。

然而，不用舞台，我们也曾表演一出喜剧，剧名是《错误的奢华》。"剧作家"是我的外甥苏笃波拉萨特。如今，见到他恬静、儒雅的模样的人，做梦也不会想到，小时候，他有那么多鬼点子，多么擅长做各种难办的事情。

那时我十二三岁。我们的那位朋友，常就某些物品的特性发表惊人的高见，让我们听得目瞪口呆。我心里产生的进行验证的强烈愿望，搅得我寝食不宁。但是那些物品是稀世珍宝，不跟随水手漂洋过海，是无法找到的。有一次，"教授"注意力不集中，漏嘴说了做成一件难事的比较容易的方法：用蒙沙希兹的胶水，往种子上抹二十一遍，晾干，一小时之后，种子就能发芽、结果，这绝不是天方夜谭！出过书的"教授"说的这些话，是不能不信、不能嗤之以鼻的。

几天后，我们叮嘱我家花园的花匠买了好几瓶蒙沙希兹的胶水，星期天偷偷地上了三楼顶上的"神秘之园"，进行往芒果核上抹胶水的试验。

我全神贯注地往芒果核上抹了胶水，放在阳光下晾晒。关于试验结果，我敢肯定，成年读者是不会提问题的。

那件事发生之后，"教授"内疚地疏远我了，可好几天我竟不曾察觉到。上了马车，他不坐在我的身旁，同我保持一段距离。

有一天，"魔术师"认真地对我说："一群出身名门大户的孩子，想和你们交谈，到他们家去一趟吧。"

家长们未发现反对此事的任何理由。我们如约到了那儿。

屋里挤满好奇的人。他们热切地希望我唱歌，盛情难却，我唱了两首。当时我年纪还小，嗓音不像狮吼那么雄浑。不少人点点说："不错，嗓子很甜美！"

接着，与他们一起用餐，他们坐在我四周，观察我吃饭的方法。在那之前，我很少与外面的人接触，所以见了生人很腼腆。此外，每日在我们的仆人波罗吉沙尔贪婪的目光下吃饭，吃得很少，已成为我常年的习惯。那批观众见我用餐如此局促，大为惊讶。那天众人注视应邀少年的一举一动的锐利目光，假如持续地扩展，在孟加拉，"动物科学"的研究将取得无与伦比的成就。

在家里学习

阿难特昌德拉·贝檀多巴格斯的儿子甘昌德拉·沃达查尔吉是我们的家庭教师。当他发觉无法把我束缚于学校的教科书之中时，只得改弦易辙，另辟蹊径。他用孟加拉语教梵文名作《鸠摩罗出世》。此外，还用孟加拉语讲解莎士比亚的悲剧《麦克白》中的某些对白，然后让我翻译，采用孟加拉格律，译出对白之前，我被关在屋里。这个剧本译成了孟加拉语，谢天谢地，译本后来丢失了，为此，书房中苦修的功果的负担，大大减轻了。

罗摩萨尔波索·潘迪特负责教我梵文。鉴于学生对梵文语法深恶痛绝，他随机应变，不做吃力不讨好的事情，而为我讲解《沙恭达罗》。有一天，他把我带去见伊舍尔昌德拉·毗达沙葛尔[①]，叫我把翻译的《麦克白》念给他听。当时，罗兹格里斯诺·穆卡巴达耶[②]也在座。走进他汗牛充栋的书房，我的心怦怦直跳，我不能说，见了他的脸，我的勇气倍增。毗达沙葛尔是文坛巨匠，在这以前，我尚未找到像他那样通今博古的听众，所以，我心中，在他书房赢得赞誉的欲望异常强烈。我暗暗鼓励自己要镇定沉着。罗兹格里斯诺·穆卡巴达耶为我指点迷津："与这个剧本的其他部分相比，达戈尼独白的语言和韵律的古怪特点，尤其要淋漓尽致地表现出来。"

在我们的童年时代，孟加拉文学相当瘦弱。值得和不值得阅读的文学作品，几乎都让我读完了。那时，供儿童和成人看的文学作品之间，

[①] 伊舍尔昌德拉·毗达沙葛尔（1820—1891）系著名孟加拉文学家。
[②] 罗兹格里斯诺·穆卡巴达耶（1846—1886）系孟加拉文学家。

没有太大的差别，这倒并未导致我们过多的损失。

如今，为哄骗儿童而写的书籍，其文学趣味中掺进了大量水分，这些书籍中把儿童当作长不大的小孩，而不把他们当作人看待。照说，孩子读的书，应该是有一部分内容读得懂，有一部分内容不能全懂。我们小时候读了一本又一本书，读得懂的和读不懂的，都对我们的心灵起了作用。世界其实也是这样对孩子起着潜移默化的影响。他们懂了的，可以全部吸收，暂时不懂的，也是他们前进的动力。

汀奔杜·米德拉先生写的喜剧《女婿巴利克》出版的时候，我还没有抵达完全读懂它的年龄。我的一位远房女亲戚买了这本书，读得津津有味。我屡次三番地恳求，她横竖不肯把书借给我。她把这本书锁在箱子里。她的防范措施，更激起了我的兴致。我吓唬她说："早晚这本书要落到我手里。"

中午，她玩纸牌，结在纱丽贴边上的一串钥匙，挂在身后。我特别讨厌玩纸牌，叫我玩牌从来是心猿意马。但这一天从我的举止很难看出我对纸牌的憎恨，我像画中人似的静静地坐在旁边观战。有一方差一张合适的牌就要赢了，玩牌的个个精神高度集中。我不动声色，慢慢伸出手去解拴在纱丽贴边的那串钥匙。可惜干这活儿，我的手指不够灵巧，加上过于慌乱，我的手被捉住了。钥匙的主人得意地笑笑，把挂在身后的这串钥匙挪到胸前，又专心地玩牌。

稍后，我又想出一个主意。我的这位亲戚有吸烟的习惯，我从别处弄来一盘构酱包和纸烟，搁在她面前。之后发生了我预料中的事。她起身吐痰，一串钥匙从她胸前滑落下来，她习惯性地把这串钥匙又撩到身后。说时迟那时快，钥匙偷到了，小偷走运没有被捉住。

剧本《女婿巴利克》读完了，钥匙和书还给了它们的主人，没有按照有关偷窃罪的法律惩罚我。我的那位女亲戚责备了我几句，但脸上的表情并不严厉；她在肚里暗笑，我也一样。

拉琼德罗腊尔·米德拉曾编辑出版一种趣味性插图月刊《知识大全》，我三哥的书柜里有这种杂志的合订本。我至今记得把合订本拿来阅读时的喜悦心情。我仰面躺在卧室里的木板床上，胸前捧着十六开的合订本，饶有兴致地阅读关于捕鲸的报导，法官审讯的滑稽故事，格里斯纳·库马利的连载小说，不知不觉度过了假日的中午时光。

如今不知为何这种杂志一本也找不到了。现在的刊物不是充斥科学理论、考古文章，就是刊登大量小说、诗歌和枯燥乏味的游记。能让广大读者心情轻松地阅读的中等水平的杂志，一本也看不到了。英国的《商业》、《城堡》、《海滨》等大部分杂志是为广大群众服务的。编辑们为全国提供的是知识宝库中的"粗茶淡饭、普通服装"一类的科普知识。这些"粗茶淡饭、普通服装"是大部人最常用的东西。

小时候接触过的另一本封面较小的杂志，名叫《幼稚的朋友》。我在大哥的书柜里找到了它的合订本，坐在他南屋开启的窗户前，一连读了几天。在这本杂志中，我第一次读到了比哈里拉勒·查柯洛波尔迪的诗作。在我读过的所有诗歌中，他的作品最强烈地震撼了我的心。他的诗作以质朴的笛音，在我的心中演奏了原野和丛林的歌曲。《幼稚的朋友》登载英国痴男情女的爱情故事的孟加拉译文，我读到动人的情节不知流了多少眼泪。啊，那迷人的海滩，那海风吹拂的椰子林，那山羊踯躅的山谷！加尔各答城南一幢楼房的游廊里，中午的阳光下，以我为中心扩展的海市蜃楼，是多么令人心驰神往！在那幽静的海岛的葱绿的林径上，一位孟加拉少年①与英国靓女卿卿我我，情意绵绵！

后来般吉姆·钱德拉·查特吉②创办的《孟加拉之镜》有力地攫夺了孟加拉人的心。可是其一，我一个月才等来一期，其二，要等到兄长读完了我才能阅读，实在太让人焦急了！如今，读者乐意的话，一口气可以读完他的名著《毒树》、《金德尔谢克尔》。但当年我们一个月一个月地盼望、等待，好几个星期，在心里反复品味用很短时间就已阅读的一章，满足与不满足，享受与猜测，长时期交织着，这样的阅读机会，

---

① 指作者自己。
② 般吉姆·钱德拉·查特吉（1838—1894）系著名孟加拉文学家。

今人是不会获得的。

沙罗达贾郎·米德拉和奥卡耶·索尔卡尔先生编纂的《印度古诗选》，是令我垂涎欲滴的精品。我的兄长买了这套书，但不经常翻读，所以我毫不费力地就把它弄到手了。毗达波迪用马伊梯里方言写的诗句，晦涩难懂，我不得不用更多的时间钻研。我不依赖注释，自己反复吟诵体味。诗中多次运用的生僻字，我记在一本小日记本里。特殊的语法现象，开动脑筋弄懂后也作了笔记。

在广泛涉猎名篇佳作、培养形象思维方面，五哥乔迪①从小是我最重要的导师。他本人充满朝气，激励他人上进也是他的一大乐趣。我无拘无束地同他讨论过文学作品的内容和其他学科的问题。他从不因我年幼而小觑我。

他给予我广阔的自由。在他身边，我与生俱来的拘谨荡然无存。家中谁也不敢像他那样给我那么多自由，为此，还有人责备过他。但如同炎热的夏天之后，需要雨水充沛的雨季，对我来说，受到管教之后，享受充分自由是十分必要的。那时候，假如没有摆脱束缚的自由，我的一生很可能是残缺不全的。强硬者历来谴责别人随心所欲地享用自由，极力压制自由。但如果没有随心所欲地享用自由的权利，那种自由就不可称为真正的自由。从随心所欲地享用自由到懂得恰当地享用自由，是一个不可避免的学习过程。至少，我敢说，正是那种自由造成的纷扰，之后把我送到了消除纷扰的道路上。通过管教，通过体罚，通过拧耳朵，通过往耳朵里灌输大道理，强迫我接受的东西，一样也未被我接受。在我完全驾驭自己的命运之前，除了无谓的苦恼，我一无所获。五哥乔迪允许我自由自在地穿过是非曲直，进入自我认识的领域。从那时起，我就准备以自己的力量展现自己的刺儿和鲜花。我的切身体会是，我学到的许多东西包含的某些"谬误"，我不害怕；我畏惧的是将它们铲除干净的麻烦——这意味着要向宗教和国家政策的"警察"叩首施礼，这

---

① 乔迪宾德拉纳特的昵称。

泰戈尔和五哥（后立者）

是又一个受奴役的事例，世界上没有比这种奴役更可悲的灾难了。

有一段时间，五哥乔迪忙于拉小提琴、谱曲。每天，随着他的手指翩翩起舞，乐音冷冷地流泄。我和奥卡耶昌德拉·乔杜里先生，争分夺秒地创作歌词，以便锁定他拉出的新曲。这是我歌曲创作生涯的起点。

我们是在家庭中的歌曲创作和演唱中长大的。这给我带来的好处是，歌曲很容易进入我的秉性。当然也有负面影响。由于没有按部就班、由浅入深地学习，没有系统地掌握音乐知识，基础不太牢固。所谓音乐艺术及特性，未为我们所获得。

在英国留学的日子

《婆罗蒂》创办的第二年,二哥向父亲建议,他要带我去英国学习。父亲欣然同意,目睹命运之神再次对我大发慈悲,我又惊又喜。

漂洋过海之前,二哥先把我带到阿梅达巴特。他在那儿当法官,二嫂和侄儿、侄女先去了英国,所以他的寓所空无一人。

我住在这座大楼顶部一间小屋子里,只有一巢黄蜂与我朝夕相伴。晚上,我躺在清寂的屋里,有那么几天,一两只黄蜂飞出蜂巢,栖息在我的薄被上,我一翻身,它们面露愠色,它们的亲近也令我大为恼火。上半个月每天深夜,独自在面对沙巴尔穆迪河的宽大露台上踱步,成了我的一大癖好。在这露台上踯躅,我完成了由我配曲的第一首歌《你看这月光溶溶的静夜》。另一首歌《我说呀她是我的玫瑰花姑娘》,在我的诗集中获得了一席之地。

由于英文水平很低,我开始借助字典,整天阅读英语作品。我从小养成的习惯是,哪怕不完全懂,也硬着头皮继续读下去。读懂了一小部分,就用它在心中创造意境,并陶醉于意境之中。我至今承负着这种习惯的利弊。

在阿梅达巴特和孟买住了六个月之后,我们乘船前往英国。

小时候可以说我与外部世界没有什么接触。在那种状况下,十七岁的我,冷丁坠入英国的人海里,难保不"咕噜咕噜"喝水,伸手蹬足,在水中挣扎。幸亏二嫂和侄儿侄女们住在波雷伊顿,和他们住在一起,初出国的窘迫没有在我脸上显现。

到了英国,天气越来越冷。一天晚上,我们在家里一面烤火一面聊天。孩子们突然激动地大叫着跑进来:"下雪喽!"走到户外一看,寒气袭人，满天皎洁的月光，大地覆盖着白雪，与我往常看到的世界迥然不同。这好像是梦境，又好像是别的什么，近处的景物退到了远处，宛如一位洁白的修士，一动不动，身穿沉思之袍。到了户外，看到了一种令人惊诧的宏阔之美，后来再没有见到过。

在二嫂周到的照顾和孩子们登峰造极的调皮捣蛋带来的欢乐中，日子快速流逝。听到我讲英语的古怪声调，他们觉得可乐。我参与他们的各种游戏，无拘无束，但我不能全身心地分享他们的欢悦。英语单词"Warm"（温暖）中的字母"a"，读起来像"o"，而英语单词"Worm"（虫）中的"o"，读起来像"a"，这绝对不是轻易能掌握的，我真不知道怎样对孩子们说清楚。怨我时乖命蹇，只能让他们"嘿嘿"的笑声在我的头上飘过去，其实，他们应该嘲笑很难掌握的英语发音规则。

留学英国时的泰戈尔

我出国不是仅为走出大海此岸的祖宅，走进大海彼岸的一幢楼房。我的志向是学习，成为一名出色的律师，回国有一份体面的工作。于是，我进入波雷伊顿的一所公立学校。第一次与校长见面，他盯着我的脸，脱口说道："你的头太美了！"我之所以一直记着他这句话，原因在于，家里执着地要消灭我的傲岸的那个人，特别认真地提醒过我，与世界上大多数人相比，我的额头和容貌，只能被认为达到了中等水平。我完全信他的话，对于造物主在各方面对我如此吝啬，我感到懊丧，一向寡言少语。我希望，读者会认为这是我自知之明的优点。日子一天天过去，我发现在某些方面，英国人的看法和他的看法不同，为此我多次陷入沉思，也许，是因为两国评判的方法和标准不一样的缘故吧。

波雷伊顿这所公立学校的校风令我惊叹。英国学生对我的态度一点儿也不粗鲁。他们常常把桔子、苹果等水果塞进我的口袋，转身跑开。我相信，因为我是外国人，他们才对我这般友好。

我在这所学校里学习的时间不长，这不是学校的过错。塔罗格纳脱·帕里德先生当时恰好在英国。他认为，我老和兄嫂住在一起，是长不大的。他说服了二哥，把我带到伦敦，先让我一个人住在一所公寓里。公寓与里津德公园隔街相对。

天气奇冷。里津德公园里的树木落尽了叶子，直挺挺地矗立着，仰望着天际，弯曲瘦弱的枝条挂着雪花，朝那儿一望，一股寒气仿佛渗进我的骨头。在我这位初来乍到外国人的心目中，没有第二个城市比冬季的伦敦更冷酷的了。周围没有一个熟人，街道也不太熟悉。一个人默默地坐在屋里，望着窗外的日子，重又回到我的生活中。可是，外面的大自然并不赏心悦目，它的额头紧蹙着；天空灰蒙蒙的，白昼像死人的眼珠暗淡无光；四个方向蜷缩成一团，听不见世界热切的呼唤。

屋里没有像样的家具。摆着的一架手风琴，大概是天神恩宠的象征。下午天很快就暗了，我全神贯注地弹琴唱歌。偶尔有几个印度同胞来看望我，以前我与他们只见过一两面。但当他们起身告辞走出大门时，我真想挽留他们，拉他们到我房间里再坐一会儿。

住在公寓里的那段时间，一个英国人每天来教我拉丁文。此人瘦骨嶙峋，身穿的衣服破旧，如同冬天赤裸的树木，他也躲不过寒风的袭击。猜不准他有多大年纪，不过看一眼就明白，他比实际年龄老得多。每天教我的时候，他似乎找不到合适的词汇进行讲解，一脸局促不安的神情。

他的家人都知道他爱钻牛角尖儿。他正着迷地研究一种理论。他对我说："世界上一个个时代，在同一年，不同国家的人群中，产生相同的情感。当然，由于文明程度的不同，情感发生一些扭曲，但他们处于相同的社会氛围中。人们相互见面，不一定导致相同情感的传播，而互不见面的所在，未必没有传播的例外。"

为了证明他的理论，他埋头于收集资料，撰写文章。可他家里经常揭不开锅，没有换洗的衣服。他的女儿们不相信他那套理论，大概经常嘲笑他是在装疯卖傻。有时从他的表情可以看出来，他又找到了有力的证据，写作有了新的进展。我主动对他提起他的理论研究的那天，他的热情陡增了数倍。大多数日子，他心情郁闷，没精打采，仿佛再也扛不动他肩负的重任。有时讲解莫名其妙地卡壳，他两只眼望着空中，似乎无力将他的神思重新拉到初级拉丁文语法中来。看着被精神负担和写作的重任压得佝偻了的、饿得形容枯槁的这位老师，我心里充满怜悯。我心里明白，他对我学习拉丁文毫无帮助，但总不忍心开口说"你别再来了"。

住在公寓里的时日，是在学习拉丁文的幌子下度过的。同他告别，按照规定付给他酬金的时候，他嗫嚅着说："我浪费了你的时间，没有教给你什么知识，我不能收你的钱。"我费了不少口舌，才说服他收下酬金。

我的拉丁文老师虽然没有强迫我接受他的理论和观点，但我至今并非不相信他说的话。我至今相信，人类的心灵之间存在一种深邃的断不割的联系，某一个地方受到冲击，必然隐秘地影响其他部位。

搬出公寓，塔罗格纳脱·帕里德先生安排我住在名叫帕尔格尔的一位教师家里。帕尔格尔先生在家里辅导学生温习功课，准备考试。他家里除了温和善良的太太以外，没有几样惹人喜爱的物件。可怜的学生根本没有机会复习自己喜欢的内容，所以我不明白为什么这位老师居然找得到学生。这位脾气古怪的老头儿，竟有一位如此善良的妻子，想起来我真为她难过。帕尔格尔的妻子的唯一安慰是一条名叫泰尼的狗。帕尔格尔只要想惩罚妻子，就折磨泰尼。为了这条狗，帕尔格尔的太太多受了不少煎熬。

正当我度日如年的时节，二嫂从英格兰西南部德文群（Devonshire）的托里奇（Torridge）寄来一封信叫我去度假，收到信我高兴得跳了起来，立即乘车直奔目的地。那儿的山峦、大海、鲜花盛开的原野、大片绿荫婆娑的松树林，还有两个活泼可爱的侄儿侄女，给我带来的无穷欢乐，是难以言喻的。每天，当我双眼迷醉，满心喜悦，充满闲适和无羁愉快的时光在无垠、蔚蓝的天海中荡漾时，却不知为何心中并未勃生写诗的激情。想到这一点，心里有些内疚。之后的一天，我撑着伞，拿着练习本，来到怪石林立的海边，履行诗人的责任。我选择的地方很美，它不是抽象的韵律，也不是抽象的情感。一块巨大的岩石，像永恒的期盼，斜悬在水面上。它的前面，泅沫点缀在涌动的蓝色波浪上。白云飘移的天穹，听着海浪的欢歌，含笑打着瞌睡。它的后面，一排排松树清香的绿荫，像森林女神松开的飘曳的裙裾。我坐在斜悬于水面的巨石上，写了一首诗《沉船》。那天若把《沉船》沉入海底，今天我坐在这儿也许可能暗暗地庆幸，它找到了理想的归宿。然而，它的归宿之路被堵塞了。可恼的是，它时常露面，证明自己的存在。它被逐出诗集，但传唤的话，不难找到它的下落。

出国深造成才——这位扈从，对我一直不放心。他不断地催促我，不得已，我又回到伦敦，搬到名叫斯格特的一位德高望重的医生家里。

那天我拎着箱子，走进他的家门。家中只有这位银髯皓首的医生、家庭主妇和他们的大女儿。两个小女儿听说一位印度客人要住在她们家里，吓得要命，逃到亲戚家去了。直到她们获悉，我并未为她们的家庭带来严重危险，心上的一块石头才落地，回到家里。

几天后，我成了他们家庭的新的一员。斯格特太太像对自己的孩子一样疼爱我。她的女儿真心实意地给予我的关照，从我的亲戚那儿也未必能得到。

住在斯格特先生家里，我深深地感到，在世界各国，人性是一样的。过去，我坚信，也经常说，印度女性忠于丈夫的美德，在欧洲是找不到的。然而，我在印度的贤妻良母和斯格特太太之间，未看到什么差别。她全心全意侍奉丈夫，家庭未被中产阶层雇用多名仆人的疾病传染，几乎所有的家务事，都由她做。丈夫日常生活的每个细节，她考虑得十分周全。傍晚，丈夫下班回家之前，她亲自把他的一双毛拖鞋放在他的转椅前面。她一刻也不曾忘记，丈夫喜欢什么不喜欢什么，哪种言行在他眼里是高雅的或粗俗的。上午，她率领唯一的女仆人，打扫楼上的房间楼下的厨房，把楼梯和嵌铜纹的房门擦得锃光闪亮。接着是各种交际和应酬。做完全部家务，黄昏时分，她检查我们的功课，和我们一起弹琴唱歌。闲暇时让孩子们玩得开心，是这位家庭主妇的职责之一。

我和这家的女孩子常玩推茶几的游戏。我们几个人手扶着茶几，一边推一边满屋子蹦跳。后来，手头不管有什么，几个人抓住就跳。斯格特太太不太喜欢这种游戏。她经常神情严肃地摇摇头说："我觉得，这没有什么意思。"但她从不强行阻止我们这种幼稚的行为，而是宽容地看着我们胡闹。有一天我们抓住期格特先生的帽子跳了起来，她急忙跑过来说："不行，不行，不能拿着这帽子瞎跳。"据说，做这种游戏时恶魔降临，她不能容忍恶魔碰一下她丈夫的帽子。

她的言谈举止中，最引起我注意的是她对丈夫的忠贞。回忆她对丈夫那充盈自我牺牲精神的温柔之情，我深切地感到，忠贞，是女人情爱的必然归宿。在她们的爱情日益深厚的家庭中，爱情自行演变为对丈夫的崇拜。在穷奢极欲、灯红酒绿的场所，淫乐玷污昼夜的时光，爱情扭曲，女人的本性得不到应有的充分的快乐。

在斯格特家里，一晃几个月过去了。二哥归国的日期渐渐临近。父亲特意给我写信，要我务必跟他一道回国，读着信我高兴极了。祖国的阳光、天空呼唤着我的心。离别之际，斯格特太太握着我的双手，流着泪说："既然你这么快就要走，你为什么到我们家来呢？"

听说，他们在伦敦的那幢楼拆掉了。医生一家，有的已经谢世，在世的不知搬到了什么地方，但他们一家人对我的真挚感情永远铭记在我的心中。

鸟巢里的教育

婴儿是怎样学母语的呢?是一面玩耍一面听母亲嘴里说话一面高高兴兴地学的。

他学多少就用多少。他说的话断断续续,充满语法错误。他用不丰满的语言表达的意思,极其有限。可这就是婴儿学习语言的正常方法。

看到婴儿语言的不纯正和局限性,要是教训他说,只要他不用全部语法规则使自己成熟起来,他就没有使用语言的权利,不让他听别人说话,不让他跟别人学话,也不让他看书,那么对他来说,学语言就太难了,简直难于上青天。

婴儿从别人口中学的语言,之后要通过语法再次学习,时时处处熟练地运用。这样做不是为勉强应对日常生活,而是通过循序渐进地练习和学习,在听说写等方面,更深入地更广泛地使用语言。

总之,一是要是汲取,二是要学习。所谓汲取,就是用自己的嘴从别人嘴里汲取,以自己的生命到别人的生命中汲取,以自己的情感到别人的情感中汲取。而学习,必须按照规律,一面做事,一面逐步深入。

汲取和学习若不同步进行,不是汲取成为夹生饭,就是学习枯燥无味,以失败而告终。

佛祖释迦牟尼像一位严厉的老师批评意志薄弱的人:"他们犯了大错,全然不知如何理解人,如何对人说话。唯一的原因,是他们在学习之前就提出要有收获。让他们首先学习吧,到了一定的时候,就能获得想要的东西。切不可事先对他们谈结局。"

然而,所谓结局,不单是目的地,也是旅人的盘缠。它不只对人明示方向,也给予动力。

所以，不管我们做什么，犯多少错误，切不可只接受语法教育。不能光向学校的老师学习，也应向母亲学习。

跟母亲学到的知识中间，不为人知地隐藏着许多严格的规则。跟母亲学习的机会岂可轻易放弃！

婴儿的学习让人想到巢里的雏鸟。

毫无疑问，雏鸟总有一天要到沙滩上啄食，总有一天要展翅翱翔。但在这之前，它吃母鸟口中的食物。要是对它说，在有能力到沙滩上啄食之前，不许它吃食物，那它非饿死不可。

只要我们还不够强壮，就得一天天培养自己的能力。除此之外，别无他法。

这时，我们像雏鸟一样，待在巢里，飞往高天的翅膀尚未壮实。

我们的学校就像用小树枝、茅草做成的巢。要是蜗居在巢里，放弃从无垠天空获取食物的希望，我们境况将会怎样呢？

你们可能回答说："抬头仰望天上的食物，一年到头碌碌无为，不知道自己能干什么。"

是的，我们要挣扎着飞起来，使扑扇的软弱的双翼，变得结实。不过，每天需要上天恩赐

雏鸟吃母鸟口中的食物

的食物和爱的营养。

收敛稚嫩的双翼，待在巢里的鸟儿，不敢想象有朝一日飞上蓝天。把自己的体力尽量估计得多些，也认为至多能在树枝间跳跃。听到哪个兄长讲述在天际高翔的情形，心里嘀咕，这位兄长说得太夸张了，不是

真的搏击长空吧。纵身一跃，脱离大地，升到无形的空中，就算是飞到天上了？这恐怕不是真实，不过是诗意描写罢了。

　　经常得到营养补充，积蓄了充分体力，谁还能把鸟儿限制在巢里呢？飞翔是鸟儿的天性。受能力的限制，它暂时栖居在巢中，但总有一天能展翅飞上辽阔的天空。

初等教育

大家知道,最近有人建议,把孟加拉划分为东、西、南、北四个地区,在孟加拉小学教学中使用四种地方语言。

关于这个建议,多种报纸连篇累牍地发表文章,该说的话都已经说了。但这并未消除人们的忧虑。是的,我们手上有足够的理由,恐也很难获得企望的胜利。

我们看到,我们越是齐心协力,坚决反对政府提出的某项提案,政府就越是不同意放弃那项提案。

政府这样固执有诸多原因。

首先,我们觉得这是一件坏事,可由于某种原因,对政府的统治方略来说,却是好事,那么,我们手持的各种理由,就只会强化当权者们的决心了。

其次,政府担心,听了我们的诉求,信心动摇的话,在老百姓面前,政府的权威就会受到损害。

第三,参与争论的弱方,有备而来,在争论中力图战胜强大的对手,对手一旦理屈词穷,丧失理智,就会张口骂人,这样的场面,我们已见识过了。

所以,我们不能断言,我们用一种声音表示反对,事情就将朝我们期待的方向发展。

可也不能预言,如不反对,倒有出人意料的好结果。对不幸者来说,很难确定究竟哪条路是该走的路。

然而,落实教委会的那项建议的话,我不认为将种下恐惧的种子。这就算是我们的一丝慰藉吧。

想一想嘛,农民的儿子为什么上学呢?当然不是去学更好地做农活儿。他要是听说老师要把他的儿子培养成满腹农业知识的师父,必将哈哈大笑,认为这简直是一派胡言。

另外,他的儿子上了小学,不会当医生,不会当律师,不会当文书。上完小学,他如有获得奖学金继续深造的愿望,就得放弃地方语言,学习文言文。

圣蒂尼克坦的小学生

总之,一个农民如果把儿子送到小学学习,他唯一的目的,是希望儿子不再当农民,而成为一个有资格略微贴近文明社会的人,能够写信,也能够读信,成为说客站在地主的厅堂里,有本事代表全村出面交涉,得意地听到绅士们说,"是啊,你的儿子能说会道"。

一个农民略为富裕的话,他肯定希望朝文明社会的方向迈进,坐在靠近文明社会边界的地方。他心里甚至产生美好的愿望:有一天,他的儿子丢弃耕犁,待人接物,具有绅士风度。为此,他不怕花费时间,不怕花钱,把儿子送进学校,或者在自家院子里办起私塾。

如果对农民说,别把你儿子送到文明人的学校,而是送到农业学校读书吧,那他的情绪顿时一落千丈。在那种地方,他送儿子上学的目的,肯定是要落空的。

不仅如此，在农村办农业学校，在农民看来，是一种耻辱。他们盼望随着时间的推移，有朝一日时来运转，从与泥巴打交道的行当渐渐高升。如采取法律措施，延长他们想放弃的行当，他们无论如何是不会高兴的。

如同说起药就会想到它是苦的，谈起教育，农民心里想到的，绝不是他们平日干的活儿。对他来说，教育的光荣就在于此。

如果他不惜代价，送儿子上学，去学习他们习惯了的乡村语言，学几句他们的行话，那他就不会尊重教育。

不错，农民不会使用文言文，可他们并非不知道文言文。通过曲艺、歌曲、说书等多种渠道，文言文进入他们的耳朵。和文明人交谈的时候，他们也尽可能地使用文言文和白话文相混杂的语言。

农民并非不明白，推行这种特殊教育，是试图让他的儿子忘记文言雅语。我们不敢说他明白了会很高兴。

英语单词"Observer, Thinker and Experimenter[①]"是什么意思，农民不懂，可文明和不文明是什么意思，他是懂的。所以，在他不懂的东西的诱惑下，他会乐意放弃他懂的东西，农民恐怕不会这么高尚吧。

鉴于这些原因，我由衷地希望，农民的智慧能使农民和孟加拉不被教委会的暗箭击中。

1905 年

---

① 这三个英语单词的意思分别是观察者、思考者和实验者。

自由的教育

最近在《宝库》杂志上发表一篇文章中，提出一个问题："采取什么办法能使民族教育摆脱外国国王的统治？"

众口一词的回答是：只要手中饭碗的大小依赖学校颁发的学位证书，就没有摆脱的希望。

不过，我们应该记住，这样的回答，只适合高等教育。

农村土生土长的人，大概没有一个指望送孩子上学读书，凭学到的一点儿知识，在政府部门谋到一官半职。

农村的初级小学，历来是自由的。这些初级小学的大部分费用，至今由老百姓承担。但由于某些人贪图蝇头小利，这种百分之百本国特色的教育，把自己卖给了外国人。

圣蒂尼克坦来自农村的学生

初小毕业，在高年级再读几年，可进不了学院的一大批学生，一般不申请政府部门的职位。他们大都想方设法当上商人的办公室、地主的账房、乡绅富缙的公事房里的书办、管家或账房先生。

在印度，他们没有接受良好教育的财力。以前提供奖学金的学校，比较适合他们。可如今的专科学校，几乎全取消了奖学金。十年一贯制学校的重点是英语教育，毕业生多半想考入学院。在十年一贯制学校里学了几年就辍学的学生，孟加拉语水平不高，英语半通不通，基本上没有学到什么知识。

有些人上了初小，因家境贫寒，为生活所迫，不得不辍学。其实他们是愿意再学几年，提高文化修养的。国家如能对他们伸出援手，统管他们的教育，他们的困难是可以克服的。

据统计，他们的人数，比学院的毕业生多很多。如果采取适当措施，广泛开展社会下层贫民的教育，国家的面貌将大为改观，这是毋庸置疑的。

为他们开课，一开始就应让他们懂得什么叫为民造福，特别强调课堂教育和实践相结合，为今后的谋生作好充分准备。在小学里，年幼时学到的知识，培养的情趣和习惯，不可能在成年之后光听演讲，再次获得，再次培养。

在高等教育领域，印度人与政府①展开竞争遇到的种种阻挠，在初等教育领域并不存在。

听说我们想要挑起惠及全国无数学生的这副重担，某些聪明人不禁连连摇头。可他们也知道，这件事由政府独揽，就会像幼儿园里教唱歌曲，演一场儿戏。大部分油水，势必流进麦克米伦出版公司的肚子。总之，那不会是我们期望的教育，很大程度上有违我们的初衷。

我在其他地方看到一群"达亚南德"人，自力更生，为自己的社团创办学校。孟加拉应以他们为榜样，实现自己的目标。至于在社会低

---

① 指当时的殖民政府。

层的学校里，选择什么教材，怎样授课，仁者见仁，智者见智，在《宝库》上展开进一步讨论，就可算是编辑抛出一块砖引来璞玉了。

1905 年

重提老问题

印历正月的那一期《宝库》上，有人提出这样一个问题：如何保持政府行为和孟加拉民众的联系？

孟加拉多位著名人士在他们的文章中回答了这个问题。

奇怪的是，撰写文章的人，对孟加拉一些新政的好处，看法不一。不过，大体上说，他们的回答没有什么分歧。

他们都说，目前，呼吁广大民众参与公共事务，恐怕不行。在这之前，首先应搞好民众教育。

他们在谈到原因时称，孟加拉民众不懂得什么叫国家；如何为国家谋福利，他们头脑里也许想都不会想。所以，应该开办小学，或者采用其他什么办法，普及初等教育。

这是一件大事。首先，整个社会对这件事，应该有一个统一的看法，之后再采取行动。

《宝库》上发表的调查显示，意见已经一致了。不过，关于责任，统一意见是容易的，可具体做法，统一意见却很困难。

但既然开始行动，不妨把这件事再梳理一下。不弄清楚障碍在什么地方，事情是做不好的。

我们看到，政府已着手为孟加拉民众的教育采取一些具体措施。我们还看到，他们同时陷入了巨大的犹豫之中。

他们发现，孟加拉民众食不果腹，受各种疾病的折磨，正走在死亡之路上。这对他们的统治形成了一个极为严重的问题。解决老百姓的衣食问题，拯救他们的生命，不只是为老百姓办善事，对"国王①"也有利。

当权者心里盘算，农民要是学会更好地干农活儿，得到如何保持健康的指导，要是会记一般的账目，不受地主和高利贷者的欺骗，那么，国家的面貌就将大大改观，民众和国王，双双受益。所以，必须开展基础教育。

国际大学艺术学院

然而，教育一旦开展，之后把它限制在预定的范围内，是相当困难的。这是外国国王的一大块心病。老百姓得救了，生存需求得到了满足，可得救之后，得寸进尺，就会超越他们的需求。

因此，在有关初等教育的提案中，飘出了当局各种担忧的气味。他们大概在思忖，挖了运河，放进潮水，不是一件好事。印度文明人的波涛，如果经过教育的渠道，流到农民中间，必将后患无穷。

---

① 指殖民当局。

所以，农民的教育应当适可而止，受了教育他们一如既往地和泥土打交道，仍然只会看村庄的地图就行了。至于世界地图，扔进火炉里烧了吧，印度地图也没有看懂的必要。另外，应该注意，他们的语言教育，不得跨越一个省的地区语言的界线。

我们期望开展农民教育，国家从中受益，可当局却不会觉得这是一件令人欣喜的事儿。这一点我们早就看透了。

某些爱国人士如果认为，政府的责任是在群众中间推广教育，而我们的责任是核准相关的规章，那么，我们就应记住，把教育大权交给政府，他们就将通过教育，千方百计实现他们的目标，而把我们的目标扔在一边。他们将想方设法让农民继续当村里的农民，不会急切地让他们成为印度真正的公民。

只要把教育掌握在自己手中，就可以随心所欲地办教育了——既可乞讨，也能下订单。这只是主观臆想。英语中有句成语：检查施舍之马的牙齿，不是个好兆头。

谁要是提议，我们自己动手，推广具有印度特色的教育，也马上有人反对说，我们学校如何弄到教育的"食品①"呢？政府要是说，不用政府的规则的模具浇铸学校，那儿的学生毕业后求职之时，我们一概不予考虑，那我们就叫天天不应，叫地地不灵了。

当务之急是正确回答这个问题。回答之前，且把问题清清楚楚地摆在面前。

首先，国家如确实责无旁贷地从事国家的事业，就应在民众中间开展初等教育。

其次，教育的宗旨，如果是让国民有资格参与国家大事，那么，关于教育制度，我们和政府就不可能观点一致。

第三，观点若不一致，用别人的模式建造几所学校，在外国统治下，本国的文艺女神披枷带锁，就别指望获得显著成就。为了使教育制

---

① 指办学经费。

度有利于为本国造福，本国的学校应摆脱政府的统治。

最后，它遇到的困难是，为寻求"食品"，知识被捆在政府的大门口。不割断绳索，如何让知识获得自由？

说实话，困难远不止这些。肩负任何一项为国造福的责任，都要作出一定的牺牲，我们还不敢说"我们已作好必要的思想准备"。假设已作好思想准备，就应预想一下，迈出第一步遇到的坎坷是什么？我们真诚希望，正在考虑或认为应该考虑这件事的人，能够深入分析。我们恳请那些爱国人士，说了"应该在全国很好地开展教育"这句话，不停下脚步，而在《宝库》上继续就应采取哪些措施普及教育，展开更广泛的讨论。

科学协会

不久前,尊敬的穆罕特罗拉尔·索尔卡尔博士恭请当时的行政长官曼肯吉先生坐在主席座位上之后,发表讲话,谈到由他牵头成立的科学协会的困境,不由得唉声叹气,对孟加拉大吐怨气,对国民大为愤慨。整个场面显得凄凄切切。

他的通篇讲话让人听到了打官司的腔调。原告是他自己,被告是除他以外的全体国民。法官和陪审员是曼肯吉和其他政府官员。在这桩案件中,我们绝无无罪释放的一线希望。

必须承认,我们有许多"罪过",应当惭愧得无地自容——可是,由于极端无知和冷漠,我们已没有羞耻感。

但是,驳斥这些"罪过"的任务,交给了我国的大人物。在人类社会的法院里,把孟加拉人的名字从被告的名单中剔除,是他们降临人世的使命,这是他们人生的成功所在。

打官司的人很多,来听起诉孟加拉人的许多人,是政府官员。

在动物中,人类因是最高级的而著称。但从有文字记载的历史的第一天起,就发现为别人做好事,并不容易。凡是不知道做这桩事要花费大量精力,要花很长时间的人,最好别突然插手为民众谋利的事情。硬是插手,最终必定懊悔不已,对一批追随者大倒苦水,厉声责怪普通民众,从中得到些许安慰。不过,别人看了觉得这很不雅观,后果也令人失望,这有损于他们的尊严。

当然,穆罕特罗拉尔是真诚热爱科学协会的,正是这种爱,激励他做了许多事情。既然做了许多事情,就不要哀泣,想到还有许多事等着他去做,应该感到欣慰才是。怀着宣传科学的热情,有的伟人从容坐牢，有的伟人被活活烧死。成为杰出人物，做大事情，遭遇挫折，在所难免。

比穆罕特罗拉尔先生付出更大的努力，却受到更大挫折的，大有人在。我想问索尔卡尔博士一句，到目前为止，泱泱孟加拉有几个机构的负责人，跨出自家大门，购置了许多昂贵家具，有了稳定的经费来源，能请小总督大总督老爷来当主席，来坐在大家面前，自己一面流泪一面宣布自己作出了崇高的牺牲？这样的机会不是极其罕见的吗？孟加拉人目睹已有的一切，对索尔卡尔博士是心存感激的。为此他能承认他对孟加拉人有几份感激吗？

大人物干大事业，但他们并未手提阿拉丁神灯降生凡世。因此，他们不可能一夜之间做成惊天动地的大事。在我们这个不幸的国家，身踞高位的政府官员的名字，是大大小小的阿拉丁神灯。在神灯的帮助下，也得益于索尔卡尔博士的大名和勤奋，在从未开展过科学研究的孟加拉大地，骤然奠定了科学的基石，带着一批仪器，科学协会破土而出了。这可以说是一种魔术。

但在现实世界，阿拉伯长篇小说，未能走得很远。单靠魔术，是不可能在群众心里唤起对科学的热爱的。近二十五年来，在孟加拉地区只为科学事业建了一幢大楼，买了一些家具，提供一点儿活动经费，科学事业就能自行成长为牛群般的庞然大物，这只能是遐想。再买一些家具，再多给一点儿钱，科学就能快速膨胀，这样的科学规律，尚未现身。

当然，如果天时地利人和，样样称心，那是最好不过的。可现在几乎所有的地方，不是缺这样东西就是少那样东西。穷国印度本来就处处捉襟见肘嘛。至少在科学研究方面，印度既无天时，也无地利人和。在这儿装配一部名为科学协会的机器，科学事业就能拉响汽笛，像火车一样奔驰，连极盲目的爱国热情，恐也不抱这种幻想。火车不走，也不要去向行政长官控告孟加拉，要紧的是赶快把铁路修好。

如果修铁路，一双手就得接触泥土。我们向印度的大员权贵提建议，心里向来犹犹豫豫。可有时不得不硬着头皮找上门去。

想把科学送到广大群众面前，行之有效的办法，是首先打好用母语开展科技教育的基础。在过去的二十五年中，科学协会假如扎扎实实做这件事，应该是有所建树的。即使从政府高官的摩天大楼的窗户看不见，对于我们这个缺少科学的国家来说，那也是极其珍贵的。

告状的一条理由是，科学协会未获得孟加拉群众必要的物质支持和关爱。它怎么能获得呢？根本不懂科学的重要性的人，也为科学事业捐款，这是幻境中的场面，死盯着幻境看，只会劳而无功。

当务之急是在母语的帮助下，为整个孟加拉上科学教育的启蒙课。只有这样，科学协会才能有所作为，成功不再像海市蜃楼一样在地平线上消失。

泰戈尔用孟加拉语创作的小说《眼中沙》

在古代印度，只有婆罗门有权从事科研活动。婆罗门崇高的宗教专职为此渐渐黯淡，扭曲。他们所谓的科研工作，渐渐变得毫无意义，成为讲解、背诵宗教典籍。之所以如此，是因为吸引他们堕落的力量非常强大。在周遭布满愚昧的地方，难以长期维持微弱的先进性。如今的婆罗门不过是虚名。三天的拜师仪式，不过是对婆罗门教的讽刺，蒙人的咒语体现野蛮的陋习。未受教育的广大的首陀罗种姓人，以无处不在的愚蒙的巨石，一步一步慢慢地压垮婆罗门教的高贵，赢得了胜利。

当下，接受英语教育的一些人，在一定程度上取代了婆罗门。对一般人而言，英语不比《吠陀》的咒语简单。大部分科学知识，被英语这位卫兵严加看管。

结果，我们在学校里学到的东西，在社会中不能运用。我们的知识没有与我们的生命和血肉水乳交融。知识的最大光荣体现于挣钱的手段。

科学协会使出全力为少数现代"婆罗门"服务。科学协会用英语为几个通过英语学科学的人讲解科学。其他孟加拉人同它毫无关系。可它竟越来越气愤地抱怨说，孟加拉人不肯为科学协会出力。

人类历史上，一代代人推广科学知识，唤醒求知欲，经过缜密的实验和思维，发现真理，与此同时，各种错误的结论和迷信，随着太阳冉冉升起像雾一样消散。

但我们一次次看到，懂英语学理工科的一些印度学生，也渐渐放弃科学探索，向荒谬的迷信投降，懒洋洋地休息了。印度理工科学的现状，如同在沙砾上倒上从池塘里挖出来的半尺淤泥，再在上面种树，起初几天幼树摇头晃脑，萌生新叶，末了树根碰到下面坚硬的石头，便奄奄一息，枯萎死去。

在家庭内外，在民众之中，普洒科学的阳光，科学研究才能在印度持久地扩展。只看到一两天的成就，就兴高采烈，实在是太幼稚了。因为，四周漫无边际的愚昧，正日日夜夜不为人知地拽拉着根基浅薄的崇高精神，将其吞噬。印度古代科学研究没落的主要原因，是基础浅薄，广度不够，这一部分与另一部分严重分离。

目前，我国缺少用孟加拉语向不懂英语的人宣传科学的有效方法。这是一项要花费大量精力、需要大量投资的事业，不能指望立竿见影的效果，不会出现确保个人兴致的持久的热潮。这项事业花费巨大，挣钱的可能性则微乎其微。用孟加拉语编纂科技专门词汇，是费脑费力的苦差事。维护科学真理的同时，用通俗易懂的语言表述，让群众听懂，也不容易。

从这个角度看，像科学协会这样有实力的机构，来完成这项事业，似乎是可能的。目前，已有不少学校用英语传授科学知识，科技著作和讲师，并不缺乏。甚至有些人去英国留学，用英语学完理工课程，取得杰出成就。贾格迪斯·昌德拉·巴苏①和波罗夫勒昌德拉·罗易②就是他们中的光辉榜样。

但由于种种原因，科学协会轻视大部分未学英语的人，轻视民众和活生生的国家。而由于噩运作祟，科学协会竟责怪印度对科学事业冷若冰霜。

孟加拉文学协会已着手编纂孟加拉语科技专门字典。但他们的摊子太大，目标过于分散，编写的进展不尽如人意。孟加拉文学协会应与科学协会携手合作。另外，应采取必要措施，介绍科学著作，出版科学杂志，在不同的地方组织演讲，全方位地证明自己的能力和开展科学活动的益处，从而建立科学协会和国民的交流渠道。光抱怨是无济于事的。政府代表的干预，也起不了任何作用。"国王"可以给科学协会一些获得经费的机会，但不会送它登上成功的顶峰。

总而言之，科学协会如果在正确的道路上奋斗、前进，那我们准备忍受它的责备。但不干实事，光瞪着发红的眼睛，拒国民于千里之外，请来几位头面人物，对国民大发怨气，我们就看不到它美好的一面了。

---

① 贾格迪斯昌德拉·巴苏（1858—1937）系孟加拉自然科学家，毕业于剑桥大学，在电子学研究上成就卓著。

② 波罗夫勒昌德拉·罗易（1861—1944）系孟加拉化学家。

再谈科学协会

穆罕特罗拉尔·索尔卡尔先生在政府的鼓励和国人的赞同下,筹建了科学协会,驾鹤西去了。

在全国宣传科学知识,是科学协会的宗旨。

和印度其他为民谋利的协会一样,科学协会并非一无所有,而是住房宽绰,衣食无忧。

毫无疑问,印度不具备宣传科学知识的有利条件。最近,国立学院搞了几次活动,但在那儿,我们一是被人使唤,二是对它不抱太大希望。我们的学生有可能被人挖苦说:"这些孩子一点儿头脑都没有"。

一边是惨不忍睹的科研现状,一边是对科学知识的饥渴,科学协会抱着鼓鼓囊囊的钱包,悠闲地坐在中间。

泰戈尔和青年学子

听说那儿的大厅里常常举办演讲——像是学院里的演讲——这类演讲，其实本无必要大张旗鼓地举行。

然而，毋庸置疑，我国存在一个名叫科学协会的物件，它拥有一些资财，一些器件。

为了得到我们没有的东西，我们走到王宫门口①乞求。捧着捐款本，四处募捐，累得像黄牛似的大汗淋漓。我们难道不应该关注一下如何使用我们已有的东西吗？这个科学协会坐在我们的匮乏中间酣睡，我们难道没有时间叫醒它？

我们的贾格迪斯昌德拉·巴苏教授、波罗夫勒昌德拉·罗易教授在国内外赢得了巨大荣誉。科学协会可曾动过一点儿心思，想过什么办法，对他们委以重任？本国科学协会的目光为什么不投向本国的科学家呢？它这样做能获得一丝一毫的光荣和成就？

如果科学协会安排几位刻苦学习的学生，当贾格迪斯昌德拉·巴苏和波罗夫勒昌德拉·罗易的门生，把他们培养成才，这将为科学协会和国家增光添彩。

第二个行之有效的办法，是用本国语言宣传科学知识。只要不出版孟加拉语的科学书籍，科学之根就不可能扎进孟加拉的土壤。

朱格斯·昌德拉·罗易教授等几位学者，已着手用孟加拉语向孟加拉人介绍科学知识。他们的名字将铭刻在孟加拉文学史上。可科学协会做了什么呢？

给本国的人才和合格的科学探索者以科研的机会，在群众中用母语开辟科普教育的道路，这应是科学协会的两件大事，可是它一件也没有做。

但愿没有人认为，我这是怪罪科学协会的负责人。他们的任务，是在科学殿堂里点灯。科学协会是属于我们大家的。它如果把所有的资源握在手里，无所作为，那我们每个人都有责任。让它发挥作用的导演，

---

① 指殖民当局。

是我们大家，而不是某个人。

我们在王宫门口祈求自治权。但像科学协会这种机构不能在孟加拉土地上生根、开花、结果，那只能说明，我们没有自治的能力。因为，如果我们不能有效地使用手中的权力，那么今后得到目前尚未得到的东西，我们就能成为有四只手的保护大神毗湿奴了，那是不可信的。

所以，像科学协会这种碌碌无为的机构，是我们民族的耻辱。对我们民族来说，它是恶劣的先例和沮丧的温床。

为此，我建议，科学协会既然是本国货，就应把它拿过来，尽可能让它为国效力，至少用它来清扫民族"故步自封、不思进取"和"低贱"的证词，是再也不能延宕了。

1905 年

历史书籍

在本期《婆罗蒂》杂志上发表题为《渺小的历史学家》的作者①，是当代顶级孟加拉历史学家。

他提出的一项建议，想必会引起读者的关注。

确定历史上的真真假假，相当困难。史实像活的东西，不断增加；一代又一代，在人们的嘴上流传，经常变化。创造力是人类心中与生俱来的能力——任何事件、任何史实，落到它手里，它都不保留其原貌。它将其一部分倒入它的模具，重新铸造。所以，我们每天从不同的人口中听到对同一事件的不同解读。

有人以这种每天发生的事件为例，对历史的真实表示彻底怀疑。但他们忘了，历史事件的传说，是从许多人心中折射出来的，对事件的描述中，必然留下那个时期人心里的感受。我们从中也许不能得到纯净的真实，但那个时期许多人心里的反应，是可以得到的。

往昔的状态，不仅靠事件来复原，事件引起人们怎样的感触，也是值得审视的一大重要内容。所以，在历史事件的传说中，真实事件和人心融合所凝成的东西，就是历史的真实。这种真实的描述，对人来说，是永恒的，是能引起好奇的，是值得学习的。

在充满缤纷传说和破碎素材的历史中，有许多部分，可以证实或不可以证实，它依赖于历史学家个人的性格。面前站着两个证人，我们相信哪一位？决断通常由仲裁者的脾性和已形成的印象来做。"英国人不

---

① 指奥卡耶库马尔·梅德雷亚（1861—1930），孟加拉著名律师和历史学家。

说假话",英国法官做出这样的裁决,一半出于本性,一半出于偏见。受这种心理倾向和信念的支配,他们常常不公正地对待其他国家的人。这一点,除了英国人,其他人都感觉到了。

历史上,这种个人倾向起作用的现象既然是必然的,心里自然而然萌生的一个问题是:由外国历史学家编写的外国倾向性明显的一本本历史书籍,给读者带来的阅读的痛苦,我们为何忍受呢?我不奢望我们编写的历史书籍,是纯净的真实,可历史上有待论证的部分中,或有赖于历史学家的精神性格的部分中,我们更愿看到民族性格的创造力。

泰戈尔和孟加拉艺术家

另外,历史书如果不是一面之词,而是两面之词,确定真实,就会容易一些。外国历史学家以一种方法摆出证据,印度历史学家以另一种方法摆出证据,由公正的第三方来抉择评判,就方便多了。

不提问题,不作分析,全盘接受和背诵外国人写的印度历史书,通过考试,获得一等奖学金,对我们来说,不是一件光荣的事。任何时候,没有一本历史书,可以不被质疑,可以不被再论证。欧洲历史书中,也有一大把沿用多年的铁嘴钢牙的论断,受到新的批评和指责。我担心筛掉本国历史书中的谬误,可能就只剩下一副骨架了。

《渺小的历史学家》的作者,提议成立历史学协会,编写我国的历史书，同时开展批评研究。

我们对成立方方面面的印度协会没有太大的信心。作者在他的文章中提到，在印度的大地上，建造湿婆塑像，会感到羞惭。建造名为协会的"大湿婆"塑像，难道不是一出大丑剧？

一个国家的某一个领域，如有许多热情持久的作者，这些热心人，聚集在一起，往往能够做成大事。而在热心人很少的国家，成立什么协会，有可能产生完全相反的效果。因为协会中收罗的不学无术者，只会挫伤热心人的积极性。

我们一直关注这位作者和他的几位助手执著的努力。他们在高涨的热情中忘了我国大部分人心里对这类事情缺少真正的关爱。所以，他们最好首先以自己的作品和具体行动，在国内持之以恒地播布对历史的热爱，此后成立协会的时机，早晚就会熟。

热心人的爱心，一面流泪一面想象着周围有一群志同道合者。人不是工作的机器——和一群人共事，大家的同情、爱护和鼓励，会给他力量和活力；一个人站在空荡荡的协会里，难以实现宏志大愿。但是孟加拉那些挑起崇高事业的重担的人，命运注定品尝不到齐心协力、同舟共济的喜悦。

不事铺张，不作宣传，丛书《历史画卷》的几本珍贵的孟加拉语历史著作已陆续出版，给了我们极大鼓舞。读过传记《希罗兹杜拉》①的读者，大概已发觉有志之士做成了协会做不成的事。

---

① 希罗兹杜拉系孟加拉藩王。此书系奥卡耶库马尔·梅德雷亚所作。

历史故事

长期以来，传统民间戏剧"贾达拉①"和说书，是我国开展民间教育的两个简单方法。

应该承认，在促使教育深入人心方面，没有比这更好的手段了。

现在的教育内容，越来越丰富多彩。

单说《往世书》②里的故事，已不足以提供足够的训诫。尽力消除读书人和文盲之间的差别，如果是一大幸事，那么，在那些被剥夺了受教育权利的人中间，传播各种知识，就是我们应尽的义务，因为他们没有学到知识的其他办法。

希望人人一开始就读小学，获得知识，恐怕是不切实际的。大部分民众命中注定没有获得上小学的机会。另外，一般小学里学的知识，未能深深地扎入人的心田。

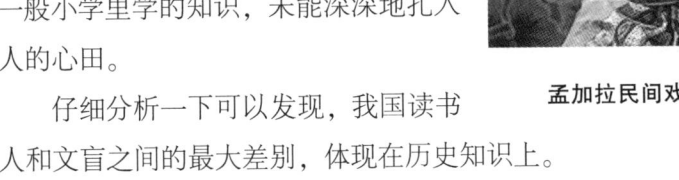

孟加拉民间戏剧贾达拉

仔细分析一下可以发现，我国读书人和文盲之间的最大差别，体现在历史知识上。

---

① "贾达拉"是孟加拉地区的传统民间戏剧。它历史悠久，表演手法可以上溯到古代雅利安人的祭祀仪式。

② 印度古代史籍。

国内国外的人是怎样成才的？怎样强大的？怎样组成团体的？怎样获得文化精华的？得到了又是怎样维护的？普通民众对此一无所知。所以，他们对文化人许多想法的含义，难以领会，难以参与他们的活动。一个人不知道世界上其他人做了什么，或正在做什么，这是多么可悲的孤陋寡闻啊。

"贾达拉"和说书，能教上不了学的民众学习历史知识，甚至比一般小学教得多、教得好。

当今欧洲，长篇历史小说和戏剧，被选为最好的历史教材。不仅通过学习，而且通过想象，才能恰如其分地复原历史，这已成为大家的共识。

借助想象简捷地传授知识的方法，把学习的内容转化为心灵的元素的方法，长期在我国使用。

欧洲现在重视这种有声有色的教育方法。我们难道非得放弃传播知识的喜闻乐见的手段，投靠远离想象王国的小学教育吗？

所以我建议，采用"贾达拉"和说书这种艺术形式，以生动活泼、妙趣横生的语言和声情并茂的讲述，在全国各地传播历史知识。

目前，我们出版月刊和作品，只注重文学。如果说书艺人和"贾达拉"剧团挑起在全国传播历史知识和介绍文学作品的担子，一定会大获成功。说书艺人和"贾达拉"剧团只表现《往世书》里的故事，不能完全满足我们的需求。应当以历史，甚至以神话传说为依托，广泛开展民间教育。

如果"贾达拉"的表演可以使婆罗多·昌德罗[①]创作的爱情诗集《毗达逊德尔》的故事在全国广为流传，那么波里迪拉吉[②]、古鲁戈宾

---

① 婆罗多·昌德罗（1634—1682）是孟加拉诗人。
② 波里迪拉吉（1159－1191）是德里最后一位印度教国王。

特①、希帕吉②、阿克巴③等人的传说,何尝不能让人大饱耳福呢?甚至《欢乐寺院》、《王座》等长篇小说,又何尝不能让说唱艺人说得活灵活现,让人听得津津有味呢?

---

① 古鲁戈宾特是锡克教第十位师尊。
② 希帕吉(1627—1680)是马尔哈达国缔造者。
③ 阿克巴(1542—1605)是莫卧尔王朝第三位皇帝。

教育的载体

从实际需求的角度分析，知识对人类确实不可缺少，这是不言而喻的。但就此深入探讨，一场争论在所难免。经常听到有人以怀疑的口气诘问："教农民读书写字，他干活的体力会不会下降？教妇女学文化，她对保护神毗湿奴和夫君的忠诚会不会减少？"

然而，我们看到，白天阳光满足的需求，除了劳作的需求，更多的是唤醒人的需求。此外，阳光更大的作用，是使人们同心同德，共谋大事。相形之下，在夜色中的人们是一盘散沙。

知识，促成人类最深广的团结。在孟加拉僻远地区一个上学的孩子，与天涯海角一个有文化的欧洲人的共识，比起与一个目不识丁的邻居的共识，肯定多许多倍。

知识促成的全世界人与人的共识，超越国界，超越时空——这种共识的必要性，暂且不谈。如果以某种借口，剥夺一个人分享这种共识的无穷喜悦，那简直是不可想象的。

在印度，知识之灯在那么遥远的地方，那么微弱地闪着光芒，想到这一点就会明白，对印度人来说，极其重要的人与人的联系之路是多么狭窄，那联系是知识的联系，沿着联系之路，全世界的人正努力走到一起。

当然，印度拥有学习知识的一些特殊手段，可传播知识的道路上横亘着重重障碍。

江河流过一片土地，可雨水从整个天空潇潇飘落。所以雨水是庄稼最好的朋友，江河的地位则低得多。另外，江河的深度、速度和恒久的流量，也有赖于雨水。印度那些手持金钢杵坐在雷神位子上的人，平时睁着一千只眼睛,可在知识之雨倾洒的时节,却闭着至少九百九十只眼睛酣睡。雷声隆隆响起之时,他们一面投放狞笑的闪电一面说道:"土学究的知识是一种古怪果实,它的皮下略微发黄,但与茎托相连的果实的那部分总不成熟。"这种现象,仿佛是土学究的性格造成的。但是,土学究们用以催熟知识的方法,也用来设法催熟我们上司的知识,那么以科学手段可以验证,普及教育的阳光没有照到的知识,都是那种半生不熟的惨状。

个别人可能争辩说,当西方仍在西半球,没有骑在东方肩上的时候,你们教《吠陀》的书院里,讲解的辩论学里充斥诡辩,此外还编织语法之网,那也类似于象牙塔里的学识。我同意这种看法。不过,知识中的一部分,是纯学术性的。在所有国家,象牙塔里的学识,都不实用。西方的玄学,至今不肯寿终正寝。可是在一个多灾多难的国家,知识的力量日趋削弱,知识的架子却越来越大。于是应该承认,古代的学术性知识,虽然深深地陷入辩论之喙和诡辩之妖的脑子里,但当时的知识,在社会的血管中活泼而强劲地流淌着。无论是农村不识字的农夫,还是足不出户的女人,大家的心灵通过各种渠道,都受到知识的浸润。所以,这种知识尽管有欠缺,不完美,但在本民族中间是合理的。

但是,我们如今学到的源自英国的知识,似乎是挂在招牌上的学校里制造的一个样品,而未成为我们生活中的东西。因而,西方教育中的精华,大部分装在我们的笔记本里,既不能在我们的思想中,也不能在我们的工作中,开花结果。

印度一些现代学者说,之所以这样,唯一的原因是它是舶来货。对此,我不敢苟同。大凡真实的东西,均跨越地理界线。印度点亮的真理之灯,也将照亮西方。如果不是这样,它就不是真理之光。事实上,假如有什么优长,只属于印度,那它本身就不是优长,这是我要特别强调的一点。同样,印度的神祇只属于印度,他必定堵塞我们进入天堂的道路,因为,天堂是属于世界之神的。

问题的关键,是现代教育缺乏合适的载体。它行走的道路不畅通。

泰戈尔笔下的教育

目前,所有文明的国家实施全民教育。由于这样那样的原因,印度至今没有开展全民教育。教育家古格尔①孤身奋斗,在全国进行普及教育的实验。听说他在孟加拉遇到了最大的阻力。在理性领域,从孟加拉各地骤然刮起了怪异的瘟疫之风。鬼的脚倒退着走,孟加拉社会的奋斗之足也往后迈了。我们打定主意,在世俗生活的道路上走回头路,只在全力建国的天空中,在翱翔之路上朝前飞。我们的脚朝一个方向,而我们的翅膀朝相反的方向长了出来。

在印度至今听不到向高等教育提供养料的全民教育的动静。可别的病症却又出现了。一方面在压缩印度高等教育的狭小地盘,另一方面在扩充高等院校的家什。对缺少学生视而不见,对防止设备的不足却高度关注。

从报纸上获悉,在比哈尔大学的奠基仪式上,省督煞有介事地说:"有些人指责我们注重学校建筑的华丽,有意消耗教育资源,他们其实对教育一窍不通。教育不只是获得知识,坐在舒适的教室里读书,本身也是一种教育。比起那些大教授,对院校厚实的墙壁的需要,不是少而是多。"

我承认,人需要食物也需要盘子。可穷人时运不济,弄不到足够的食物时,对盘子就不要太讲究了。当我们看到印度遍地是知识的食粮时,向世界之母索要金盘的日子才会来到。我们过着穷人的生活,而我们教育的表面繁华,如果达到富翁的水平,那就无异于大肆挥霍,用金钱制作盘子了。

我们可以在院子里铺上草席,热热闹闹地举行聚会。在富人举办的祭祀仪式上,可以用香蕉叶当碗吃饭。印度受人景仰的名人,大都出生在茅屋里。我们从不认为,不向财富女神借钱,艺术女神的席位的价值就一落千丈。

---

① 古格尔(1866—1915),曾担任教育捐赠协会主任、总督管理委员会成员。

教育的载体

我们用自己的办法解决东方的生活问题。我们想方设法节衣缩食。在这方面，印度的水和空气，拉着我们的手，为我们上了第一课。我们对房间墙壁的缝隙的需求，大大多于对墙壁厚度的需求①。我们身穿的衣服的大部分，不是用织工织的布，而是用天空的阳光做成的②。为我们的躯体提供热量的一部分食物③，不是来自厨房或胃④，而是来自大神。我们的性格，是在人生旅途中利用自然条件的过程中养成的。我们不认为，教育制度与我们的天性唱反调，会有特殊的收获。

我创办的一所学校在树底下

我创办的一所学校，在旷野的树底下。这所学校如同净修林里的沙恭达罗——头戴着花冠——督学是她的指甲。就像穆伊德丽对贾格帕勒卡⑤说，她要甘露，不要奢侈品，我对这所学校的要求，体现我的志

---

① 指由于孟加拉地区炎热，墙壁上有较多的窗户。
② 指赤膊、光膀子。
③ 似指吃的水果。
④ 似指吃水果不用细细咀嚼。
⑤ 贾格帕勒卡系通晓《吠陀》的隐士，穆伊德丽是他的妻子。

趣。在这一点上，我们与省督也许大相径庭。也许恰恰在这一点上，我们有权对他提出一些忠告。深入观察客观事物可以发现，美食佳肴有一定的界限，常常与甘露发生矛盾。脂肪太多了，骨骼必定脆弱。

我们从不称"贫乏"为高尚。它是忧郁的，但也是朴素的，其价值高于奢侈品，从这个角度而言，它也是可贵的。我所说的朴素，是完美的意蕴之一，不是指豪华的缺失部分。那意蕴显现的日子，在文明的天空，物质之雾的污秽，眼看着就会消散。由于缺少那种意蕴，每个人极其需要的东西，才变得那么昂贵、那么难得。歌曲、食品、娱乐、教育、王国统治、法律法院等等，这一切在文明国家极为复杂，这一切占据了人们身心内外的许多地方，大部分负担是多余的。承受沉重负担，人显示的是体力，而不是能力。因此，大神瞅着呈现的"文明"，却看见它像不熟练的魔鬼在游泳，手脚乱划乱蹬，把水搅浑，水面上浮着白泡沫。可它全然不知根本无需这样累得大口喘气。可气的是，这魔鬼居然坚信：使出全身力气，手脚乱划乱蹬具有特殊价值。只有当完美的质朴真实在"文明"的心中闪现之时，从西方客厅的墙壁才会摘下日本的纨扇、中国的瓷器、颀长的鹿角、华贵的虎皮，从这个角落那个角落，无谓的奢侈，才会像噩梦一样消逝。从贵妇人头戴的帽子，才会掉下鸟的标本、鸟的羽毛、绢花绢叶和其他许多乱七八糟的装饰品。她们大把花钱的装扮，才会在陈列野蛮的历史博物馆里找到归宿。那些矗立着朝天上的阳光挥舞拳头的五层楼、十层楼，才会惭愧地低下头。教育也罢，劳作也罢，消费也罢，才会认同简朴体现自己真正的才能。人的本性才会夺过户外奴隶、国王所在的王国，把它踩在脚下。那一天，西方的"穆伊德丽"也会说："我要甘露，不要奢侈品。"

我不能精确预测哪天会有这样的情景。在这之前，我们只得低着头静听训示——坐在高楼大厦的大量家具中间的教育，是高等教育。泥土下面是人的初等教育，是教育的初始。砖石砌的楼房越高，张口结舌、打的哈欠越多，知识积累跟着节节上升。

有一天，几个朋友建议我在我那所土学校的旁边再盖一所学院。印度往昔的高等教育不曾冷落"树底①",可如今对高等教育展示草席,它受得了吗?它现在可是富裕的西方的养子啊。它接过英国老子的架势,甚至要超过老子了。"不管别人说三道四,我们尽力把教育置于高洁的位子上,让我们维持它的格调,让它符合我们心意的吧"——这番话,谁听得进去呢!他们会争辩说,这样的架势,就是教育。出于对你们的一片好心,我们将不遗余力地把这种架势提升到极致。为此,我不得不说,我承认心灵是高尚的,可我不承认奢侈品比心灵更高尚。

我知道,在某些领域,商品当心灵的随从,拒绝这些领域也是贫乏的写照。欧洲试图展现这些领域里的和谐,但至今尚未成功。我们也本应按照自己的方式作出努力,可为何非得制定严厉的法则加以阻挠呢?即便不减少需求,也要根据我们的习性和兴致,使整个生活保持俭朴。我们可以采用别处的教育内容,但同时吸收别人的脾性,那就是大灾难。

前面说过,西方的"养子"在某些方面超过英国老子了。我在美国看到,在国家的帮助下,许多规模很大的学校办得非常好,学生上学基本上不交学费。欧洲也采取不少措施,确保穷学生上得起学。我们的财力有限,仅仅因为贫穷,我们的教育非得比西方还要昂贵吗?而过去在印度,知识是不用金钱买卖的!

我在别的地方还看到,提高国家的文化水平,是国家的责任。在日本和欧洲,兴办教育,花钱毫不吝啬。在穷国印度,"把教育弄得如此昂贵,如此可望而不可即,是国家的洪福",这句话,坐在高座上说得声音越大,反对的声调也立刻上扬八度。假如卡尔逊爵士发誓说,母乳的价格,要提高得让人买不起,那我们就难以相信,他关心孩子,已到了寝食不安的程度。

随着年龄增长,孩子体重增加,是健康的标志。体重不增不好,减少则更让人焦虑。同样,印度教育的大片土地荒芜,好心人仍盼望学生

---

① 指泰戈尔创办的小学的学生在树底下上课。

人数逐年增加。学生人数一成不变，是一种过失，人数下降，我们的理解，则是天平朝死亡的一侧倾斜了。孟加拉学生锐减，教育部门却无忧无虑，一份英语报纸为此评论说：由此可见，孟加拉人学习的兴趣大大减少了。假如古格尔倡导的义务教育，也在这儿推广，心里抵触的人，日子就难过了。

这是一段冷酷的话。通常无人贸然对自己的民族说这样的话。当下在英国如果发现人们心中对教育的兴致大大减少，有些人肯定着急地写道："务必采取一切必要手段，扩大对教育的热情。"这表达了对自己民族的真情。可期望英国对孟加拉人也有这份感情，我会感到羞耻。

但满足了爱国的一切要求，还剩下体现爱人的一些应做的事情。在目前宗教意识强烈的情形下，某些人为了本教派的利益，不让别的教派获得声望、财富等许多难得的东西，自己却对这些东西垂涎三尺。目前有些东西，虽然减了很多，但还是可以为所有人去争取的。对任何国家，我们总不能说，那儿的健康水平下降了，赶快取消医疗拨款，周全地张罗人的葬礼吧！

然而，也必须承认，对于本国，我们头脑里大量的理性尚未苏醒，导致外人贬低我们的衣食、智慧和知识的价值。我们不想要本国的食物、本国的知识、本国的医疗。我们不是从自己身边，而是期望从别人手中得到。我们借口说我们能力低，其实比起能力，我们的奋斗更少。

要求别人认同的本国的价值，如果多于自己眼里本国的价值，那是一种欺骗。不会有人上当的。像熟悉市场的老板那样，对别人随意提高物价，只会浪费时间。在花掉的时光里，不会有相应的收益。这些年我们在国家这个市场里，一直做着类似的生意。我们叫卖的价钱，大大高于自己确定的或者同意确定的价钱，使市场好一阵子异常喧闹。

我们有些人为教育摇旗呐喊，却不承担责任，对普及教育兴趣索然。这就意味着，参加教育的宴会，却不关注饥饿者是否吃到碗里施舍的一点儿米饭。还有人说，下层群众不用接受太多的教育，受教育对他们有害无利。他们常听到当局说："孟加拉人受教育，是多此一举，甚至是有害的。""教老百姓学了文化，我们就找不到职位了。"这话要是说对了，那么，我们全上了学，有些人充当洋奴也就不那么轻松了，这也许不是瞎操心。

在这方面，考察一些人的心思，需要举一两个例子。我们成立了名为"孟加拉全省协商会"的一个组织。它是政府机构，其主要目的，是有关人士坐在一起，讨论孟加拉语的欠缺和批评意见，让孟加拉人了解真实国情。长期以来，我们没有想到的最简单的一件事，是应该用孟加拉语进行讨论。因为，我们不能以全部情感充分认识到孟加拉人是孟加拉的主人。为此，我们不能给孟加拉完整的价值。我们乞求的食物，填不饱我们的肚子。原因不是施主不乐意施舍，而是我们并非诚心诚意地乞求。

当我们全神贯注地观察知识的传播时，发现最大的障碍是，它的坐骑是英语。外国货可以装船运到城市的码头，但想用船把进出口商品送到各地的集市上，只怕是痴心妄想。即使全身心地抓住英国商船，贸易也只能局限于城市。

迄今为止，我们还未感觉到这种烦琐带来的不快。因为不管我们嘴上怎么说，心里认定城市就是整个孟加拉。当有不少优惠的时候，我们顺口说，好吧，开展最基层的最一般的教育，可以使用孟加拉语。但上司把手一指向高等教育，我们立即就改口。

我们的胆怯难道将永久存在？哪天才能鼓足勇气说，我们要用孟加拉语把高等教育变成本国货？日本把西方值得学习的一切，转眼工夫传遍全国，其主要原因，是他们把教育装在本国语言的模具之中。

其实，日本语的兼容能力并不大于孟加拉语。孟加拉语具有创造新词汇的无穷潜力。另外，欧洲的智力形态，比起日本语，与孟加拉语更接近一些。但是捷足先登的人中俊杰，不光赢得财富女神，也赢得艺术女神的芳心。日本口气坚定地说："我要把欧洲的知识搬回到日本的知识殿堂。"它说到做到，成果丰硕。可我们至今没有胆量说，我们想用也一定能用孟加拉语开展高等教育，一旦开展，全邦知识的作物将获得丰收。

我们的胆子太小了,在学校外面开拓的民间教育的领地,也不许孟加拉语进入。为扩大理工科教育,在民众捐款的支持下成立的科技协会,长期只站在城里,像某些东方国家的国王似的,害怕荣誉受损,不愿出城走到民众身边。它宁可无所作为,也绝不讲孟加拉语。它仿佛是用孟加拉人的捐款铸成的牢固基石上,孟加拉人的"无能"和"冷漠"的纪念碑,木然矗立,一动不动,不声不吭。我们忘不了它,也难以把它记在心里。

泰戈尔用母语孟加拉语写的诗

科技协会的借口是,用孟加拉语不可能开展科技教育。这是无能之辈、胆小鬼的借口。那样做确实很难,为此须有坚强的决心。你想一想,首先,理工科教学全用英语。其次,孟加拉一些著名科学家享誉全球,可在孟加拉一个角落里,民众筑了一个科学之巢①,却没有他们的立足之地。在这种情形下,把这玩意儿扔进孟加拉湾,在它的帮助下,海里的鱼儿取得的科学进步,绝对不会比孟加拉孩子少——这种冷嘲热讽的话,当然是不宜说的。

因为母语是孟加拉语,就非得惩罚孟加拉人吗?"让无知造成的罪

---

① 指孟加拉科技协会。

过使孟加拉人永远默默无闻吧！"——几个有文化的孟加拉人对全体孟加拉人作出的这种判决，难道要永久维持下去？讲孟加拉语的可怜的人啊，难道是现代摩奴法典①里的首陀罗②种姓人？他们的耳朵难道永世听不到高等教育的福音？从母语走进英语，脱胎换骨，我们才能成为轮回转世的种姓人③？

不消说，英语我们是要学的——不光是为填饱肚皮。不光英语，学了法语、德语更好。与此同时，明摆着的是，大部分孟加拉人不会学英语。现行的教育制度，不许千千万万操孟加拉语的人享受知识的食粮，或者只许享受一半，这种话怎能说出口？

印度教学的大工厂里，想占有机器的几个轮子，必须用铁锤拼命敲打。这是挺费手劲儿的活儿。所幸的是，在此期间，阿苏姆库吉先生④已在一个车间，在铁锤孔里按了一个孟加拉语的木柄。

阿苏姆库吉先生的行动告诉人们，不管孟加拉学生多么精通英语，不学孟加拉语，他的学习也是不完整的。可这仅是为懂英语的学生完善知识结构而采取的措施。孟加拉的大学难道撇过脸去看也不看那些懂孟加拉语但不懂英语的学生？在印度之外的任何地方，难道也有如此不正常的冷漠？

也许有人会对我说，在这件事上诗兴大发、驰骋想象，无济于事。请你提出几条切实可行的建议！过度的奢望等于零。把奢望丢进火炉吧。不要好高骛远，多提建设性意见吧！动手之前，或充当什么角色之前，看清你的岗位！扫视四周，心里刚有点痒痒，就够了，赶紧打住！谁要是对你破口大骂，冲过来打人，那就意味着，你吃到一个好果

---

① 摩奴法典是印度古代关于行为规范的典籍。

② 首陀罗是印度四种种姓中的第四种姓，即最下层的种姓。

③ 印度四种种姓中前三种种姓人，即婆罗门、刹帝利和吠舍，是所谓的可以轮回转世的种姓人。

④ 阿苏姆库吉（1864—1924）孟加拉教委会主要成员，多年任加尔各答大学校长，在他的努力下，加尔各答设立了授予硕士学位的学科。

子了。

好吧，就提建议。

目前，我们的大学扩大了地盘。从前，它只是一个通过考试的角力场。如今，在角力场外面，圈划了一片让人以文明的衣衫遮盖赤裸的肢体、喘口气的地方。最近我们看到，几位外国大教授，来到这儿，表达了他们的真知灼见。这儿也为印度几位名人贤达安置了席位。听说是在阿苏姆库吉先生的大力倡导下，大学才采取了这些高雅的举措。

我要说的是，大学的旧宅里面的院落里，一切照常吧！仅在它外面的院子里，民众议事的新地方，如把大学教育分解为全体孟加拉人的东西，会遇到阻挠吗？让受邀者坐在大学的内宅，而让听到消息不请自来的人在外面席地而坐。不为他们准备英国桌子，那就算了，让他们把香蕉叶当碗使好了。在这种祭祀般的场合，硬是派保安把他们推搡着赶出去，难道雅观吗？难道不会受到诅咒？

孟加拉的大学里，英语和孟加拉语之河，如像恒河和朱木那河一样汇合，对孟加拉学生来讲，大学就是一个圣地。两条河黑白分明，却在一起流淌。这样，孟加拉的教育领地就将更加宽阔，更加深邃，更加真实。

城里假如只有一条大街，街上必然特别拥挤。拓宽街道，分散人群，应是城市改造方案的重点。同样，在孟加拉大学中间，修建一条大道，人群拥挤的现象肯定就会减少。

办学积累的经验告诉我们，总有一些学生不善于学习语言。他们没有学好英语，勉强跨过入学考试的大门，沿着楼梯往上走，难免摔个四脚朝天。

落到这步田地，有许多原因。首先，学生的母语是孟加拉语，英语在他眼里，是从未遇到的难以翻越的一座大山。学习英语，如同进行往英国剑鞘里插国产大刀的练习。其次，极少数学生有从上第一课开始，跟着优秀教师，循序渐进地学习英语的机会，穷人的孩子根本就没有。所以，在多数情况下，如同不识名为比斯拉格罗尼的一种仙草，就只好把长仙草的整座甘达马当山①搬来,学生弄不明白意思,就只得死背整本英语书。凭借过人的记忆力,幸运的学生搬来了大山,最后得救了。但不能指望那些只有普通人智力的学生,也扛得动甘达马当山。他们既不能从坚固的英语之墙的细缝里钻过去,也没有翻越的体力。

问题在于,由于正常或偶然的原因,这些学生学不好英语,难道等于犯了大罪,非得把他们赶出知识的殿堂,押往安达曼岛②,终身监禁?据说过去在英国,谁偷了香蕉、萝卜什么的,就被判处绞刑。可对他们,执行的是更严酷的法令。他们没有本事偷东西,也被判了绞刑。可死记硬背通过考试也是一种偷窃行为啊。通常学生偷偷地把书带进考场,一经发现,立即赶出考场。可是采用更隐蔽手段的学生,也就是说,不把书藏在衣服下面,而是藏在脑子里带进去,犯的"罪"难道就轻吗?(按照文明的规则,人的记忆力在印刷厂占据了地盘。)所以,有些人死背书通过考试,无异于以不文明的手段行窃,在文明时代,他们难道可以获得奖励?

算了,放人一马吧,对幸运地游过考试之河的人,我无意提出指控。

过不了河的人可就麻烦了,哈卜拉大桥③又断成了两截。政府难道不为他们提供渡河的工具?轮船或者舢板?

孟加拉有一大批学不好英语的优秀学生。他们学习的欲望和热情在起步阶段就受到遏制,这难道不是全国智商的极大浪费?

我要提的问题是,他们上了大学预科,走到大学的路口,如果为他们开辟英语和孟加拉语这两条大道,难道不是两全之策吗?第一,拥挤

---

① 典出史诗《罗摩衍那》,神猴哈奴曼为救受伤的罗摩,前往甘达马当山寻找仙草,因不识比斯拉格罗尼仙草,便把整座山搬回。这个故事在印度是做蠢事的比喻。

② 安达曼是印度洋上关押政治犯的孤岛。

③ 流经加尔各答的恒河上的一座大桥。

的压力减小。第二，教育得以扩大。

我知道，相当多的人倾向于走英语这条道。两条道上的行走，达到均衡状态，需要一定时间。王室语言的价格较高，因而受到较多的宠爱。不光在职业的市场上，走在这条路上，进入婚姻市场，新郎的价格立即飙升。升就升吧——孟加拉语受得了别人的冷眼，可难以忍受自己碌碌无为。让走红运的孩子吃奶娘的奶长得胖乎乎的，可为什么不让穷人的孩子吃亲娘的奶呢？

多年来我们挨打挨揍，说话谨慎多了。只是积习难改，一不小心还是说了不得体的话。我记得，开初我说话是很有分寸的。我暗暗告诫自己，古帕尔①是个识大体、明事理的孩子，让他吃得少，他也不大叫大嚷。所以，我低声细气地开口讲话。如今大学的外宅建了演讲厅，在一个角落里铺上一张孟加拉席子，有坐的地方了。这话很像是懂事的"古帕尔"说的，"家长们"不愿听，也千万别发火。

然而，当古帕尔的饥火大大超过他的理性时，他的嗓门不由自主地大了起来。同样，我的建议口气那么大，其结果不仅对建议本身造成严重伤害，也让建议者又一次尝到了苦涩的味道。听说，印度婴儿的死亡率极高。同样，在印度，百分之一百二十五的建议，在产房里夭折。上了年纪的我们这些人，已受够沉重打击，对于打击这玩意儿，已感到不新鲜了。

我知道我的讲话会引起质疑——你鼓吹用孟加拉语开展高等教育，可用孟加拉语编写的有价值的教材在哪儿？我承认，目前还没有。但不启动教育，怎么会有教材？教材不是花园里的花木，性情中人不会精心培育；也不是野草，不会在田野里疯长，蔓延一大片！教育如果静坐着等候教材，那它如同先萌发叶片，之后再长树干，也如同一条河手扶着脑袋，呆呆地望着河岸，任凭河水一天天下降。

没有出版孟加拉语高等教育的教材，是一件憾事，解决的唯一办

---

① 孟加拉语中"古帕尔"的原意是放牛娃，同时又是乖孩子的代称。

法，是在大学里启动用孟加拉语授课的课程。近日，孟加拉文学协会，克服种种困难，艰难地迈出了第一步。文学协会承担了编写专业辞书的任务，做了一些实事。我抱怨他们的工作进展缓慢，甚至有时停顿。但迈出了几步，就是奇迹。在孟加拉有编写专门词汇的原动力吗？确有使用的需求和机会吗？有必要为不流通的货币建造制币厂吗？有人提出这类古怪的问题，他的脸不发红么？

大学里今后开辟了孟加拉语教育的道路，孟加拉文学协会就能大显身手。眼下没有大道，它跟跟跄跄地朝前走着。一旦路修好了，它就能乘坐四匹马拉的马车。现在遗憾的是，我们有手段、有材料，只是缺少场所。孟加拉语的祭坛四周，我们能开设施舍棚了。孟加拉人才济济，他们中有贾格迪斯·昌德拉·巴苏、波罗夫勒昌德拉·罗易、波罗京特罗纳特、穆哈穆赫帕达亚·夏斯特利等科学家，以及同一行列中许多著名人物和尚未崭露头角的孟加拉人才。那些只懂孟加拉语的人的知识饥饿感，何时才能消释呢？他们只能为上述科学家感到骄傲，而不能得到教诲？外国学生渡过七大海洋，进入孟加拉大学，拜他们为师。可只懂孟加拉语的学生却无权成为他们的门生，跟随他们钻研学问！

德国、法国、美国和日本建立的现代大学的基本宗旨，是养育国家的心灵。它们在重塑国家。它们使天才的种子萌芽，长成大树，同时最大限度地开发人的心力和智力。

只要使用别人的语言，养育国家的心灵就是一句空话。使用别人的语言，我们有一些好处，但这种好处不会完善我们的语言。我们可以思维，但我们的语言被流放在思维之外。我们的心路延伸了，但我们的语言不会随之扩展。难道还有比这更厉害的损害我们整个教育的伎俩吗？

结果，我们即使获到高等教育，也没有高层次的思维能力。因为高层次思维的载体，是母语。走出校门，我们丢弃礼服式的语言，把装在口袋里的东西掏出来，挂在衣架上。之后使用耳熟能详的语言说话、交谈、海阔天空地胡聊、翻译、诈骗，还在报纸上介绍不堪入耳的懦夫的勾当。尽管如此，也不能说孟加拉文学停止了前进的步伐。不过，已看到文学饥饿的大量征兆。有些病人吃得很多,依然瘦骨嶙峋,同样,可以看到,我们接受的教育,并未注入孟加拉文学的肌体。食物和我们生命之间没有充裕的流通渠道。其主要原因,是不用自己语言的消化液,咀嚼食物,而是用机器为我们填食。肚子饱了,个子却不长。

孟加拉最早建立的加尔各答大学

众所周知,我们的大学,是用伦敦大学的模具浇铸的。这所大学,是在通过考试、获得文凭者的名字上面盖印的一个橡皮图章。它的职业,不是培养人,而是在人身上打上记号;把人变成市场上的商品,标上价格,充当商人的助手。

我们把从大学获取"学位证书工厂"制作的标记当作获取知识。这已成为我们的习惯。不管是否有真才实学,我们得到了一个标记。可悲的是,我们历来是标记的膜拜者。把用模具浇铸的习俗、惯例当作各种祭品供奉,是深入我们骨髓的对模具女神的坚定虔诚的膜拜。为此,我们把模具里倒出来的知识,当作女神的恩赐而接受——想象世上还有比这更珍贵的东西,对我们来说实在太难了。

所以我说,孟加拉家长们赞赏的目光,会不会落到大学里开辟的孟加拉园地上，结论颇为难下。不过，从英语的梳子缝里掉下的学生，大都流落到这儿了。我认为，这将带来意外的大收获。正是在这片园地上，大学可以独立自主、循序渐进地发展自己。因为这片园地上的教育，很大程度上摆脱了市场价格的垄断。大部分孟加拉人，拼命捞张文凭，无非是为做生意，是为谋生。但对一部分人，此路往往不通。也有一些人受教育为求真才实学。这片园地对这两种人，具有吸引力。不仅如此，为生活所迫，正在争取文凭的一些学生，茶后饭余，也为孟加拉语所吸引，步入这片园地。因为仅仅几天工夫，在这片园地，孟加拉教授将展示他们的天才。此时此刻，扬起与英语对应的孟加拉单词和笔记的"灰尘"①，制造沙尘暴的一些人，今后也会以甘霖滋润孟加拉干渴的心田。

凡是有活力渐渐抵制英语这部机器的，都能昭示自己正常获得的成果。有些通晓英语的孟加拉人，炫耀自己的英语作品，一度鄙视孟加拉语。而孟加拉文学的新芽，却在孟加拉的心田悄然萌发了。当时，讥嘲它的娇小、它的柔弱，是件易事。然而，它生机勃勃，虽细小却不容轻视。现今，它高高地昂起头，有了俯视英语作品的实力。

在王宫门口，孟加拉文学鲜为人知，备尽冷落——但诱惑的寡少，对像我们这种被人统治的民族来说，并非毫无意义——不理会所有外部的藐视，在英国市场检验员的目光之外，怀着生命的欢乐，它在世界上即将有所建树。这些年来，孟加拉文学家倘若光抄英语范本，世界上只会多一大堆垃圾，想到这点，我们不禁毛骨悚然。

我们单用工具无力改变长期转动的英语知识的机器。原因有两个。一是这机器是用特殊的模具制造的，彻底改换模具，谈何容易！二是对这种模具的崇拜者的虔诚如此坚定，以至于我们创办了民族学院，创办了印度教大学，我们的心依旧逃不出那模具的掌心。改革的唯一办法，是在模具旁边，给富于活力的新生事物一小块土地。只有这样，它才能

---

① 指造新词过程中暂时出现的混乱现象。

避免争执,避免冲突,蔓过"机器",有朝一日长成昂首挺胸的大树。当"机器"朝天空喷吐乌烟,发出嘎嘎的刺耳声音,为市场吐出一袋袋商品时,这株大树无声地把绿荫、果实献给祖国,在自己的树枝上,为全国所有歌鸣的鸟儿提供栖息之地。

但是,为什么有人说与"机器"妥协的话?让这种话消失在国家的办公室、法院、警察局、监狱、疯人院、轮船码头、黄麻工厂等现代文明的家具中吧!在孟加拉需要水果,需要树荫的地方,为何不离开楼房,走下来站在泥土上?如同弟子们聚集在师父周围,按照自己的心愿建造书院,如同在吠陀时代有净修林,如同佛教时代有那兰陀寺①、达克西拉②——如同在印度多灾多难的日子里,用梵文教授《吠陀》的学校,依然从祖国的生命汲取活力,也把活力注入祖国的生命,以生命在人世创建大学的话,为什么不敢对人讲呢?

佛教圣地那兰陀寺

---

① 佛教圣地,七世纪玄奘曾在那儿学习佛经两年。
② 佛教圣地之一,今属巴基斯坦。

创造的第一句神咒是：我们渴求！这句神咒难道不正从祖国的心底响起？听见这句咒语，我国的师尊、探索者、苦修者、思考者，难道不来与弟子们会合？如同水汽相聚于雨云，如同雨云降下甘霖淋湿大地，他们何时欢聚一堂？他们的奋斗何时融入母语，使祖国大地处处都有解渴的水、解饿的食物？

我这最后一番话，是个人想象，不是有用的话。但迄今为止，有用的话一直在修补，想象中却有了创造。

1905 年

教育方法

启程来英国的时候，我有个心愿：详细考察这儿的学校，弄清楚英国在教育领域采取的哪些措施，适用于印度。到这儿了解了一些情况，在报纸上读了讨论英国教育制度的几篇文章。目前，这儿正进行各种试验，推出各种教育方法。

有一些人说，应该尽量使学生的学习成为一件快乐的事情。可另外一些人说，学生的学习中没有足够的艰辛，就难以把学生培养成能适应社会的有用人才。

有一些人说，用眼睛、耳朵、情感和习惯把教育内容融入本性的方法，是最好的方法。可另外一些人说，让学生充分发挥自己的能动性，刻苦学习，掌握教学内容，是行之有效的方法。

事实上，这种矛盾永远解决不了。因为，人性中确有这种矛盾。快乐给人教育，痛苦也给人教育。人不管教不行，人没有自由，更活不下去。一方面，人读书收获的入门开启着；另一方面，人吃苦受累搬运物品的道路也敞开着。"你指明一条中间道路吧"，这话说起来容易，做起来很难。因为，人生之路从来就不是一条直线。它像一条河，内外受到各种阻力，受各种逼迫，弯弯曲曲，向前奔流；而不像挖的运河，笔直地流淌。它中间没有直线，它的位置经常变动。此时此刻，对它来说是中线，过一阵子，对它来说就是边线了。同样，对一个国家来说是边缘小道，对另一个国家来说可能就是中间的阳光大道了。由于种种不可避免的原因，人类历史上，有时爆发战争，有时迎来和平；有时财富之潮呼啸而至，有时退潮的日子悄然来临；有时人自恃强大，如疯似狂，有时则感到自己是个草包，委靡不振。在这种情况下，人朝一个方向倾倒，用力把他拉向另一个方向，对他来说就是良好教育。当人性朝气蓬勃，充满活力时，依凭内在的实力，它可以选择一条保持平衡的道路。他能驾驭自己的身体，受到一个方向的冲击，立刻下意识地在另一个方向用手支撑住，使自己站稳。但酒鬼被人一推就倒，躺着动弹不得。欧洲培养学生的方法正在不断变化。他们的心灵越是接触各种情感、知识和经验，越是觉醒，他们道路的变化也就越快。

所以，必须按照心灵轨迹确定教育之路。但心灵轨迹是多姿多彩的，大家看不太清楚。因此，任何时候，任何个人或者团体，都不能信心十足地标示这条路。在不同的人的不同努力下，这条路的走向渐渐显现出来。所以对每个民族来说，开辟试验之路，是发现正确道路的唯一办法。

但一个国家的教育机构稍稍偏离僵硬的习俗，人就会丧失种姓，从根本上说，这就是培养人才的巨大障碍了。现在和将来，社会不断变化，这是任何人阻挡不了的。而把社会机制强行塞入永恒的模子里，对人来说，这是造成困境的绝无仅有的原由。这是怎样的图景呢？就像河水退去了，但建造的码头还在原地，渡船的航道也在老地方。若在别的码头下船，你就享受不到印度理发匠和洗衣工的特色服务。总之，这儿，有码头没有河水，有船却不能航行。

在这样的状态下，印度社会为我们提供的，是两三千年前的教育，而不是与时代同步的教育。于是，培养人才的最重要的学校，对我们关闭着大门。它瞧了我们的时代一眼，对我们的人生旅程不提出任何要求。在印度历史上一个特殊时期，社会称有些人为婆罗门，有些人为刹帝利，有些人为吠舍或首陀罗。教育制度关注社会对国民提出的与时俱进的要求，以各种方式重塑自身。这就是创造的规律。在生活的催促下，一种基本观念的种子，自己发芽，萌生新叶，伸展枝条，没有人从外部收集树枝，嫁接到它身上。印度当今社会没有新鲜的要求，至今对人说：“你当婆罗门，你当首陀罗！”它说的话，是绝对无法兑现的。当了婆罗门，不恪守梵教信条。剃了光头，演了三天"丑剧"，脖子上挂根圣线，就万事大吉了。婆罗门当不了每日苦修过圣洁生活的表率，但仍旧坦然伸出光脚，让人沾他脚上的尘土。体现种姓差别带来的基本成就的职业差别，已消失殆尽，不可能再把它维持下去，可种姓差别的表面法规，却原封不动。鸟笼仍然保留着笼里的铁横杆和铁链子，可笼中鸟已经死了。我们每天往里送水、送谷物，可成不了动物的养料。就这样，社会法规和我们的社会生活严重脱节，我们受到与时代格格不入的多余体制的阻挠，维持不了社会的真实。

我们付出代价，接受别人付出的代价，却没有珍品作为回报。弟子拜见师父，奉上赘礼，可师父不愿动一点脑筋，如何回赠礼品，只用古代已被遗忘的语言教训弟子，弟子对师父没有一丝敬意，听不懂也不愿听他的训诫。结果，我们渐渐不再相信需要真实的东西。"做做表面文章就足够了"，承认这一点，我们不觉得丢脸。我们甚至毫不犹豫地说，你尽可恣意妄为，只要不公开承认，就没有关系。更有甚之，出于某种需要，人们常常弄虚作假。这样做的缘由是，当你的敬意已转移到别的路上时，社会如果严加管束，把习俗囚禁在老地方，那么社会中百分之九十的人，弄虚作假就不感到丢人了。敢于反潮流的人中豪杰毕竟是少数。于是，在对公开承认真理的惩罚，严厉到了难以忍受的地方，把虚伪当作罪过，就行不通了。所以，在印度每天可以看到一种怪现象：人们不假思索地承认某一样东西很好，可转眼之间，又神色坦然地说，在社会中我不能使用它。当我们心里思忖，在这样的社会中，把自己的真实信仰变为行动，要付出难以承受的代价时，也就无奈地宽宥虚假的行为了。

既然社会不能开辟与生活潮流相协调的健康之路，旧体制步步设置障碍，禁锢社会，那么，我们不仅建不成人们期望的最正常最好的学校，更可怕的是，现有的学校也形同虚设，它不为真理让路，储存一堆假货。这样的社会视而不见历史演进，玷污着人世万物。

这就是社会民办学校的封闭状态。再看公立学校。它也是浇铸出来的庞然大物。它竭尽全力做的一件事，就是把印度所有的教育方法狠狠地塞进一只模具里。它最害怕的，是印度下工夫发明与众不同的教育方法。它的如意算盘，是在印度的内心世界扩展霸权，执行它的法令。所以，这个巨大的知识机器，慢慢变成生产只会抄写的文书的机器了。人们在那儿捡笔记的石子，扛文凭的麻袋，但没有生命的食粮。它的光荣是运载的光荣，而不是生命的光荣。

私立学校的旧锁链和公立学校的新锁链，对我们心灵的束缚，远远超过给予我们的自由。这是我们唯一的问题。没有这个问题，我不会赞扬采用了新的教育方法，背历史书是多么容易，做算术题是多么有意思。因为我知道，我们寻找方法时，是在找一条难找的捷径。我们在心里琢磨，按部就班很难找到合适的人时，用老方法能否弥补欠缺。人们一次次探索，一次次遭到失败，陷入困境。转来转去，不管你怎么走，最后还是遇到一条颠扑不破的真理：教育要靠老师，不是靠方法。人心是活跃的，活跃的人心懂这个道理。从古到今，在印度诞生了一个个名闻遐迩的老师。他们像跛吉罗陀①，引来教育的圣河，减少了人世的罪孽，冲决了死亡的鹿砦。他们冲破教育的陈规的阻挠，把活力注入学生的心灵。回想一下在印度开展英语教育的最初的日子吧。迪鲁吉亚、大尉里查德森、大卫·海亚尔，当年是老师，不是教育的模式，不是笔记的重荷的载体。大学的壁垒不那么森严，阳光可以射进去，清风可以吹进去。在校规的栅缝中，有老师放把椅子自由活动的空间。

无论如何，我们要推倒知识殿堂四周的高墙。不过，我们采用政治运动等校外手段进行的探索，并未取得明显效果。我们应勇于承担独立自主在全国推广教育的重任，把精力和热忱引向成功之路。这是决心献身于民族教育事业的一批人的首要任务。各地的老师开展各种各样的实验，使印度的教育之河流动起来，它就将成为印度名副其实的国粹。我们随时随地就能找到称职的教师。教师队伍自然而然就将成长起来。我们不能用贴"民族"标签的办法，创造出别具一格的教育方法。印度

---

① 据印度神话，是跛吉罗陀把恒河女神请到凡世的。

各种各样的人，经过各种探索，以多种形式开展的教育，才能称为民族教育。在本国人的统治下也罢，在外国人的统治下也罢，某种教育方法试图把全国拘禁于亘古的模式之内，我们就不能说它具有民族性。它是教派型的，势必为民族带来严重后果。

这样，我们便认知了有关教育的一个崇高真理，明白了每个人可以向别人学习，这如同流水可以注满池塘，用火可以点燃火炬，用生命力可以激活更多的生命力。人性被过滤掉的人，不是真正的人，而成了办公室、法院、工厂里的必需品。他成不了真正的人，当了老师，必定不奉献生命力，只知道授课。

泰戈尔和学生

透过师生充沛的亲谊，教育事业，能像健康机体内血液流动那样，向前发展。父母肩负着养育教育孩子的重任。可当他们没有能力和条件时，就需要合适的人来帮助。在这种情势下，老师当仁不让应扮演父母的角色。我们不能用钱购买或部分获得人生的珍品，而只能以仁慈、真爱和虔诚去换取。它是人性的胃里的消化液，能把有机物融入生命。目前印度的教育园地里，迫切需要的是老师的蓬勃朝气。记得童年时代，死气沉沉的教学，是顶峰造极的可怕负担。在印度的社会制度中，我们寻找着能给我们生命以活力的导师。在我们的教育制度中，我们寻找着能排除我们心路上障碍的导师。总之，从各个角度而言，我们需要真正的人。让哪个土方郎中占据他的位置，给我们吞吃几粒方法的药丸，肯定救不了我们的命。

教育和目标

我一个朋友①专门研究占星学，有一天对我说，有些人没有特点，他们的生活中，看不到"是"或"否"这样的清晰标志，为他们占卜，估摸不透他们的人生走向，无从描述吉星或煞星给他们带来怎样的后果。

罡风吹来，帆船"嗖嗖"地行驰，两天的路程，一天就走完，说这话何等轻松。但纸船在风中乱转，是沉没，还是别的结局，很难预料。它没有预定的港口，它过去怎样，将来如何，它期待什么，为何自己准备就绪，全不清楚。它"希望"的温度计上，"失望"的最高温度，接近别国"绝望"的度数。

印度的现状，与此相似，极为严重。我们没有明确的生活目标。我们能成为怎样的人？可以抱多大希望？这在印度的任何地方，都没有用又粗又黑的线条描画出来。憧憬未来的权力，增强人的力量，人性的家务事中，从无浪费精力的现象。唯独"希望"枯萎之地，力量才会拱手告辞，怅然离去。

科学著作中写道：长眼睛的动物，长期蜷伏在山洞里，它的视力必将丧失。没有阳光，却有视力，这样的不和谐，为天性所不容。所以，面临危险，没有逃跑的办法，逃跑的力气势必然僵化。

而"希望"的地盘扩大，人的力量随之增强，看清了道路，就能迈着矫健的步伐前进。任何社会给人最重要的东西，是对未来怀抱最大的希望。社会中并非人人能把希望完全变为现实。但总有一种动力，促

---

① 指波利亚纳特·森。

使人自觉或不自觉地去拥抱希望,因而每个人的力量都向自己的极限挺进。这对于民族来说是至关重要的。人数本身没有价值,可社会中绝大部分人的才能的财富,最大限度地利用,没埋在地下,这就是繁荣景象。能力活跃之地,必有福祉;资金灵活使用之地,财富得以创造。

在西方国家,人人听见向目标之靶射箭的呼唤,知道自己追求的东西,于是手持弓箭,做好准备。每个人决心射中高悬的箭靶,"娶黑公主为妻①"。我们没有收到参加射箭比赛的邀请。因此过分考虑能得到什么,纯属多此一举。我们应朝哪儿前进,也无人指明。

般度五兄弟和黑公主

所以当听到有人问"我们学什么?如何学习?教育方法究竟如何?它起什么作用"时,我深切感到,教育不是与生活脱节的虚假的东西。我们将成为怎样的人?我们学什么?这两个问题时刻在心中萦绕。人格和人的学识,好比水缸和水缸里的水,水缸里的水永远不会多于水缸的

---

① 典出史诗《摩诃婆罗多》,般遮罗国的木柱王为黑公主举行选婿大典,般典族五兄弟中的老三阿周那连发五箭射中箭靶。后来黑公主成为般典族五兄弟共同的妻子。

容量。

我们没有太多的可索求的东西。社会不向我们发出崇高的呼吁，也不引领我们作出崇高的牺牲。除了执行衣食住行的无谓的虚假法规，它不希望我们提出任何质疑。"王权"也没有为我们生活辟出广阔的活动领域。在那儿的铁丝网里，我们期望得到的东西，实在太少了。透过铁丝网眼，我们看到的东西，更少得可怜。

我们无法想象扩大的生活领域是怎样的景象，自然不会去想使人生走向高尚，奉献高尚人生的事儿。我们的所思所想，全来源于书本。我们的所作所为，均模仿别人。我们更大的惨痛是，我们的笼门一刻也不许开的人，日夜厉声训斥道："你们没有飞翔的能力！"是的，雏鸟还没有学获得学士学位之后如何飞翔①，可相信能飞才坚持学习飞行。它看见鸟族全体成员在飞翔，断定有一天也能飞上蓝天。飞翔是可能的，对此，怀疑从未进入脑子，削弱它的意志。我们的不幸在于，别人对我们的能力总表示怀疑，而我们又找不到一个恰当场所，来证明他们的怀疑毫无根据。于是，怀疑自己的根子在我们心田越扎越深。丧失自信的人，鼓不起勇气游过大河，只在河边极小的地方转来转去，心里非常满足。哪天偶尔从巴格坝贾尔往上游方向走到勃罗纳克尔，便在心里得意地说："我是哥伦布第二，建功了不朽功业。"

"你比一般文书能干，你比助理法官博学多才，你的学识不会像爆竹一样，勉强飞到小学老师的位子上，最终飞进享受养老金的年迈之中，成为一撮灰"，像念经文似的反复唠叨，让人明白这几句话的教育，是印度最为紧迫的教育，这一点，我们应日夜铭记在心。不明白这个道理的愚昧，是最大的愚昧。但印度社会从不对我们讲这个道理，学校也不进行这样的教育。

谁要是觉得我好像对印度失望了，那他就错了。我们应当看清楚在世界舞台上，我们处于怎样的位置，朝哪个方向前进。洞察现状不管多

---

① 泰戈尔写此文时大学里尚无孟加拉学生可获得硕士学位的学科。

么痛楚，也是首要任务。我们至今自欺欺人，视而不见自己的困境，却拼命追逐享乐。"对于培养人来说，印度的古老社会，是世界上最好的社会"，说这样的话毫无益处。这种荒唐的自卖自夸，在人类历史上，无时无刻不在显示自己的孤陋寡闻。大张旗鼓地宣扬它，是在为无所作为作辩解。这样的人不做实事，不思进取，以虚张声势对自己、对他人掩饰自己的愧疚。当务之急，是出重拳击碎他们的迷幻。当外科医生用刀挑破毒脓包时，脓包竭力壅塞刀口，但高明的医生不让它得逞，只要病情不见好转，医生每天把它刺破，挤光毒液。印度的大脓包，也被天帝用刀刺破了，疼痛是应得的。不过它每天玩弄花招，想把脓包遮掩起来。它枉然地遮盖自己的屈辱，想方设法永久保留屈辱的脓包。它一次次遮盖的虚妄的孤傲，一次次被"医生"的手术刀刺破。它早晚得明确承认，脓包不是从外面突然贴到它身上的东西，而是体内的顽疾。毛病不在外面，它的血液被污染了，否则这种极度虚弱，这种执迷不悟，不至于长期使它在各个领域处于失败者的地位。是印度社会，折磨我们的人性，销蚀了我们的智慧和才智，使我们在世界上挺不起腰杆。狠狠心一拳打破自己对自己的迷信，不是绝望和无能的标志，而是开辟奋斗之路的方法，是推倒幻想之房和使"绝望"断子绝孙的高招。

我想说的是，世界各国，教学不全在学校里进行，印度也不例外。甜食店里做甜食，不培养消化力。在人的潜力充分激发出来的地方，知识才能和人性融和。我们的人生不处于活跃状态，因而不能在生命中融会书本知识。

有人心里或许会提一个问题：我们的希望何在？人生舞台不全在我们手中。潜力之门对被奴役的民族，从不开启呀。

这是真话，但不全对。事实上，每个国家力量的领域，从某个角度而言都是有限的。世界各地，内在性格和外部环境交融、磨合，确定自己一定的范围。这种有限的范围，对所有人来说是必要的。因为力量的扩散，不等于力量的运用。任何国家，良好的社会环境，不给人无羁的自由，给的话，那意味着失败。命运给予我们的，是一份份配给物品。

一个人在这方面多得一些，在另一方面必然少得一些。

所以得到了什么，对人来说不是最重要的。最重要的，是如何接受、如何使用。心理状态和社会现实，都削弱人的接受能力，使人的使用能力麻木迟钝。这是人受挫的原委。不让人先鉴别后接受事物，叫人以僵化的理念接受大小事物，以陈规旧法使用一切东西的地方，环境不管多么优越，人性必然萎缩。我们常抱怨环境过余狭小，可怎样的环境是合适的，我们也不清楚。我们并未从各个方向观察环境，而把观察的欲望当作罪过，首先将它五花大绑。由于对人性缺少信赖，我们忘了不让人犯错误就等于不让人接受教育。我们不给人勇敢地、堂堂正正地站起来的充分权利，从各个方面以陈规旧律约束人，在循规蹈矩的牢房里把人终身监禁，在这种境况中，只要这些人不动手砸烂自己的手铐脚镣，甚至认为手铐脚镣比自己的手脚更神圣、更贵重，不可放弃对它的顶礼膜拜，那么命运之神的慈悲，就不会给人带来长久的好处。

认为自己的处境比自己的能力更强大，是无以复加的怯懦。在个人利益、个人享受、个人自由的渺小诱惑之上，如能唤醒人的志趣，对他来说，就没有在其中不能成长的外部环境，外在的贫穷甚至有助于他渐渐臻于崇高。在印度，为了让菠萝蜜树苗快速生长，在它四周围上竹篱。树苗的枝条不能向四周伸展，于是一心一意动用自己的潜能，往上长，以便高过竹篱，进入阳光，笔直地打破自身的束缚。树苗的骨髓中应有势不可当的气势，应当时刻激励自己："我能长高，我能长大。从旁边得不到阳光，就到高空寻找。从一个方向找不到自由，就锲而不舍地朝另一个方向寻找。""奋斗等于罪过，今天的我就是将来的我。"哪个生灵说这种话，对他来说，竹篱就是高远的蓝天。

我心里坚信，人期望得到的珍宝，并非不能获得。一刻也不能忘记，我们民族的自由如不在旁边，那一定在上方。我们在四下里看到树枝向旁边伸展的现象，曾认定它是唯一的生长方式。其实，向高处扩展也是生命的延伸，高处结出的成功之果，也能成熟。总之，这个方向也好，那个方向也罢，必须相信无所不在的大神的引导能力。"我们一定能长高,一定能长得更高。"让我们侧耳倾听这福音,这福音领我们走出屋隅,给我们甘愿作出牺牲的勇气,从不把我们的志向禁锢在办公大楼的高墙之内和职务的樊笼里。当我们的民族生活中喷涌活力,民族实力越来越强大时,我们每时每刻就能超越所在的环境,不再有外在的彷徨使我们感到丝毫愧怍。

净修林似的国际大学

当代历史尚未显露自己的清晰面目。所以当曙光来临时,依然担心黑暗漫无尽头。可我真切地感到,觉醒在叩击我们的心扉。叩击渐渐起了作用,我们不再高枕无忧。我们的生命力决不会死灭,不管朝哪个方向,一定会延续下去。我们一往无前的生命的拼搏,找到一条缝隙,就在那儿把我们送进阳光之中。我清楚地看到,人们遗忘了的人前最宽广的路,"国王"不能设置障碍的路,贫穷不能窃取其川资的路,是正道之路,正把我们处处受阻的心灵,引向自由。从印度各个方向,传来了用各种嗓音发出的在这条路上行进的呼唤。重新对正道的感悟,是人世间最重要的感悟。它能使哑巴开口说话,使跛子翻越高山;它唤醒我们所有的灵魂,引领我们所有的探索。它以希望的阳光和欢乐的歌曲使我们长久受辱的人生充满光荣。人类生活这最高的目标，越是清晰地在我们面前显现，我们就越能毫不吝啬地奉献自我，一张张卑微的欲望之网，就将撕成碎片。只要我们完全自觉地记住印度这个目标，我们就能使印度的教育具有真实可信的容貌。生活中没有目标，而有教育，这种教育毫无意义。印度的大地，将是一片净修林，是探索者的探索之地，是贤哲的研究之地。这儿，将燃起奉献者的最高牺牲的祭火。只要我们牢记这光荣的希望，道路就能开辟，高洁的教育方法，就会发芽，萌生新叶，开花结果。

民族学校

孟加拉一所民族学校终于建立了。现在，还有必要旁征博引阐明这所学校有何重要性吗？

世界上极少事物因缺少理由而搁置。说明一下有某种需要，需要往往得以满足，至少在孟加拉，找不到它得以满足的任何理由。

我们有许多匮乏，许多人在解释现有的匮乏；承认匮乏的人也不缺少。然而，一件事说来说去，到头来还是老样子。

实际上，理由不可能创造大的事物。列举统计数字，喋喋不休地讲益处、有利条件、必要性，嗓子哑了，仍然一事无成。听众赞扬了你的研究，不会感到需要再做点什么。

我们孟加拉的一大毛病是，谈教育也罢，卫生也罢，财富也罢，我们忘了有些事有赖于我们的具体行动。所以，在有些事情上，理解和不理解，是一回事。我们知道，确保国家的福利是政府的职责，于是，我们缺少什么，不缺少什么，想通过调查去把它弄明白，是不可能有进展的。司空见惯的不负责任的讨论，磨损血性骨气，只会增大对他人的依赖。

孟加拉是我们的工作领域，我们是孟加拉最主要的劳动者。别人越是满心怜悯地减轻我们的负担，减少我们的工作强度，就越是剥夺我们的权力，使我们成为懦夫——当我们彻底明白这一点时，还有什么事情不明白吗？

我曾听到一条英语成语："志向开辟道路。"没有人说："理由开辟道路。"可我们却不相信堂堂男子汉应说的一句话："我们的志向开辟我们的道路。"我们觉得，我们可以表达志向，可道路开辟不开辟，那要看别人的手——于是,我们的手只会在申请表上签名。

结果,我们老是分析重要性,罗列匮乏,这么长时间,未做一件实事。虎头蛇尾的运动和不了了之的空谈,使我们的性格难以坚强起来。所以,在我们中间,亟须看到志气的力量无坚不摧的例子。我们一直期待认知到的是,我们的宏愿蕴含巨大的力量,而不是国王对我们多么慈悲。

托天帝的福,我们今天明白了这一点。我们清楚地看到,愿望是天帝的财富,是创造一切的根本。不再取证,不再争论,不再计算有利条件、不利条件,孟加拉人的心海涌起了愿望之涛,转眼间,打消一切犹豫,克服一切困难。犹如一只完整的善果,我们的民族学校诞生了,显现了。孟加拉人的心殿,燃烧着愿望的祭火,熊熊火焰中,冉冉升起手持祭品的民神——我们多年空谈的不育症,即将治愈。长期为之努力,为之受苦,为之争执,也未见到的成果——翻阅旧账本,连睿智的老者也使劲摇着须发皆白的脑袋,断定它是不可思议的,虚无缥缈的,遥遥无期的,却在那么短时间内,那么容易地真切地出现了。

多年以后,今天,孟加拉人收获了一件真品。这收获不只带来裨益,更带来强大动力。我们终于懂得,我们也有收获的能力,这能力是什么,在什么地方。从这收获的起点出发,我们脚下的收获之路,将越来越宽广。我们不仅获得了学校,也获得了真理,获得了力量。

在学生中间的泰戈尔

此刻，我要对你们发出欢呼。希望我们不再困惑，不再不知道如何接收这件真品。

我们大家不是经过一番讨论，用木条、稻草随随便便做了一样有用的玩具。我们孟加拉母亲的产房里，今日诞生了朝气蓬勃的福星！在孟加拉的庭院里，吹响欢乐的法螺吧！准备许多贺礼吧！我们决不会吝啬！

今后会有时间思考这所学校带来的裨益。今天让我们感到自豪，欢度节日！我要对学生们说，满怀自豪感，你们步入孟加拉的知识殿堂吧！想象一下吧，孟加拉大获成功的力量之神，在他的御座前呼唤你们哩。你们越是拥戴他，他获得的活力越多，他就能使我们越加斗志昂扬。在勃发的民族力量面前，个人的些微损失，无足轻重！你们如果为这知识殿堂感到骄傲，一定能为它增添光荣。宽畅的教室，四周的土地，或繁杂的筹建，不是它的光荣；你们的尊敬，你们的忠诚，孟加拉人的奉献精神，才是他的光荣。孟加拉人的宏愿造就了它，孟加拉人的忠诚捍卫着它——这是它的光荣，也是我们的光荣！

我们心中没有产生自豪感之前，只会和别人做的事作比较，常常感到惭愧和失望；并拿我们的学校同其他国家的学校比较，发现和别人一样便洋洋自意，发现不如人家，就自惭形秽。

然而，这样的比较，只适合无生命之物。用尺子和秤，是无从测量有生命之物的。我要说，孟加拉建立的民族学校，不是没有生命的东西。它是我们以生命创造的生命。所以，它在矗立起来的地方不会终止——它会扩大，它会前进，它中间蕴藏着光明的未来。它的分量，是无人能称出来的。每一个孟加拉人在自己的生命中感受到它的生命，绝不会以砖木的价格来确定它的价值；而在它的初始中能感受到它神圣结局的完美，汇聚它可表述和不可表述的一切，欣喜地奉献在鲜活真理的雕像之前。

为此，我今天特意请求学生们体悟这所学校的生命——在自己的心中体悟这所学校和孟加拉民族的生命纽带——不要误认为它仅仅是一所学校。你们肩负着神圣使命。你们要虔诚地、谦恭地认识到，维护孟加拉这个珍宝的重任落到你们肩上了，你们要像苦修者那样，坚忍不拔地完成任务。此前，没有一所学校要求你们做如此艰苦的工作。不要指望轻而易举地从这所学校得到什么好处，那样做只会贬低它。使出全力把它高高地举在你们的头上，使它思索再三确立的志向更加崇高。谁也不能嘲讽它、羞辱它。但愿所有的人承认，我们为这所学校起了醒目的名字，不是为怂恿意志松懈，不是为尊重思想僵化，这绝不是权宜之计。你们要作出更艰苦的努力，要有更大的毅力，要像苦修那样干一番事业！因为，这所学校，不以外面的规章，不以外面的诱惑，捆住你们的手脚——不要背离它的宗旨，不要指望得到什么职位和称谓而误入迷津——应该胸怀国家，胸怀正道，时刻牢记民族的骄傲和自己人格的尊严，甘愿奉献，传承这所学校严格管理的校风。

在你们思考这所学校特点的时候，希望你们想一想，在没有河流湖泊的国度，天下雨是白下的。没有容纳的地方，大部分水未得到利用。印度并非没有智者、圣人、能人诞生——可惜印度没有容纳他们的智慧、品德和才华的机制。他们当职员，做生意，挣钱，奉他人之命行事，之后拿一份微薄的养老金，不知如何消度余年。年年岁岁，每天每夜，一排排水浪般的才华，滚过印度的大地，蒸发了。我们都知道，印度没有受到天帝的诅咒，没有出现智力的干旱。我们只是没有收集国家的才智用于国家事业的有效途径。因此，我们手上没有认识、发现才华的办法。有人嘲笑我们缺才少智，我们就不得不翻开帝国政府有关职务的档案，查找"拉亚巴哈杜尔①"的名单，不得不在微不足道、转瞬即逝的声望的稻田里，拾几株遗落的稻穗，来证明自己的才能。可这样做我们得不到慰藉，从心底里对自己缺乏信心。

就在这种处境困难的日子里，以上苍赐予的凝集力量的一种形式，这所学校诞生了。国家的崇高志趣自然而然会被吸引到这儿，像孟加拉

---

① 殖民当局授予一些印度名人的称号。

民族永久的财富，在这座宝库里保存、扩大。在短短几天内，难道我们没有看到足以证明这一点的事例吗？在这所学校里，转眼工夫，我们把许多有影响的受到崇拜的人才聚集在一起，以前，只是因为缺少振臂一呼，只是因为没有祭坛，他们的丰裕的才华才散落各地。这难道是我们不足挂齿的幸运？这儿，不少德高望重的老师自觉地、热情地聚集在一起，为孟加拉学生的学习作了充分安排。这难道是我们微不足道的福分？名副其实的捐赠者怀着敬意，准备慷慨解囊，确有资格的受赠者也怀着敬意伫立着，双手合十。具有两者圣洁的心灵纽带之地，捐赠者是光荣的，受赠者也是光荣的，祭坛所在之地，就是圣地。

以前我们为印度人不能为国家公益事业作贡献而感到遗憾。为什么不能呢？原因是，公益事业在他们面前没有清晰地浮现。

我们面前有一些非做不可的日常事务，这对我们来说确实是非常必要的。没有日常事务，每天的蝇头小利，就会在我们身边明显地膨胀。我承认，我们至今没有为国家的福祉作出应有的贡献。但是，假如国家的福祉凝成形象，站在我们的庭院里，我们就不会看不见，不会不为它捐款。奉献对人来说是正常的。然而，让人作贡献的缘由，不是一句空话。捐款簿和捐款仪式的节目单，不可能吸引人心和款项。

一个不能在自己的家园真切地构作自我奉献的时机的民族，其生命是渺小的，其收获是极少的。它必然把公司的文件、银行的存款、就业的机会看成无与伦比的大事。它心里不相信任何崇高的理想。因为，在理想只是理想的地方，理想不会在实事中显身，是完全不可信的。它不能对人提出它完整的真实要求。于是，我们对它表示怜悯，把它视为乞丐。有时同情地给些东西，有时冷酷地表示不信任，断然拒绝布施。在一个崇高的理想和宏大的责任可怜巴巴地挨家挨户伸手求乞的国家，是看不到公益的。

今天，民族学校以福祉的面貌出现在我们面前。在它身上，体现了心灵、誓言和行动的完美结合。我们任何时候不可否认它。我们要把膜拜引到它的跟前。得益于膜拜它的虔诚，孟加拉民族将更加伟大。所以，民族学校不仅通过对学生传授知识，为民造福，而且，这个在国内值得膜拜的真正的崇高榜样，为人所知和不为人知地，把我们带进圣洁。

心里记着这些话，今天我们对它欢呼，对它祝贺。

心里记着这些话，我们将尊重它，保护它。保护它就是保护我们自己，尊重它就是尊重我们自己。

但如果说我们真是骨子里带着卖身为奴的契约来到人世的，果真不被别人驱赶就走不动路，那么，就忍受不了本国受人尊敬的老师的管教，在他们的规章约束下就感到不体面；那么，我们的心就会被其他地方稍稍优惠的待遇所引诱，对本校克已守规的严谨校风产生反叛心理。

不过，我不想让这种不吉的假设在我心里占一席之地。

我们前面的道路漫长而坎坷。满怀希望的川资，今天要踏上征程。这东方的曙光般的希望和信心，拉开世界所有幸运民族的吉日的序幕。我们决不让这种希望和信心受到丝毫伤害。但愿这希望之中没有怯懦，信心之中不缺少勇气，在心里不感到低贱。但愿我们充分认识到，在我们国家中间，在每个国民中间，隐藏着天帝的美好祝愿。这种祝愿在其他国家或其他民族中是无法实现的。我们送给世界的，是我们自己的珍品，不是别人的残羹剩饭。我们的祖先在净修林里曾准备这样的赠品。我们也要在难以忍受的磨难中，以痛苦之火，熔铸赠品的各种材料，使之成形。我们的祖先不曾枉然苦修，我们也不会白白忍受难忍的痛苦。

这所民族学校将把我们培养成才，去夺取世界上印度人的一份特殊权力，怀着这样的崇高愿望，在这座新学府里，我们举办吉祥的揭幕仪式。这儿良好教育的标志是，它不把人管得服服帖帖，而给人以自由。以前，我们在小学、中学、大专院校里受的教育，扭曲了我们的心灵。我们毫不犹豫地宣扬我们学到的、死背的、朗诵的陈词滥调，是终极真理。我们读的英语历史书，是我们历史知识的唯一来源；死背的政治经济学，是我们唯一知道的政治经济学。学到的一切，让我们着了魔；学到的知识，通过我们的嘴说话，从外表看，似乎是我们在说话。我们以为，除了政治文明，文明没有其他形式。我们认定，通过欧洲历史展现的结局，是民族唯一的前途。我们觉得，别国经典中阐述的一切，都是精粹。我们热衷于完全按照别国的行为方式为本国谋利益。

叫我说，人要是这样被教育压在地上，绝不是一件好事。充分展示我们的力量，完全成为我们本可以成为的真正的人，才是教育的硕果。成为行走的书本，成为教授的活的笔记本，洋洋得意，这不是件荣耀的事。我们何曾以自己独特的目光勇敢地审视世界历史？我们何曾独立开展研究，分析政治经济学？我们究竟是什么人？我们取得了什么成就？天帝让印度矗立的地方，伟大的真理是以什么面貌怎样出现的？我们何曾凭受教育获得的勇气，去逐一发现？我们只是：

  小心翼翼地走路，诚惶诚恐地求乞，
  总是忐忑不宁地背书本上的词句。

唉，我们是教育的手下败将！

今天，我们满怀希望地说，我们将割断旧教育的绳索，进入新教育的崭新境界。

整个世界已进来站在我们长期居住的幽僻之地，许多民族已翻开丰富的历史篇章。诸多国家一代又一代的光明之浪，从不同的方向冲击着我们的思想——知识产品没有边界，精神产品堆积如山——现在是我们有所作为的时候了，在我们门口知识产品的展览会上，我们再不能像稚童那样迷路，不知所措，东张西望。现在是我们行动的时候了，我们应怀着一颗印度的心，勇敢地采集散落各地的各种素材，把它们完全变为自己的东西，我们的心将给它们凝聚力。它们在我们的思想领域，各就各位，成为一种完美的体制。在这样的体制中，真实获得新的广度，闪烁新的光芒，在人类知识宝库里，被认为是新的财富。古代的圣哲穆伊德利易说过，素材中没有甘露。知识的也罢，财富的也罢，素材制约我们，素材遮翳我们的双眼。当心灵战胜所有的素材，最后赢得自身时，也赢得甘露。印度也应进行这样的探索——在各种信息、各种知识中间完整地认识自己。打碎外国知识的脚镣，成为拥有成熟知识的学者。从今往后，我们不再以书本，而是以耳朵专心聆听；不再以别人的说教，而是以自己的眼睛仔细观察。

衷心希望这所民族学校，把我们从死记硬背的胆怯的知识的小圈子里解救出来，在我们受缚的思想中，注入非凡的勇气和个性。但愿我们不因言语不与教科书一致而惭愧。甚至犯了错误，也不感到忐忑不安。因为，无权犯错误的人，也无权发现真理。比起机械地重复别人的错误，自己在探索中犯错误，要好得多。犯错误的探索，也会把错误打碎。总之，无论如何，我们会通过受教育，完全成熟起来——我们不会成为英国演讲的留声机，不会成为英国教授的戴镣的笼中鸟。心中怀着这样的信念，我谨向这所新建的民族学校致敬！

衷心希望这所学校的学生在这里不仅获得知识，也获得尊严，获得忠诚，获得力量——祝愿他们得到鼓励，消除犹豫，自己赢得自己，从内心深处认识到：

  他们心田时刻回响着伟大的神咒：

  渊博是崇伟、幸福，浅薄中没有幸福。

古代的净修林里，钻研梵学的师尊用以呼唤寻求解脱的学生的经咒，在印度很久没有响起了。今天在恒河和帕拉玛布特拉河之滨，我们这所学校站在师尊的位置上，高声诵念经咒：

  如同水流向低处，一个个月份奔向整年，弟子们从各地来到我身边吧！——啊哈！

  我们汇聚在一起，显示我们的坚强意志！

  我们彼此永不憎恨！

  啊，大神，把我们的心送进德善吧！

教育问题

国民教育理事会的几个成员，是我敬重的好友。他们委托我为理事会筹建的小学编辑一期专刊。

接受他们的请求之后，坐下仔细一想，发现这不是一件易事。因为首先得搞明白，决定建校的原因是什么？它的特性是什么？可我并不太清楚。

印度古代经典中说，欲望是诞生之流的缘由。一堆物品的突然涌现，不是诞生的缘由。如果欲望被砍掉，那就像树根被砍，树干轰然倒下，生死的过程随之结束。

同样可以说，特性这东西，在所在机构的根部。没有特性，也可以制定规章，也可以筹措经费，也可以成立校管会，但教务之根砍倒，教务之树就将慢慢枯萎。

一开始，我脑子里就产生过疑问：国民教育理事会是在哪种信念的激励下成立的？国内现有的教育机构中哪种信念的短缺，导致教育不能普及？而在拟建的学校的哪个部门，这样的信念是不是应占有一席之地？

假如国民教育理事只是为筹建艺术学校而成立的，那我的理解就是：它的目的是满足一种特别狭隘的需要。可当我发觉，国民教育理事关注的是全国教育，脑子里就不免产生疑问：它带着哪种理念开展教育？它执行哪种规则？学校里教哪些书？这样问似乎扯远了。

如果有人回答"将开展全民教育"，那么，引来的问题是：教育的全民性指什么？"全民"这个单词的界限，尚未确定，也很难确定。按照现有的办学条件和传统，不同的人会作出不同的界定。

所以，关于国民教育理事会的根本宗旨，全体国民应有一个统一认识。"我们着手做这件事，是为了对英国政府表示愤慨。"这样的想法，但愿脑子里片刻也不产生。印度心里感到缺少什么，需要某种东西，为消除印度的饥渴，我们才汇聚在一起，这才是真正的动因。

"我们充满期待——期待什么，搞清楚是很容易的。"我不赞同这种看法。在这方面，我们的开拓旨在发现真理。如果犯错误，甘当井底之蛙，把我们手边的东西和我们习惯的东西当作真理，那么，最漂亮的名字也不能让我们免遭失败。

因此，国民教育理事会几位创建人启动这个项目时，从全体国民的角度出发，应该展开一场讨论，以便看清自己的心灵，弄清楚自己到底缺少什么东西。

为这场讨论抛砖引玉，是我撰写这篇文章的动机。我的责任，是在民族之殿里展示我心里闪现的理想。我知道，它如果与教育界承袭的传统相悖，是不会被接受的。果若如此，你们也进退自如——称那是诗人想象的天空中绽开的一束花，一笑置之。而我也尽量宽自己的心，自己不过是失败的受别人怜悯的诗人的后代而已，并想象着在今后无尽的岁月中，被打入冷宫的我的建议，将有个美好结局。但在这之前，我恳求你们以最大的耐心，以极其宽容的态度，听我把话说完。

现在我们所说的小学，是一家教学的工厂。老师是工厂的一部分。上午十点半，铃声摇响，工厂开门，机器开始运转，老师的嘴唇翕动起来。下午四点钟①，工厂关门，老师闭上嘴，他这部机器停止运转。学生们拿着三四页写满从机器里流出来的话，走出厂门回家。到了考试的时候，验证一下纸页上的知识，给个分数。

工厂的优点在于，可以生产尺寸统一、数量预定的产品。一部机器和另一部机器生产的产品，无甚区别，这样打分就相当方便。

但一个人和另一个人的区别甚大。甚至一个人今天和明天的模样，

---

① 印度当时的小学，上午十点半上课，下午四点放学。

也不尽相同。

显然，一个人从另一个人那儿得到的东西，是不可能从机器那儿得到的。机器在人面前，从不主动馈赠。它可以流出几滴油，却没有点亮灯的本事。

在欧洲，人是在社会中长大成才的，小学给予的帮助极小。人获得的知识从不脱离那儿的人群——在人群中练习，在人群中发展——在人群中以不同的姿态、不同的方式活动，直接参与学习、交谈和工作。一年又一年，人们在各种事件中，与不同的人打交道的过程中，获得的、积累的、消受的东西，通过学校提供给孩子，它只是一种手段而已。

总之，那儿的学校与社会融为一体，从社会的土壤汲取养分，把果实回赠社会。

不管在哪儿，学校不与周围的社会融为一体，而从外部强加给社会，就必定是萎靡的，死气沉沉的。从它那儿获得任何东西，都很费劲儿。运用从学校获得的知识，很不顺手。从上午十点到下午四点，我们背的课文，与现实生活，与四周的人，与家庭，没有相同之处。在家里，父母兄弟朋友谈的话题，与学校的教学内容风马牛不相及，两者经常发生冲突。在这种情形下，学校只不过是一台引擎而已，提供的是物品，而不是活力。

要是说，完全模仿欧洲学校，就能获得同样的东西，这话是不对的。仿造椅子，仿造桌子，模仿工作流程，照搬一切，一成不变，那将成为我们的负担。

过去，我们向师傅而不是向老师学习，向人而不是向机器寻求知识。学习内容没有这么丰富，这么广泛。书本知识和我们社会中的志趣和观点，没有任何矛盾。费力把那样的日子搬回到今时，那只会一件仿制品，表面的仿制品，也将成为负担，毫无用处。

所以，我们应搞清楚现时的需要，采取相应措施，使学校里也能做家务活儿，丰富多彩的学科内容和生动的教学方式有机结合，学校同时挑起传授书本知识和培养心灵的两副担子。应该注意的是，不能让学校与周围环境的脱节和双方之间的矛盾，导致学生心灵空虚。我们的教育不能在白天的几个小时内，完全脱离实际，与世隔绝，成为难以消化的抽象概念。

在校院里造几排学生宿舍，学校就成了寄宿学校。谈起寄宿学校，我心境里浮现的景象，一点也不优美迷人——它是兵营、疯人院、医院或监狱一类的建筑。

所以，英国的模式，应完全放弃。因为，英国的历史，英国的社会，和我们的不一样。应当彻底弄明白的是，什么样的宏愿长期以来感动着国人的心，什么样的趣味之河在印度的心田流淌。

当然弄明白会遇到许多困难。我们早先在英语小学里上学。举目四望，英国的事例一一映入眼帘。在它后面，印度的历史，印度民族的心，模糊不清。当我们摩拳擦掌，高举印度国旗，准备参加争取自由的活动时，英国的锁链变成皮带，把我们拴住，不让我们走到英国模式之外。

我们的一大弱点是，在接受英语知识和英国模式的学校的同时，我们看不到英国社会，即看不到那些知识和学校所在的本来位置。我们不晓得它与周遭生意盎然的环境是融为一体的。所以，如何把那种学校的印度形式，融入我们的生活，我们也不知道，可这恰恰是最需要知道的。光花时间争论"英国哪所学院教哪些书""有怎样的规章制度"绝非珍惜时光的表现。

在这方面，盲目性融入了我们的骨髓。我们认为，成立一个组织，通过一个委员会做事，就可大获成功。似乎成立一个组织，其本身就是成果。我们的科学协会，已成立很久了。可它每年都哀声叹气："印度人太轻视科学教学！"其实，成立科学协会是一码事，把国人的心吸引到科学教学上来，是另一码事。成立了理事会，国人就会成为科学家，这种想法，与迦里时代①的思想愚昧如出一辙。

---

① 迦里时代是印度《往世书》中提到的第四个黑暗时代。

最关键的是，要赢得人心。赢得了人心，作出一份努力，就会有一份收获。应该回顾一下，印度过去是怎样开展教育，赢得人心的。

我们不会阻止别人翻阅外国大学的年历，用一支铅笔圈圈点点，标出其优点，但同时不应轻视对其进行剖析。

教什么，当然是要考虑的，但如何赢得受教育者的心，绝不是可以忽视的小事。

相传印度过去的净修林里，建有师傅的住所。当然，如今在我们的心里，没有净修林的清晰画面，在遐想之雾中，净修林之画已经漫漶了。

在梵学书院确实存在的年代，它究竟是什么样子？无需就此进行争论，也争论不出结果来。不过，千真万确，住在书院里的师尊，是一家之主。徒弟们像孩子一样侍奉他们，向他们学道。这种情形，至今在印度教授《吠陀》的梵语学校里得到一定程度的延续。

考察一下梵语学校可以发现，最重要的，不光是学书本知识。学校处处吹拂着传授和求学之风。师尊亲自授课。师生的生活非常简朴。物质享受引诱不了他们的心。所以，教育获得与人性融和的机会和时间。

按照古代印度的观点，弟子学道期间，必须出家，住在师尊家中。

让孩子保持天性

所谓出家,并非进行苦修。住在家里的人,不可能在人性之路上前行。形形色色的人的干扰之浪,从各个方向涌来,经常使他们心烦意乱,不得安宁——在人生的某个阶段,本应处于胚胎状态的人的性情,由于人为的冲击,过早地破胎而出。它只会使精力浪费,意志薄弱,方向迷失。

然而,在人生之初,必须保持人性的质朴自然,规避导致人性变态的种种人为因素。进入梵学书院求学的目的,是防范欲望的过早滋生,保持人性的萌芽状态的清纯,使之免受奢华的强烈冲击。

事实上,对少年儿童来说,保持符合人生规律的天性,是一件好事。这有助于他们的健康成长,有助于他们获得适当的自由的欢乐,有助于他们新萌的纯洁活泼的童心之光,扩向整个身体。

如今,以道德训诫代替出家学道。家长们希望在各种场合讲解道德规范,训诫学生。

这也是僵化的做法。这种训诫,好比每天定时喂一些补品。这是一种配给制,是训导孩子的一种死板的方法。

训诫是一样带有火药味儿的东西,绝对不是迷人的。接受训诫的人,站在被告的木栅栏里。训诫不是从他的头上越过,就是击中他的脑袋。它不仅枉费精力,有时甚至是有害的。把箴言弄得枯燥乏味,毫无效果,人类社会中这种白费口舌的事儿,可以说是绝无仅有的。然而,许多好心人热衷于做这件事儿,看了真让我感到悲哀。

世界上虚假的人生旅途上,成千上万的谬误和变态,时刻在损害情趣,这样的状态,只要在学校里从上午十点到下午四点,靠书本上的片言只语,就能加以纠正,这样的期望肯定落空。固执地这么做,只会造成一堆堆虚伪。精神上的未老先衰,是各种未老先衰中最低劣的一种,只会断送智力的正常和完美发育。

进入梵学书院求学,可以使以正道为基础的情趣保持正常。梵学书院给予的,不是训诫,而是活力。不应把箴言像外在的服饰强加在人生之上,而应把人生和正道同时塑造。惟其如此,才不会把正道推到人生的对立面，而能使两者相得益彰。总之，在人生之初，在培育心灵和性格的时候，最为重要的，不是训诫，而是有利的环境和合适的方法。

除了梵学书院，还需要优美的自然环境。城市是为满足人的需求建立起来的，不是我们的天然居所。在砖石木头之怀中降生，长大，不是天帝制定的法则。鲜花、树木、月亮、太阳，对办公室和办公大楼林立的城市，是没有什么期待的。城市硬是把我们从生意盎然的大自然怀里夺走，吞进它炽热的肚里，消化殆尽。习惯于城市生活的人，沉浸于杂事之中，不感到有什么欠缺。他们游离了本性，与大自然脱离关系，越走越远。

在世事的旋风中撞得头破血流之前，在学习成长的时候，自然的协助，必不可少。葱绿的树木，明丽的天空，自由的南风，清澈的河水，美丽的景色，是学生的课椅课桌，其重要性绝不亚于书本和考试。

一代又一代，印度之心，与宽厚的大自然保持密切联系，逐渐塑成。与自然界的固体、植物、精灵水乳交融，印度的性格渐渐形成。印度的净修林里，婆罗门学子高声诵念：

　　谨向在火中，在水中，在植物中，在树木中，
　　在大千世界怀中的神明叩首致敬，叩首致敬！

学习在大神的指引下观察由火、气、水、土构成的大千世界，是真正的学习。这样的学习，在城市的学校里，是完全不可能的。在城市的教学工厂里，我们只学会把世界当作一部机器。

但如今白天忙于世俗杂事的人，把这些论述统称为神秘主义，一股脑地抛到九霄云外。所以，看来没有必要继续这场讨论，把它弄得令人厌烦的了。

然而，即使那些终日忙碌的人，也不能完全否认，无垠的天空，浩荡的长风，苍翠的树林，对于儿童的身心的逐步成熟，是极其重要的。当人的岁数渐渐增大，当年轻人被办公室的工作所吸引，在人群中穿行，东奔西走，当心灵在各种利益之间徘徊时，人心与大自然的直接联

系，几乎切断了。在这之前，我们降生在河流、苍天、清风这永恒的接生婆的怀里，让我们与她完全熟悉吧！让我们像吮母乳那样，汲取她的琼浆玉液吧！让我们接受她豁达的教诲吧！只有这样，我们才能成为真正的人！

当儿童的心灵极为稚嫩的时候，当他们的好奇心旺盛的时候，当他们的感觉能力十分强劲的时候，让他们在云彩和阳光的游乐场，在寥廓的天空下做游戏吧！不要剥夺他们与大地母亲拥抱的权力！

在凉爽清新的早晨，让冉冉升起的朝阳用光灿的手指，揭开他们新的一天吧！在镶嵌星星的暗空下，让夕辉渐熄的肃穆的黄昏静静地为他们拉上一天的帷幕吧！在林木枝叶的舞台上，让大自然的六个怀里，充溢六个季节①不同韵味的歌舞剧，在他们面前上演吧！让他们站在树底下观看，新的雨季，像青春王国里刚刚举行灌顶大礼的王子那样，带着一团团湿润浓密的乌云，欢快地吼叫着，在盼望已久的林地上面，铺上将至的雨霖的暗影。秋天，大地母亲的慈怀中，露珠晶莹，清风吹拂，色彩缤纷，果实累累的绿野一望无际，让他们饱览美景而感到自豪吧！啊，心灵衰老的家长们！啊，拼命追逐财富的人！不管你们怎样萎缩自己的想象力，不管你们使自己的心变得多硬，求求你们，你们心中惭愧，嘴上至少不要说，没有这种必要！让你们的孩子在宏阔的世界中，感受到世界母亲的摩挲！这比你们督学的巡察和监考老师的考卷重要得多，你们不要因为内心感受不到这一点，就对它极度貌视！

心儿幽禁在住宅里的时候，渴望周围有一个大的空间。大自然中，就有那种阔大、神奇、美妙的空间。九点半、十点半之前，匆匆忙忙吞咽几口饭，赶到教学的"鹿苑②"报到，孩子的性格是不可能健康发展的。用围墙把教育圈起来，关上大门，派门卫看守，以体罚使之遍体鳞伤，摇响铜铃随意驱赶，学生的人生之初，制造出多大的枯燥单调啊！

---

① 印度一年分为六个季节：夏季、雨季、秋季、雾季、冬季、春季。
② 加尔各答的一座监狱。

孩子没有做代数题，没有背记历史上重大的日期，就呱呱坠地了，这难道是他的罪过？于是，就可抢夺这些不幸者的天空、和风、欢乐、闲暇，抢夺他们的一切，用各种方法把教育变成对他们的惩罚？孩子大字不识一个就出生，难道不是因为日后可以获得从一无所知到渐渐知之甚多的快乐吗？如果我们受制于无能和野蛮，不能把教学变成一件快乐的事情，为什么还千方百计，挖空心思，如此残忍地把无辜孩子们的学校变成监狱呢？在大自然宽广优美的氛围中，在孩子们中间开展教学活动，是上苍的意愿。他的意愿多大程度上不能实现，就意味着我们多大程度上遭到失败。推倒"鹿苑"的高墙吧！不要因为十月怀胎期间，婴儿未成为学者，就对他们判刑，强迫他们在监狱里服苦役，对他们仁慈些吧！

幽静的环境中的圣蒂尼克坦

所以我说，从事教育，我们至今需要森林，需要师尊的书院。森林是我们生机勃勃的住地，师尊是我们知心老师。孩子们现在仍然需要离开家庭，在森林里，在师尊的书院里修行般地学习。随着时间的推移，不管我们的境况有怎样的变化，这种教育方法的长处不会有丝毫变化。因为，这种方法，建立在人性的永恒真实的基础之上。

因此，如果要建理想的学校，就应把它建在远离城镇、寥廓蓝天下空旷宁静的原野上。教师们在幽静的环境中教书，学生在钻研知识的圣殿里长大成人。

　　条件许可的话，学校应拥有一片农田。学生干农活儿，农田提供学校所需的粮食。另外，可以养牛，获取牛奶，生产酸奶，学生们参加饲养家畜。课余时间，他们修建花园，除草浇水，扎竖篱笆。这样，他们与自然不仅在感情方面，而且在活动上也会有密切联系。

　　天气好的季节里，学生们坐在绿荫婆娑的大树底下上课。他们一部分学习任务，可以和老师在树林里一面散步一面完成。黄昏时分，他们可以观察星辰，练习唱歌，听神话传说和历史故事，消度空闲时光。

　　学生犯了错误，按照印度的古训必须忏悔。惩罚是由别人处理过错的办法，而忏悔是自己纠正过错。认错，是自己的义务；不认错，心中的愧疚就无从消除，这个道理，从小就应让孩子明白。由别人来惩治自己的屈辱，不应该属于人。

　　得到鼓励的话，我斗胆再说一桩相关的事。在这样的学校里，不需要凳子、桌子和椅子。但愿谁都不会觉得，我说这句话，表明我顽固地反对使用英国货。我的看法是，在我们的学校，尽量减少多余的东西，是为清晰地凸现办校宗旨。一个人任何时候配置凳子、桌子和椅子，都不是件容易的事，但地面是谁也不会动手抢的。而凳子、桌子确实在争抢地面。在特殊情形下，不得不占用地面，既费劲儿，又不快乐。这是一种巨大损失。印度不是寒带国家，我们穿的衣服，不会妨碍我们坐在地上。然而，我们却按照别国的习惯，生产过多的家具，增添自己的烦恼。把几件多余之物塞入必需品的行列，就浪费几分精力。我们没有富裕的欧洲那样的财力。在欧洲眼里的一件易事，对我们来说却是一件难事。举办大型公益活动，首先核算需要多少房间，多少家具，眼前顿时一片漆黑。统计中四分之三的多余之物，让人胆战心惊。我们谁也不敢大胆地说，我们在泥屋里开始工作，坐在地上举行会议。敢说这句话，我们的一大半负担就卸却了，效果也不会太差。然而，不以那个财力无限的国家，那个财富满溢的国家为榜样，着手办事，我们就觉得愧疚难以消除，想象力得不到施展。于是，我们极其有限的财力的大部分，在筹办中消耗殆尽。我们不能为最关键的事物，提供必要的动力。用粉笔在地板上练习写字，字写得很漂亮的日子里，我们没有为建校犯愁，如今市场上充斥铅笔、小黑板的时候，建校却非常困难了。这种现象随处可见。以往，筹办活动花的精力很少，注重的是社交性。如今，筹办耗时费力，人际交流却大大萎缩了。在印度，过去我们曾称家具为财富，而不是文明。当时有些人是"文明的仓库"的主人，可他们家里没有几样像样的家具。他们使贫困变得高贵，使整个国家的民风淳朴。在教育领域，如果我们秉承他们的人生志向，那么，别的不说，我们至少会拥有以下能力：席地而坐的能力，穿布衣吃粗茶淡饭的能力，花最少的钱办最多的事的能力。这不是一般能力，是甘愿吃苦受累才会有的能力。简约、质朴、淡泊，是名副其实的文明。摆阔气讲排场，是粗俗的表现。事实上，它是一堆大汗淋漓的"无能"的垃圾。缺少一些物品，人性的尊严不仅不会受到伤害，反而能在大部分地方，闪射出纯真的光芒。不是以无效的说教，而是以可观的事例，让学生从小在学校里就明白这个道理。要采取各种方法，让学生感到这是件极其简单极其正常的事情。不进行这样的教育，我们就会习惯于瞧不起自己的手脚，瞧不起教室的地板，瞧不起大地，就会怨恨我们的父辈，就不能深切感受到古代印度求索的伟大精神。

　　有人可能会质疑，你不喜欢表面的奢华，那么，一定会提升内在的东西的价值吧！——我们可有那样的实力？一旦成立传授知识的书院，就应有师尊。在报纸上登招聘广告，普通老师可以找到，但师尊不是下订单就可以弄到的。

　　关于这件事，我的看法是，确实，我们不能提出超乎我们财力的要求。即使十分迫切，谁也没有本事引进贾格柏尔卡①，让他坐在我校师尊的席位上。不过，应该想一想，在情势的制约下，我们实际上不会提

---

① 印度吠陀时代的著名隐士。

出动用全部资财的要求，不会把资金全部用完，这种情况，是常有的。在信封上贴邮票，如果用陶罐里的水，罐里的大部分水是用不着的；而要洗澡，罐里的水肯定全部用完。由于用法不一样，同一个陶罐的作用有大有小。我们会合理使用聘任的老师，只让他们的一小部分精力用于教学。配备一部留声机、一根藤教鞭，开发一点儿智力，一个小学老师就造就成了。但让这位老师坐在师尊的席位上，他的心思势必全部用在他的弟子身上。当然，他给予的，不可能超过他的能力。但他的给予少于他的能力，他会感到内疚。学生一方不提出恰如其分的要求，老师一方的潜力就不会激发出来。如今，印度动用的一部分力量，在小学老师的身上体现出来，印度真心希望的话，它更多的实力，也可以在师尊身上体现出来。

往日弟子寻师学道，完全是受本性的驱动，可如今某些教师对学生有兴致，不过是为满足生活的实际需求。他们成了店主，传授知识是做生意。他们每天忙于寻找顾客。人们从商人那儿买商品，谁也不期望他们的商品目录上有慈爱、忠诚、尊敬等心灵的产品。教师嘴上重复着那样的期望，领取工资，销售知识——这就是目前部分师生关系的全部内容。

在风气不正的环境中，许多老师仍超越施纳关系，显示出崇高的精神。

老师如果认识到，他坐在师尊的位置上——他应把自己的生命力倾注到学生的生命之中，以自己的知识点燃学生的知识之灯，以自己的爱心构建学生的光辉未来，那么，他会赢得光荣；那么，他给予的，就不是商品，而是无价之物。他配赢得学生的尊敬，靠的不是严厉的管教，而是对童心规律的认知和遵循。教书作为一种谋生手段，他领取工资，可他付出的远远多于工资，并以此荣耀了他的职责。

最近，王室阴险的目光一投到孟加拉几座学校身上，某些新老教师立即恬不知耻地在国人前面展示被丰厚薪水侵蚀了的教师职业的污黑疮面，这是无人不晓的事实。假如他们坐在师尊的席位上，就会看重职位的荣誉，受惯常的情趣的约束，不像警察那样对待小孩子，不让自己的生意变得如此让人憎恨。难道我们能不伸手把印度的师生从商业化教育的丑恶中拯救出来吗？

然而，就此事展开详细讨论，也许是白费精力。也许，刚提这个话题，许多人就表示反对。我知道不少人认为把孩子送到远离家庭的地方去学习，没有什么好处。

对此，我持不同看法。

首先，眼下谈到上学，我们就觉得，送孩子到自己家所在的胡同附近交通方便的小学里上学，最多再为他请个家庭老师，是最好的选择。但我认为，这种承袭"谁上学谁乘车骑马"的传统教育理念的狭隘性和自私性，对儿童是不利的。

其次，不应送孩子到远离家庭的地方去学习的观点，我可以接受，但它应是陶工、铁匠和织布工等艺人的家庭。原因是，他们把孩子留在身边，可以在家里很好地传授想传授的知识，把孩子培养成人。教育目标定得再高一点的话，应让孩子进小学，这时谁也不能说，父母在家里教孩子，是上乘之策。因为，由于种种原因，实现较高的目标在家里是不可能的。如果把目标定得更高，如果不理会追求考试成绩的书本教育，如果把奠定完整的人性的基础作为教育的宗旨，那么，只在家里或小学里，是达不到目的的。

学生的家长中有的是商人，有的是律师，有的是富裕的地主，有的从事别的行业。他们的家庭境况和氛围，各不相同。孩子身上必然打上特殊的家庭烙印。

各种各样的人生，造成每个人的特殊个性，这是必然的。于是乎，带着各种职业的特殊形态，人分散在一个个类型之中。然而，孩子在进入社会之前，不知不觉，在家长的模子里浇铸成型，对他们来说，不是件好事。

比如说富人的孩子。孩子生在富人家里，可并不因为他是富翁之子，就带着什么特长出生。富人的孩子和穷人的孩子，来到人世，没有什么区别。区别是他们出生的第二天，由人造成的。

家庭既然已经富裕，作为父母，一开始就应让儿女的普通人性成熟起来，之后根据需要把儿女培养成富人的孩子。但实际情况不是这样，在学会完全成为人类之子之前，他已成为富翁的公子。命中注定，他们缺少大部分有价值的人性，从而失去汲取生活中许多乐趣的能力。首先，他们像翅膀结紧的笼中鸟，虽有手脚，父母却使他们成为残疾人。他们不愿走路，要坐汽车；不愿拿很轻的物件，雇用苦力手提肩扛；甚至自己的事情也不愿做，而要仆人侍候。如此这般，绝对不是因为缺少体力，这些可怜虫是觉得人前脸上无光，虽有健全肢体，却宁可当麻痹症患者。简单的活儿，在他们却难得不得了。最正常不过的事儿，他们做起来却满脸羞躁。偷偷看着小圈子里的人的脸，他们甘愿受不必要的制约，从而失去与生俱来的人性的许多权利。他们受不了别人不把他们看作阔少爷的羞耻。为此，他们头顶着的山一样的精神包袱，压得他们步履维艰。他们履行责任，头顶着精神包袱；参与娱乐活动，捎着精神包袱；出门旅游，也拽着精神包袱。幸福在心中，不在排场之中，这简单的道理，他们竭力忘却，成了千百种商品的奴隶。他们过度扩大个人极小的需求，导致他们吃不了一点儿苦，没有一丝奉献精神。他们是世界上登峰造极的精神囚徒、精神残废。难道还得说，这些家长，把人为的无能当作骄傲的资本，在世界的精神田园里遍撒蒺藜，是对儿女的一片好心吗？有些人步入成年人的行列，自觉自愿接受了奢侈的生活方式，让他们改辕易辙，只怕是一厢情愿。

但是儿童从不憎恨大地的泥土、尘埃，渴望阳光、雨霖、和风，动用自己的全部感觉器官，把直接考察世界当作幸福，硬要他们打扮自己，则感到痛苦。保持一颗纯正的童心，他们从不羞怯，从不犹豫，从不抱怨。只有那些不明事理固执的家长，才千方百计扭曲他们的心灵，使他们成为低能儿。从这样的家长手中，把无辜的孩子拯救出来吧！

我们知道，许多富裕家庭的少男少女养成了颐指气使的老爷作风。他们由保姆带大，学了一些不标准的印地语和乌尔多语，忘了孟加拉语。大多数孟加拉孩子通过千百种情感的渠道，从孟加拉社会汲取营养，茁壮成长，一辈子精神旺健。可那些少男少女切断了与民族的血脉联系，又不能与英国社会融合。他们是从孟加拉的树林里被拔出来，栽在英国铁皮花盆里长大的。我曾亲耳听见，这一类型的一个小孩远远看见几个有些土气的亲戚，用英语对他妈说："Mama Mama, look, lots of Babus are coming"（妈妈，妈妈，瞧，来了一群土绅士）。孟加拉孩子的堕落，还有比这更可怕的吗！长大以后，他们我行我素，妄自尊大，爱摆老爷派头，就让他们去摆吧。但他们还是稚童的时候，父母为他们大把花钱，煞费苦心，把他们推出社会，把他们培养成与本国格格不入，也不为外国接受的人，并把他们限制在某一段岁月自己赚钱敛财的极不牢靠的小圈子里，按部就班地营造他们未来的落魄境地。男孩子远离这样的家长，有什么可担忧的呢？

我之所以举上面的例子，是为了震撼那些尚不习惯摆老爷派头的人。听了这个例子，他们肯定在心里想，那些父母为何不明事理，为何忘记未来，以愚昧的恶习毁掉自己的孩子。

但你们记住，习惯于摆老爷派头的人，心安理得地在干这种事，从未想到他们在培养孩子的坏习惯。

由此可见，我们并未意识到的自己的缺点毛病，根深蒂固，即使伤害他人，也熟视无睹。我们觉得，家庭中即使充斥各种恶习、偏见、愚陋、不公、争执、矛盾、怨恼、憎恨，远离家庭对孩子来说也是最危险的。我们从未想过，别人进入我们长大的旧环境，对他们的成长是有害的。但如果培养人的宗旨，是纯正的，如果认为把孩子培养成像我们这样普通的人是不够的，那么，我们心里得出的结论就是：我们的责任是把孩子送到受教育的恰当地方，让他们在天性的鼓动下与自然保持密切关系，像学道那样和师父住在一起，获得知识，长大成人。

母腹中的胚胎，泥土里的种子，幽秘地待在所需的营养液中间。日日夜夜，它唯一的事情，是汲取养分，准备有朝一日面对天空，面对阳光。它不做琐事，时刻从周遭汲取营养。自然女神把它置放在安全的乐园，为它提供美味佳肴——外面的各种打击落不到它身上，各种诱惑不能分散它的精力。

学生的学习时期，类似这种精神胚胎状态。在这段时间，日日夜夜，他们身处生意盎然的知识之院内，身处精神营养之中，远离外界所有的谬误，安静地生活学习。这是契合儿童天性的法则。这时周围的一切，必须对他们有利，使他们心里想做的唯一的事情，是自觉不自觉地汲取营养，储积力量，正常发育。

大千世界是劳作之地，是大大小小的拼搏的舞台——那儿很难找到理想的环境，让学生安心地积累智力，奠定完美人生的基础。

学成之后，学生会有成立家庭的能力。但在凡世种种欲望的冲突之中，成为恣意妄为的人，就难以再获得建立家庭所需要的人性了——他可以成为有钱人，可以成为商人，但难以成为真正的人。

在印度的历史上，家庭义务的标准一度是很高的，头三种种姓人——婆罗门、刹帝利和吠舍，入世之前，必须出家修行，做好成家的思想准备。在这方面，有相关的诫喻和措施。很久以来，那种标准已大大降低了。我们面前没有崇高的标准，当上文书、职员、警长、副县长，就志得意满了——我们嘴上不说登上更高的职位，是件坏事，却总觉得那是好高骛远，不知天高地厚。

其实，争取更高的职位，并非好高骛远。不仅在印度，在任何国家任何社会，这都不是好高骛远。在其他国家，虽不采用这样的教育方法，但那里的人们在奋斗，在从事贸易，在使用电报，在开火车——看着他们，我们佩服得五体投地。不能指望，在会场上讨论一篇文章就可以打消这样的崇拜心理。所以，令人担心的是，在成立国民教育理事会之际，撇下自己的国家自己的历史，我们四处寻找范例，筹建用另一种模具铸造的机器般的小学。我们不相信自然，对人不抱希望，除了机器，我们眼中无物。我们自信，安装了道德箴言的机器，人一个个就会成为君子。安装了书本知识的机器，人的第三只慧眼，就会自动睁开。

毫无疑问，较之修建一所小学，建造一所卓有成效地传授知识的书院，要困难得多。然而，化难为易，恰恰是印度的责任。因为，创建书院的理想，还没有从我们的想象中消失，而我们又掌握了欧洲的各种知识。我们应当协调获得知识和获得智慧的手段。做不到这一点，把心思全放在模仿上面，我们将一事无成。争取权利，我们向别人伸手；建造学校，我们一味模仿——对自己的能力、自己的心灵、本国的自然和本国正当的需求，不予关注，也没有关注的勇气。

为造成我们目前处境的教育起个新名字，加以推广，就能产生新的成果，怀有这种期待的话，必定走向新的失望，但愿大家不走这条路。

应该记住，收到倾盆大雨般的捐款，就能把教育搞得有声有色，这种想法是不切实际的，人性，是金钱买不到的。委员会的规则之雨哗哗倾落之地，教育这棵如意树①不一定能很快萌生新叶。光有较好的行政管理，未必能为人的心灵提供营养。安排繁多的课程，不见得能扩展教育成果。人的成长，不是只靠教，也不是只靠听。在幽静的修行之地，我们才能学到知识；在不事声张甘愿奉献之地和求索之地，我们才能获得动力；在完全施予之地，才能完全受纳；在教师亲自研究学问之地，学生才能亲眼目睹知识；外面自然女神无羁地现身之地，内在的心灵才能完全舒展；脱离红尘钻研经典，性格得以纯正、自制之地，正道教育才能正常顺利。而在只有文本、老师、委员会、教委会、砖房、木质家具之地，我们的成长，今天到达的高度，也就是明天达到的高度。

1906 年

---

① 印度神话中能满足人们各种祈求的神树。

教育的弊端

——在拉兹夏希大学研讨会上的讲话

毫无疑问,我们缺少各种孟加拉文学书籍。目前出版的哲学、自然科学和其他学科的孟加拉文书籍,数量很少。所以,学习这些学科的知识,除了接受外国语言的帮助,别无他法。不过,我时常觉得,为此尽可以后表示愤慨。可是,当下孩子们手里要是没有三四种孟加拉语课本,恐怕就寸步难行了。

目前,《字母识读》、《儿童教育》、《道德读本》等书籍,已经出版不少了。但我不认为那些书是小学生的教科书。

世界上的书籍,大致可分为两类,即必读书和非必读书。如把教科书委员会选择的书籍,归入第二类,绝非不公允的裁决。

可能有人认为,我这是在开玩笑。教科书委员会能为国家做许多好事。人们看到,教科书委员会参与榨油厂和砖瓦厂的建造,参与政治活动,参与群众祭祀,但至今没有看到它完成文学书籍的编纂。文艺女神莎罗莎蒂要是变成插手凡世杂事的女神,她的前景是不妙的。因此,当教科书委员选择的书籍,摈弃各种文学趣味,现身市场,我能责怪谁呢?没人指望从榨甘蔗机里掉出来的残渣里得到甘汁,连娇嫩的稚童也不指望。

所以,认定教科书委员会是不可避免的噩运的化身,不提与之相关的话题,也应从教科书的行列,把普通学校里目前使用的书本驱逐出去。语法书、字典、《地理概貌》、《道德读本》不能被当作世界上的教科书，它们只是教学书籍。

终日囚禁在在"需求"的监狱里，过的不是真正的人的生活。事实上，我们有时身缠"需求"的长链，有时则享受自由。孟加拉人平均身高约为63英寸，建造的房子也只有63英寸高，显然是荒唐的。为了行动自由，住房的高度必须大大超过身高，否则身心健康受到损害，生活中无乐趣可言。这个例子也适用于教育。将小学生禁锢在教科书之中，他们的智力不可能得到充分发展。学生死背书，不广泛阅读其他书籍，难以成为有用之才，到了成人的年龄，智商上仍是儿童。

不幸的是，印度学生没有泛读的时间。印度学生的头等大事，是在尽可能短的时间内掌握一门外语，通过毕业考试，谋到一份肥差。从孩提时期开始，就得气喘吁吁地朝前奔跑，不敢疏忽大意，左顾右盼，除了背书，挤不出时间再做别的事。看见孩子手捧一本杂书津津有味地阅读，家长"嗖"地把书抢走。

史诗罗摩衍那插图

那令人爱不释手的杂书哪儿去找哟！这样的孟加拉语书几乎没有。容易找到的是改写本《罗摩衍那》和《摩诃婆罗多》。但学校里不系统地教授孟加拉语，他们在家即使有空想读，孟加拉诗歌的情味，他们也品尝不到。不幸的学生英语也不精通，甚至未读过英语的儿童文学作品，尤其是英国儿童必读的作品。那些作品用纯正的英语写成，题材广泛，内容丰富，可获得学士、硕士学位的孟加拉学生不见得能完全读懂，深刻领会。

可怜的小学生面临各种实际

困难，手边除了语法书、地理课本和词典，没有别的书籍，世界上他们最最不幸。别国同龄的学生用长出的新牙咀嚼文学的甘蔗，可他们坐在长凳上，晃动着细瘦的两条腿，衣摆随之抖动，只有挨藤教鞭的分儿。他们吞咽的是先生尖刻的斥骂，而非文学精品的营养。

结果，他们的欣赏能力低下。孟加拉儿女无暇顾及体育锻炼，缺少必需的食品，身体孱弱，精神器官更是远未健全。印度人啃了一大堆书，通过学士、硕士的答辩，但心智并不成熟、强健。印度人的言谈举止、对世界的看法观点，不像是成人的。只得以夸夸其谈、装腔作势掩饰精神空虚。

落到这步田地的主要原因，是印度人从小接受刻板无乐的教育。印度人背了非背不可的一摞书，为的是今后应付差事。这种学习方法不利于智力开发。吸入的新鲜空气填不饱肚子，解饿必须吃饭，但新鲜空气对于正常消化必不可少。同样，课外读物对于教学内容的正常消化也大有帮助。心情轻松地读书，阅读能力不知不觉地提高了。理解能力，鉴赏能力，思辨能力，自然而然地随之增长。

孟加拉人如何摆脱不利于智力发展的刻板教育的魔掌，暂时还想不出什么有效的办法。他们受到各种条件的限制。首先，英语是外国人的语言，词组、句子结构，与孟加拉语完全不同，另外，情感表达和陈述方式，也是外国式的，孟加拉人很不熟悉，领会之前只好死记硬背，囫囵吞枣。比如说一本儿童读物中有一个关于英国农民跳的圆舞的描写，英国孩子知道那种舞蹈，读起来很有意思。又如"查尔斯"与"凯脱"打雪仗，发生口角，整个过程对英国孩子来说，饶有趣味。但孟加拉孩子读外文书，勾不起脑子里的一丝回忆，心幕上看不见任何形象，自始至终在黑暗中摸索。

其次，低年级的老师有的是高中毕业生，有的还是肄业生，英国的语言、情感、习俗、文学，知之甚少。可偏偏是他们首先把英国人介绍给我们。他们的英语和孟加拉语水平都不高，哄蒙学生是他们的特长，做起来得心应手，这比教书容易得多。

平心而论，这也怪不得这些可怜的先生。英国人说"马是一种文雅的动物"，这句话很难译成孟加拉语，译成"马是神圣的动物；马是非常珍贵的动物；这种动物很漂亮"，都不确切。碰到这类句子，只得含糊其辞地搪塞过去。我们刚开始学英语，听到的那些含混的解释，若排队的话，一眼望不到头。小时候我们学英语，内容那么少，错误那么多，还谈什么品尝艺术趣味！对于英语教学，其实谁也不抱希望。先生和学生都心安理得地说，一篇文章，大概知道是什么意思，就算打赢一场战役。只要通过考试，就业之路就铺平了。桑格尔贾尔查这样描绘英语教学：

  认定单词的含义没有含义，
  里面没有快乐没有真实。

除此之外，命运之神为孩子们还安排什么？学习孟加拉语，意味着读《罗摩衍那》和《摩诃婆罗多》。不想读了就去玩耍，爬树，纵身跳进河水，摘花，无休止地跟自然母亲捣乱。这样快快活活，身体反倒长得壮实，儿童天性的要求得到满足。硬着头皮学英语，到头来英语学不好，游戏也得放弃，进入自然王国的良机丧失殆尽。进入文学的想象王国的大门，对他们是关闭的。

身心内外有两个宽广的游乐场，人性在那儿积累生命力和康健。繁丽的色彩、形态、馨香，奇异的跃动，歌曲、情谊和欢愉，时刻波澜起伏地冲醒我们全身的感知，使我们的身心得以健康。难道非得从这片美丽的土地放逐不幸的儿童，给他们戴上锁链，押往外语的监狱？

天帝把慈爱注入儿童的父母的心中，把慈怀赋予他们的母亲。他们幼小，却拥有家庭的全部空间。但没有足够的游乐场，他们到哪儿消度童年呢？难道在外国语法书和字典中吗？那里面没有生机，没有欢乐，没有野趣，没有新意，没有安坐的一寸土地。坐在那儿，意味着坐在枯燥、阴冷和狭隘之中。在那儿，儿童能获得精神营养、心灵的旷达和性格的坚强吗？那儿学到的，难道不只是背书？难道不只是抄袭？难道不只是奴性？发育不健全，难道他们不会变得脸色苍白，毫无血色，极其孱弱？随着年龄增加，他们能开动脑筋，有所创造？能够体格强壮，翻山越岭？能够意志坚定，气宇轩昂？

一个个年龄段像一层层阶梯。不消说，成熟了的少年便成为青年。青年人一步跨进工作领域，不可能马上有工作所需的才华。支撑生活的不可缺少的东西，像手和脚，与我们的年华一起增长。它们不像制成品，需要的时候，可以完整地从市场上买回来。

毫无疑问，思维能力和想象力是人生旅途中两种宝贵资本。换句话说，想成为人才，这两种资本缺一不可。小时候不培养思维能力和想象力，走上工作岗位，它不是唾手可得的。这可谓经验之谈。

然而，我们的教育制度堵塞了通往形象思维王国的道路。年纪很大了，我们还忙于学习语言。前面已经说过，英语是离我们很远的外国语言，而我们的小学老师文化水平又很低，意蕴不会随着外语单词进入我们的心灵。熬过了许多年，我们才咀嚼到一点儿外语的意蕴。而这期间，我们的思维能力找不到合适的工作，一直无所事事。读完高中、大学预科的课程，才学到仅够应付一般差事的英语。之后，大学本科的大部头著作和大伤脑筋的艰深课题，突然接踵而来。这时，我们既没有时间也没有能力彻底消化——只能把它们混在一起，捏成一个个饭团，囫囵地吞下肚去。

稀里糊涂地读书，不作深入思考，这意味着我们堆了一大堆东西，却不同时进行建筑。砖瓦碎石，脊檩椽子，沙子石灰，堆得像山一样高的时候，大学才传来命令，造一幢三层楼。我们急忙爬到建筑材料的顶部，花两年时间夯打，凑合把表面夯平，看上去有点像楼顶。但它能称作楼房吗？里面有空气和阳光进入的路径吗？有适合人永久居住的房间吗？它能使我们免受外面的酷热，为我们遮风挡雨吗？里面能看到井然有序的装饰美和温馨吗？

毫无疑问，堆积的材料非常之多，以前我们从未弄到适合建造精神大厦的这么多砖瓦。但是，认为学会收集就是学习建造的观点，大错特错！只有收集和建造一点一点地同步进行，工程才能尽善尽美。

换句话说，手中有了值得收集的材料的同时，就了解材料的性质，就知道如何使用，建造适合生活的居所，这才算是名副其实的教育。人朝一个方向行进，他的知识在另一个方向储存。一方面，食物多得让仓库不堪重负，另一方面，吃不到食物，胃液腐蚀使人一天天消瘦。这种咄咄怪事，在印度随处可见。

总之，希望孩子成才，从小就要注意培养，否则，他就难以成才，只会是长不大的孩子。

所以，不要只关注培养孩子的记忆力，要给他们充分的机会去最大限度地扩展思维空间和想象力。死背书，如同从早到晚只用犁耕地，只用耙弄碎土块；如同只舞棍弄棒；如同只付一种押金，这对于人生这片沃土是远远不够的。不停地翻耕的同时，保墒不容忽视，因为土壤的湿度适宜，庄稼才长得杆粗叶茂。此外，在某个节气，稻田需要下场大雨，过了这个节气，下一千场雨，稻粒也不会饱满。同样，童年，对于确保富于朝气和崭新想象的人生的成熟和丰润，也是至关重要的。

在这个年龄段，从文学的天空落下的绵绵细雨，会带来五谷丰登。当萌发的心灵之芽初次在黑暗的土壤里仰首观察广阔大地和无垠的蓝天，之后行至幽秘的来世的门前，初识外部世界，带着新的惊奇、兴趣和爱意翘首四望时，如果和风吹拂，阳光普照，从天国乐园飘落祝福的甘霖，人生到时就充盈甜汗，结满硕果；这时如果只有干土、灼烫的黄沙，只有枯燥的语法和外语词典，密密匝匝地将它覆盖，以后纵然大雨倾盆，欧洲文学中新鲜生动的真理，奇特的想象和高尚的情操散落在它的周遭，也不能结果，文学蕴含的生命力不会顺利地在它的生活中表现出来。

我们人生的大好时光在单调乏味的教育中消度。我们从幼年步入少年，从少年步入青年，扛着文字的包袱。在艺术女神的王国，我们是苦力，脊椎骨压弯，人性得不到充分展示。我们走进英国人的思想王国，不能轻松地漫步，也不能将他们的思想观点融入心灵；发表演讲，撰写文章，我们常加以引用，但不能使之成为现实。

一直到二十二岁，我们学到的书本知识，与我们的生活未起化学反应，思想呈现畸形。学到的一些概念，用糨糊粘贴在一起，时间久了，一块块剥落。就像有些粗俗的人文身，洋洋得意，不知道遮住了人体天然的亮泽和肌肤的美色，我们也把英国书中的知识抹在身上，趾高气扬，其实它与我们的真实生活鲜有联系。又如有些缺乏审美情趣的土司，身上缀挂英国便宜的彩色玻璃片、玻璃球，乱用英国服饰，不晓得一身打扮多么古怪可笑，我们也采集英国一些闪光的语言，把自己妆饰得五光十色，常在不适当的地点滥用至理名言，浑然不知在不自觉地上演一幕绝伦的丑剧；见人窃笑，当即援引欧洲历史上的事例，妄图证明自己的正确。

如果在幼儿时期，语言教育和情感教育同步进行，情感教育就和人生旅程有机结合，我们的一生就是和谐的，我们就能成为质朴的人，对碰到的事物就会有精当的认识。

当我们缜密思考，发现教育和我们的人生若即若离，教科书中没有我们一生居住的房屋的美好图景；发现新读的高雅文学作品中，没有我们出生其中的社会的崇高理想；看不到我们的父母，我们的知心朋友，我们的兄弟姐妹；发现在它的描写中没有我们的日常生活，没有我们的天空和世界，没有我们清新的黎明和美妙的黄昏，没有我们丰熟的田野；发现我们女神般的江河的歌声，不在其中回响时，我们不禁痛感我们的生活同这样的教育不可能有正常密切的联系。两者之间存在着严重隔阂。这样的教育不可能消除我们生活中所有的匮乏。

印度的教学之雨，洒落在离我们生活的根须约几百尺的地面上。能穿透阻挠接近根须的水分，不足以消释生活的干燥。我们一生接受的教育，只能让我们当一名秘书或商人。专装办公室里用的叠齐的缠头巾和披毯的大箱子里，又装进学到的全部知识，日常生活中虽不经常使用，按照教学大纲却非学不可。

这怨不得印度学生。他们的书本世界和栖居世界相距甚远，联结的桥梁是语法和词典。于是出现一种怪现象：通晓欧洲哲学、科技和伦理学的学者，极力维护陈旧的传统习俗。他们一面鼓吹自由的光辉理想，一面时刻用千百张奴性的蜘蛛网罩住自己，软化自己。他们一面独自享受感情丰富奇妙的文学精品，一面却不愿将生活置于情感的高峰。他们的心思全放在如何发财上面是不足为怪的，因为他们的知识和为人之间，横亘着穿不透的屏障，两者从未密切结合。

结果，它们彼此厌恶，背道而驰。我们的生活不断地对学到的书本知识提出抗议，对它产生彻底的不信任和不尊重，总觉得那是虚假的东西，它上面建立起了所谓的欧洲文明。我们拥有的一切，才是真实的。在教育指示的遥远的道路上，矗立着一个名为"文明"的虚无缥缈的王国。我们不认为，由于某种特殊原因，由于时乖命蹇，对我们而言，教育是失败的，而是认定它中间必然隐藏着失败的巨大缘由。

久而久之，我们越是不尊重教育，教育越是厌恶我们的生活，对我们的性格难在施加全面的影响。于是，教育与生活的分离，越来越严重。每时每刻，双方以刻薄的语言嘲讽对方。带着残缺的生活和残缺的教育，孟加拉人的人生旅程，就成为由两个小丑上演的丑剧。

我们为之耗费三分之一年华的教育，如果永远脱离现实生活，如果我们总被剥夺接受其他教育的机会，我们靠什么力量去发现真理呢！

促使教育与生活的结合，是当前最迫切的任务。

由谁来促使两者的结合呢？无疑是孟加拉语言和孟加拉文学。当般吉姆·钱德拉·查特吉创办的文学杂志《孟加拉之镜》像一轮崭新的红日，在孟加拉大地上冉冉升起时，缘何所有文化人的内心世界充满前所未有的欢乐，纷纷苏醒了呢？《孟加拉之镜》难道展示了从欧洲哲学、理工科学和历史学中得不到的新理论、新发现？并非如此。依靠《孟加拉之镜》，一个强劲的天才，推倒了我们的英语教育和心灵之间的隔离墙——许久之后，促发了生命和情趣的欢乐聚会；把外来者带到我们的寓所，寓所顿时像过节一样，张灯结彩，喜气洋洋。黑天①多年来在穆吐罗城主持朝政，近二十五年来，想方设法当他的随从，才能在遥远的京城里遇见他，是《孟加拉之镜》充当使节，把他接回我们的婆羚达树林。如今在我们的住宅，在我们的社会，在我们的心田，闪耀着新鲜的光芒。我们在孟加拉女性中间看到了苏尔查穆吉和卡玛勒摩妮②。昌德罗塞克尔和勃罗达卜③，在更高洁的感情王国，树立了孟加拉男子的形象。圣洁之光每天落到我们的普通生活之上。

《孟加拉之镜》让人们品尝到了无可比喻的欢乐的新滋味，于是，现在知识分子纷纷急切地用孟加拉语表达自己的感情。他们认识到，对他们来说，英语只是工作语言，而不是表达感情的语言。他们真切地看到，尽管英语是从小花大力气学习的唯一的外国语，但至今有恒久生命力的文学作品，是用孟加拉语创作的。孟加拉人学了英语，但尚未融会贯通，不能毫不费力地用英语抒写文学作品中那种澎湃的激情。虽说懂英语，但不能用英语生动地表现孟加拉人的情感。那种触发我们表现欲望的特殊意蕴和特殊记忆，那些世世代代赋予我们心灵以特殊结构的情韵，任何时候都

般吉姆·钱德拉·查特吉

---

① 黑天是印度神话中大神毗湿奴的化身之一。他是穆吐罗城的国王，与牧区的美女罗陀相爱，在婆羚达树林里嬉戏。

② 苏尔查穆吉和卡玛勒摩妮，是般吉姆·钱德拉·查特吉的长篇小说《毒树》中的女性人物。

③ 昌德罗塞克尔和勃罗达卜是般吉姆·钱德拉·查特吉的长篇小说《昌德罗塞克尔》中的男性人物。

不可能在外语中恰如其分地展现。

印度的知识分子想要表达感情，借助孟加拉语常常是迟疑的。唉，气恼的姑娘般的孟加拉语在哪儿呢？长期受到冷落之后，她肯带着所有的美，所有的骄傲，招之即来，匍匐在恃才倨傲的高学历男人面前？啊，文化人！啊，雅利安人！你知道娇柔的少女般的孟加拉语的地位么？睥睨之间，她流露明媚的笑容，泪浣的哀切，耀眼的坚毅的火花，以及爱怜、友情和虔诚，其深刻含义，你什么时候读懂了，记在心里了？你在心里暗忖：我读过穆勒①、斯宾塞②的作品，通过各种考试，我是一位思想开放、才华横溢的年轻男子，被可怜的女儿拖累的父亲们，带着春情初萌的女儿，带着可观的财物，登门向我低声下气地求婚的时候，没读过书的草民百姓家里那低微的语言，一看到我的手势，就应扑到我怀里，为自己的归宿感到庆幸。我学过英语，用孟加拉语写作，对孟加拉语来说，还有比这更大的鸿运吗？我放弃了通过英语轻易获得的名誉，把我高尚的情感毫不怜惜地献给这穷国的时候，如同路上衣衫褴褛的穷人，一见国王立刻谦恭地让路，所有语言上的障碍，都应诚惶诚恐地主动退却。你们想一想，我给你们带来了多大的好处！我为你们讲解政治经济学。从生物王国到社会和精神世界，有关进化的规律是怎样起作用的，我掌握的全部知识，一丝一毫都不会对你们隐瞒。我的历史和哲学文章的注脚中，从各种语言的难懂的著作中摘录的各种论断和事例，将向你们一一展示。从今往后，哪位评论家对哪部英国文学作品作了怎样的评论，孟加拉人也不会一无所知了。但是，你们这身穿破衣烂衫的残缺不全的语言，听到我的命令不上前接受我的宠爱，那么，我就不用孟加拉语写作，我去当律师，去当副县长，去为英语报刊撰写评论，你们蒙受的损失，将无法估量！

孟加拉最大的不幸是，这羞涩、娇美、刚烈的孟加拉语，没有上前

---

① 穆勒（1773—1836）英国哲学家、政治经济学家。
② 斯宾塞（1552—1599）英国诗人。

接受这些好男儿的宠爱，好男儿也一气之下，与孟加拉语一刀两断；甚至不用孟加拉语写信，遇见朋友，也尽量不讲孟加拉语；鄙夷地把孟加拉语著作打入冷宫。这可谓是轻罪重判。

前面已经说过，小时候我们上学，学语言不懂含义。随着年龄增大，出现了一百八十度的大转弯。明白含义，却找不到表达的语言。前面我还谈道，学习语言和学习内容未能有机结合，同步进行，导致我们不能全面完整地了解欧洲人的观念。如今印度许多文化人开始厌恶欧洲人的观念。另一方面，由于在理解内容的同时，未能夯实母语的基础，他们渐渐疏远母语，轻视母语。他们明确地否认他们不懂孟加拉语，可振振有词地说："孟加拉语能表达深义吗？这种语言不适合我们文化人的心灵。"其实，他们这样辩解，与未吃过葡萄，只听说它是酸的，就把它拒之门外，本质上是一样的。由于无知，我们经常做这样的蠢事。

无论从哪个角度审视，可以看到我们的情感、语言和生活是脱节的。人若精力分散，必然无所作为，同样，不能使情感、语言和生活水乳交融，不能使自己成为一个牢固的整体，坚定地挺立，也就不能随时伸手获取自己想要的东西。

有一个故事中说，一个穷人整个冬天乞讨，一点一点攒钱，当他攒够钱可以买一件寒衣的时候，夏天来到了。整个夏天，他又乞讨，当攒够了钱可以买一件薄衬衣的时候，已是阿克拉哈扬月①了。大神见他一贫如洗，动了恻隐之心，想给他赏赐的时候，他说："我别无所求，只求你消除我的苦恼，这辈子，我夏天弄到一件寒衣，冬天弄到一件薄衬衣，你倘若修正这种恶性循环，我这一生就算是有所作为了。"

我们也对大神祈求。大神一旦消除我们的弊病，我们就是成功者。由于冬天没有寒衣，夏天没有薄衬衣，我们才如此贫穷。否则，就会无所不有。此时此刻，我们乞求大神的恩惠："请让我们饥饿时有饭吃，冬天有厚衣服穿，请让我们的语言和情思，教育和生活融为一体。"

---

① 印历8月，公历11月至12月。

守着水，嘴里渴，

世人见了掩嘴笑。

我们终年守着水喝不到水，渴得忍不住两眼流泪。

《教育的弊端》引发的争论

撰写《教育的弊端》时,不曾想到,揭示当前教育制度或大学存在的缺陷,会使谁的心里受到打击。尤其是这篇文章,是在大学学生面前宣读的。拉兹夏希大学校长和许多老师当时也在场。谁也没有对我的文章表示一丝一毫的反感。恰恰相反,据我所知,许多人赞同作者的观点。

后来,这篇文章在《求索》杂志上发表。获得大学学位的许多读者,兴致勃勃地表示要把这篇文章译成英文,听说大学许多高年级同学支持这种作法。读者们也曾读到般吉姆·钱德拉·查特吉、古鲁达斯[①]和阿兰德·穆罕[②]就这篇文章写的书信。

毋庸置疑,对大学的回忆,在有些人的心殿占据尊贵的席位,从来自校外的人口中听到一句对大学不尊的话,他们中个别人心里相当恼火。所以,我觉得,我参与这场讨论,实在是桩倒霉的事儿。好在有不少大学精英的热情鼓励,我才不感到羞愧。

当偏离争论之初的主要议题,就某些枝叶末节,掀起一场运动,有些人不全面理解对方的看法,逐句逐段地攻击对方时,逃离唇枪舌剑的战场,是明智之举。云彩染上朱砂,变得血红,但不会下雨。同样,这场争论如今变得杀气腾腾,也不会降下清凉、宁静的雨水,而只会变成水汽蒸发掉。

[①] 古鲁达斯(1844—1918)加尔各答大学副校长。

[②] 阿兰德·穆罕(1847—1906)毕业于英国剑桥大学,曾任孟加拉教育管委会成员。

将截取的文章的部分章节挪到别处,以异样的目光审视,找出原作的原意,是极为困难的。一般读者也无法前后对照,进行分析。于是,对这种行为抗议一下,心思就转到别处去了。所以,作为作者,发现穆赫尼姆罕的大作《教育的危机》未能正确领会我的观点,旧话就不得不重提了。

他的文章中写道:

> 我们的教育制度,把人的心灵幽禁在必读的书本内容中,这种说法是毫无根据的。我们实在不明白,受人尊敬的罗宾德拉纳特·泰戈尔在《求索》上发表的文章中,为何把过错强加到当下教育的头上。

是谁把过错强加到谁的头上,缘何这样做,很难搞清楚。最后,只好责怪命运了。"我一字不差地说过上面那句话",这种罪过为何强加到我的头上,谁又能讲得清楚!

印度史诗《罗摩衍那》

我仅仅说过,在我们国家,没有孩子们喜欢读的课本。英国的学生不是成天只背地理和几何定律,累得要死。他们还能读到各种引人入胜、妙趣横生的小说、游记、英雄史诗,以及令人爱不释手的科普读物和历史书籍。尤其是他们用自己的语言接受教育,很容易汲取教科书中的文学趣味。但印度学生只背教学内容中那些枯燥的部分,浑身筋疲力尽。

我这篇文章,没有涉及大学教育问题。

《教育的弊端》引发的争论

记得小时候，我们入学上课只用孟加拉语，不受外国语的折磨。我们在先生面前读完课本，可以看格利迪巴斯改写的史诗《罗摩衍那》和卡希罗摩达斯改写的史诗《摩诃婆罗多》。我们至今没有忘记，读到《罗摩衍那》中的主人公罗摩和《摩诃婆罗多》中般度兄弟受苦受难，不知流了多少眼泪；读到他们逢凶化吉，走出险境，我们高兴得手舞足蹈。

但索搜记忆，我没有看到一个孟加拉孩子现在读这两部作品。小小年纪，对照着学习英语和孟加拉语，学生很不习惯，难以完美地驾驭。用说不惯的语言读作品，必然产生反感。对他们来说，读英国孩子能懂的书，也是困难的。于是，为上学的任务所迫，他们的学习只好局限于枯燥乏味的必读的教科书里了。他们的思维能力和想象力，由于长期缺乏营养，孱弱不堪，很不成熟。

印度史诗《摩诃婆罗多》

我曾经讲过，认真思考一下可以真切地看到，印度的大学是水泡之厦。它的根基，不在人流的深处。不消说，这是一种比喻。

诗歌和《往世书》中广为使用的语句，在我国的男女老少的口中，代代流传。按照一般规律，那些很容易时时转化为现实的言辞，沉淀在民族生活的底部，是永恒的。所以，要使一种教育恒久、深广，就必须让它融化在常年熟悉的母语之中。在全国回响的语言，那不许接触阳光的贞妇深居的内宅也能自由出入的语言，那中间进行着全民族的精神呼吸的语言，若与教育融合，教育就能净化全民族的血液，就能与全民族建立密不可分的联系。

释迦牟尼用巴利语传播佛教，贾伊达纳用孟加拉语把他的真爱注入平民百姓的心中。所以，当我说，想想看吧，我们的大学因是水泡之厦而著称，它并不意味着大学不做好事或坏事，英语教育并非不给知识分子带来好处或坏处。我的意思是说，大学未能在我们的心田奠定基础。假如英国明天离别印度，那些巨大的水泡之厦想必就无立足之地了。

只要对英语教育的成果抱有坚定信心，让英语教育以母语为支撑，英语教育就可以深入而持久地在印度心田扩展——有些人表达了这种信念。看来有必要举例说明，消除他们的误解。过去，有人相信，蛇王搔痒痒，是地震的原委。可如今，大学里在讲解地震发生的真正缘由了。我们希望，首先彻底推翻确定地震原委的想象的基础，让英语教育较为容易地让普通群众接受，孩子们从小可以汲取其精华，不必费尽心机花大笔钱去购买书籍，从而使英语教育轻而易举地进入千家万户。否则，蛇王身上的痒痒，又会以地震原委的面目，出现在知识分子中间，这样的例子，不胜枚举。

我相信，英语教育的专家洛肯特罗纳德·帕里特，就英语教育的成果发表的题为《教育制度》的文章的真正含义，未被《教育的危机》所接受。他探讨的议题，是英语教育可以开展到什么程度。他在整篇文章的任何章节中都没有说，比起以前，眼下人们接受更多的贿赂，更加熟练地制造假货。他只是说，在现行的教育制度下，学生们不是不认真学习，而是以错误的方法在学习。但对我的文章提出抗议的人，不去全面领会洛肯特罗纳德·帕里特先生的文章的内容，而是断章取义，夸大其词，硬说以前的人接受贿赂，弄虚作假，相信蛇王搔痒痒，是地震的原委。

《教育的危机》的作者抨击我：

> 以上分析了他的观点，他说英语教育毫无成果，谈到这儿就闭口不谈了

《教育的弊端》引发的争论

假如我果真谈到这儿,那么,到哪儿才闭嘴,就难说了。那么,这儿的学生就会朝我的脑袋掷土坷垃,般吉姆·钱德拉·查特吉、古鲁达斯和阿兰德·穆罕先生就决不会对我的文章表达丝毫的赞同。

这位作者最后写道:

> 读了提及的文章,另一个感想是——令人生疑的是,有些作者似乎忘了,孟加拉大地生长水稻,而英国生长栎树——这儿是印度,不是英国。

其实,我们压根儿没有忘记。我们一再说,孟加拉大地生长水稻,而英国生长栎树。本地的语言是孟加拉语,不是英语。如果想耕耘收获成果,就应使用孟加拉语,否则,就不是真正的文化了。

我们连做梦也没有忘记,孟加拉大地生长水稻,而英国生长栎树。所以,我们珍惜使用孟加拉语获得的一切。我们从未把它和英国比较,对它冷落。孟加拉人的教育责任有多重,我们就愿意为孟加拉语献出多大力量。所以,我们认为,英语教育透过孟加拉语的土壤能长出多少棵苗儿,就能获得多少成果。

我们从不对孟加拉的作物,孟加拉的语言,孟加拉的文学,投去怜悯的目光。我们心中对它们怀有深情和坚定信念,有些人对此"生疑"的话,请他们仔仔细细再读一遍这篇文章,切实领会题旨。如果哪个章节偶尔有一两个毛病,或者修饰不当,那只好请他们原谅了。因为,我们写文章不是为捡争论的柴薪,而是有感而发,抒写真情实感。

教育改革

经常看报的人都知道,关于英国、法国的教育体制问题,众说纷纭。而关于印度的教育,我们也不能高枕无忧,这是无人不晓的事实。

正在此时,著名的英语周刊《发言人》上对爱尔兰教育改革的方案展开了讨论。这种方案,是值得我们认真思考的。

在欧洲历史上所谓的黑暗时期,当野蛮侵略的风暴吹灭文明之灯的时候,欧洲所有的国家之中,只有爱尔兰大兴钻研学问之风。许多欧洲国家的学生,前往爱尔兰的学校学习。在七世纪,留学生的数量相当可观。他们的住宿、伙食、书本和学习,都是免费的。他们就读的学校,在很大程度上与印度古代学习四《吠陀①》的梵文学校相类似。

在欧洲的大部分国家,是抛子别妻的爱尔兰教师,使快要熄灭的知识和基督教之光,重新明亮起来。在八世纪,法国国王萨尔曼把创建巴黎大学的重任交给了著名爱尔兰学者克雷蒙斯。在其他地方,爱尔兰学者受重用的例子也很多。

古代爱尔兰的学校里,尽管教拉丁语、希腊语和希伯来语,但教学使用的语言,是爱尔兰语。数学、几何和其他热门学科,全用爱尔兰语教授,结果,爱尔兰语拥有了大量专门词汇。

后来,丹麦人和英国入侵爱尔兰,放火烧毁了许多学校的大批藏书。老师和学生中有的惨遭杀害,有的流落他乡。但远离兵燹的地方,直至十六世纪,仍在本国国王的管辖之下,那儿规模较大的教学一直完全以爱尔兰的模式进行。到了伊丽莎白女皇时期,战火再起,那些学校

---

① 即梨俱吠陀、娑摩吠陀、夜柔吠陀和阿达婆吠陀。

的财产被掠夺，彻底破坏了爱尔兰自行管理的学校和学术机构。

就这样，爱尔兰人被剥夺了科学研究的权利，他们的语言被斥之为劣等民族的语言。到了十九世纪，开始实施所谓的国民教育体制。渴求知识的爱尔兰人，没有分析它的弊病，急切地对它表示欢迎。只有一位杰出人士——土亚姆的大主教约翰·麦克赫尔表示反对这种体制，并指出它一旦实施，后患无穷。

推行国民教育体制的目的，是强行用撒克逊语的模子进行浇铸，把爱尔兰人全塑造成英国人。历史证明，这种努力以失败而告终。不管你觉得是好是坏，自然之神以不同的方式创造了不同的民族，硬把一个民族塞进另一个民族的框架内，双方终归是格格不入的。

在实施国民教育体制的时候，百分之八十的爱尔兰人讲爱尔兰语。如果普及教育是教育当局的宗旨，那么，首先就应让爱尔兰学生用爱尔兰语读书学习，之后再通过母语教他们外国语言。但实际上不是这样，而是采取各种严厉的惩罚措施，不允许儿童使用母语。

不仅语言，还停止教爱尔兰历史，爱尔兰地理也不详细讲解。在校学生学习外国历史和地理，对本国的情况知之甚少。

意料之中的后果终于产生了。思想僵化的情形，全国随处可见。操爱尔兰语的孩子带着聪慧和求知欲入学，毕业离校的时候，心灵残缺不全，对科学知识极为厌倦。

其原因在于，教学是机械式的，不鼓励学生动脑筋，学生们成了一只只鹦鹉。

小学毕业，进入教学方法同样机械的中学。中学教育的模式，已推行了二十八年。它的恶果是，科学教育受到了严重摧残。这种模式填鸭般地对学生灌输教学内容，过度引诱学生关注考试成绩，而不是让学生掌握真正的知识。过重的学习负担，使学生过早地心力交瘁，对科学知识失去了兴趣。

爱尔兰民族多么期望纠正这种教育的失误啊。他们无意发动革命，只是想自己承担教育的责任。教育经费倒是不用当局过多地考虑。目前，爱尔兰教育领域的拨款很少。在英国，警察和法院每花一英镑，教育部门就要花八英镑。相对而言，爱尔兰犯罪率极低，爱尔兰的警察和法院每花一英镑，教育部门只花十三先令四盎司。

当然，一个国家是不能事事都与另一个国家作比较的。不能说，印度正推行爱尔兰推行的教育制度。不过，研究一下爱尔兰的教育危机，可以发现，两国在深层次确有相同之处。

我们也不用心学习科学知识，印度的教学方法大体上也是机械式的。进入我们用以完成学业的语言之门，需要很长时间。站在语言的门口，举起榔头，学懂开锁的理论，早已是筋疲力尽了。我们的心灵之花从十三四岁开始展开花瓣，汲取知识的阳光和情趣的甘汁，这个时期，如果降下外国语言和死背的书本知识的冰雹，那它如何获得营养哩！大概到二十岁左右，拼死拼活，总算有了自由地使用英语的权利。但我们的心灵靠吃什么食品生存下来呢？我们学会独立思考了吗？我们的心灵汲取了什么营养？我们想象的翅膀是否有了从事创造所需的活力呢？把接受的东西立即表达出来，这体现心智的成熟。用外来的语言，接受和表达都很困难。由于缺少必要的写作练习，我们学到的东西是不牢固的。比如Key（钥匙）这个单词，既要学习正确发音，又要学会拼写，缺一不可。在心灵已相当成熟的年龄段，已不能完整地获取了。年幼时期的心灵，不知不觉汲取自己的营养，把知识和意蕴完全融化在血肉之中，使自己变得朝气蓬勃，身强力壮。可恰恰是这个年龄段，在

朗诵诗作的泰戈尔

人生的战场上葬送了。这片贫瘠干燥的战场上，寸草不长，我们的智力和健康受到多大的损害，谁会予以关注呢？

我们不得不承认，在这样的教学制度下，我们的心灵不可能完全成熟，智力不可能完全舒展。我们的学识可以往前走一小段距离，可我们的原创力不能抵达最终目标，我们的思辨力不够坚实。我们的思维，老是处于学生上学时期的虚弱状态。我们习惯于抄写，寻找例证。我们宣扬的所谓独立观点，不是死背硬记的这样那样的书本知识的回声，就是充满稚气。我们不是因为心里胆怯，追寻着别人的脚印走路，就是在无知的狂妄驱动下，鲁莽地跨越求知之栏。然而，大家都不愿承认，我们的智商先天不足。

尽管教育制度存在缺陷，得益于我们自身的优点，我们在很短的时间内昂起了头。

此外，如果把与教育不相干的图谋偷偷地掺入教学的宗旨，必然导致教育事业的变态。把爱尔兰人塑造成英国人的企图，曾毁掉它的教育。如今当局试图把政治目的塞进教育，这是不难看清的。在教育领域，他们已着手从各个方面限制印度人的自由。他们想把教育关在行政部门的办公室里。从现在开始，孟加拉孩子必须读着由外行局长审核的，由对印度教育一无所知的麦克米伦出版公司编写的，观念极其狭隘的，内容极其贫乏的，不伦不类的孟加拉语教科书，长大成人。在满足政治需要的前提下，学校选编的教材，必然使公正规范的教学支离破碎。

此外，纪律这台机器本来转动几下，学生们就会循规蹈矩，可如今分明在加快它转动的速度，弄得学生们一个个胆小谨微，委靡不振。学生的天真活泼，是正常的、健康的。英国人很清楚这对国家的未来是有好处的。他们知道，如果不压制他们的活泼天性，而是经常注意培养，早晚有一天，它将衍化为品德和丰沛的智力。而彻底碾碎学生的天性活泼，是制造怯懦的主要手段。那些学生的知心朋友，深知天真活泼中蕴含着本性的纯洁情趣，从不视活泼为调皮捣蛋。所以，懂得儿童心理学的智者，慈爱地保护儿童的活泼天性，乃至保护各种顽皮的举动。在英国，体现对儿童宽容的行为，实在太多了，甚至让我们觉得有些过分了。

培养独立思考、独立行事、独立探索的人的方式，大致是一样的。而培养唯命是从的、不敢反驳别人看法的、只给别人当下手的人的办法，不一而足。不消说，我们当然愿意培养有个性的与众不同的人。在英国，理性占上风的时候，也不阻挠关于人性的这种观念。麦克尔就印度教育政策所作的讲话，就是证据。

时过境迁，围绕教育宗旨，印度爱国人士与当局的矛盾不可避免地发生了。我们决不允许在学校的帮助下，在印度奠定永久的奴性的基础。显然，改革的时候到了，我们无论如何要把教学大权牢牢地掌握在自己的手里。

"由政府成立的大学评议会和大学教委会里有了孟加拉人的席位，教育大权就已掌握在我们手中了。"这种说法，我不能同意。政府应当对国民负责，而不是对我们负责。政府许诺的表面上的特殊待遇所带来的懊恼，当我们不得体味之时，我们面临着最巨大的危险。这时，不得不为恩赐的虚假的特殊待遇付出代价，低下高贵的头颅。尤其借印度某些人的脚践踏印度的美好前景，对政府来说绝不是一件难事。否则，印度缘何蒙受如此多的灾难?！所以，如果我们予以关注的，确实是拥有人性的权利，而不仅仅是工作权，那么，在教育领域，争取完全特殊待遇的日子就会来临，这是毋庸置疑的。如果我们自己不采取切实有效的措施，找不到从小把印度孩子培养成人的良策，那么，在各个方面，我们将销声匿迹——我们将饿死、病死，在智力和品德上将是行尸走肉，这是必然趋势。事实上，我们每天在走向死亡，从不想方设法避开死亡。我们从未深刻认识到，从孩童时期起，不接受真正的教育，靠任何机构，都无法遏制浓密的幻想笼罩下的碌碌无为和性格变态。

现今，只有一位探索者，坐在欧洲大师的席位上枉然哭泣。他就是托尔斯泰，下面是他就俄国教育发表的一篇讲话的摘译：

在我看来，现在默默地坚持做好事，是非常重要的。不仅不要去寻求政府的许可，而且要自觉地躲避它的干预。政府的力量来自人民的愚昧。政府明白这一点，所以总是反对真正的启蒙教育。现在是我们看清这个真相的时候了。政府在散布黑暗时，最令人厌恶的事儿，是假装忙于人民的启蒙教育。它现在动用各种手段，通过它控制的虚假的教育机构，如小学、中学、大学、研究院，以及各种委员会和议会，正在这样做。但是，只有当它确实是好事，确实有启蒙作用时，好事才是好事，启蒙才是启蒙，而不是掺假让它变味儿，去满足达尔亚诺夫①或杜尔诺沃②讲话中的要求。我极为痛心地看到，有价值的、公正的、自我奉献的努力，全成了泡影。我们惊讶地看到，一些正直聪明的人，全力进行反对政府的斗争，可是他们的斗争，是在政府得意地制定的法律的基础上进行的。

1906 年

---

① 沙俄政府教育部长。
② 沙俄政府官员。

教育运动的序幕

为提高社会的文化素质,印度自古以来不让自己受制于本国或异域国王的法律。印度的教育制度,历来由社会和群众自己构建。过去的教育机构,不单单指用梵文讲解吠陀的书院,也不单单指私塾。世界上最古老的大学,就建在印度。在古代印度,那兰陀和塔克西拉的学校,规模之大,恐怕至今世界任何地方没有一所学校能看望其项背。弥梯腊①、迦尸②、纳巴迪卜③等地,印度古代的高等学府,从不接受王室的赞助,照样办得很出色。

当下,由于种种原因,为了上学,我们不得不在很大范围内服从"国王"的敕令。它使我们应有的教育权受到多大伤害,这儿就不赘述了。但我认为,最让我们痛惜的是,印度社会每天都在一点一点地失去了自我造福的能力。我们的书院和私塾毫不费力地从本国土壤汲取营养,一年年开花结果,如今也渐渐屈从于"国王",丧失独善其身的坚毅。莫卧儿帝国的太阳坠落之际,全国的教育体系不曾泯灭。受客观规律的制约,英国总有一天卷起铺盖离开印度,往日衣食全靠国王的书院和私塾,那时跑到哪家门口,伸手乞讨呢?

实力的拥有,才是最有价值的拥有。因为,它不光能有食物,还能获得人性。由于缺少习惯,缺少机会,缺少精力,当社会失去自我造福

---

① 查那格国的城市,因研究梵文而著称。
② 印度古代名城。
③ 西孟加拉邦印度教徒的胜地之一,孟加拉最后一位印度教国王的京城,曾是梵语研究教学中心之一。

的本领时,那样的缺失,不是以任何表面的繁华可以弥补的。

　　国内铺设了几条铁路,架设了很长的电话线,矗起了许多烟囱,这不能为国家带来光荣。需要搞清楚的是,那些铁路、那些电话线、那些烟囱,与国力有多大关系。在英国统治下,尽管我们眼下分享了一些时髦事物的成果,可在它的华丽之下,我们自己的权利,是微不足道的。它的绝大部分,对我们来说,仍是美梦。我们苏醒之时,梦必将破灭。

　　目前,印度人没有自由参与全部国事。外国国王的王权在许多事情上限制我们的权利。英国没收了我们的武器,所以,印度人丧失了使用武器的习惯和能力。英国没有让印度人保留抵御外国进攻、保卫祖国的实力。英国不仅不帮助我们获得在某些要害部门任职的能力,反而对我们设置种种障碍。

　　事实上,谁也不能完全剥夺我们为国造福的自由。但在我们拥有自由的一些领域,如果故步自封,不愿吃苦,不愿作出牺牲,不去培养独自办事的能力,甚至把上苍赋予的民族特色,也为套近乎而送给他人,那么凡人、神仙谁也无力拯救我们了。

　　这是近来一段时间孟加拉各地热议的话题。甚至有人在力所能及的范围内,进行了独立自主办教育的尝试。这样的讨论和尝试,在群众心里引起怎样的反应和赞许,是无人不晓的。

　　最近,围绕孟加拉分治,掀起了一场群众运动的风暴。许多人一怒之下发誓说,不取消分治法令,他们就不买英国货。同时另外一些人说,对别人发怒,是不能安下心继续为民造福的。受被统治民族的骨子里软弱的制约,我们一度着了迷似的爱用英国货,如果斩断迷恋之索,重新回到国货中间,爱国运动必将获得新的动力。比起放弃的商品,获得的动力的价值要高很多。一种力量,招来另一种力量,即毅然决然放弃的力量,引来果决获取的力量。这些言论如确有道理,那么把抵制英国货和孟加拉分治硬扯在一起,就不是高明之举。记得这样的言论,曾勾起许多人的反感。

　　之后,关于远郊学院的院长任命,当局颁布了不公正、不明智的公告。学生看了顿时极为愤慨，纷纷发誓说："我们要抵制大学，不参加大学的考试，为我们另建大学吧！"

当然，我们一直强调，印度的学校应该完全由本国人管理。可首先必须深刻理解"应该"这两个字的内涵，再作独立自主办民族教育的努力。这种努力如果源自一时的冲动，或短时的愤怒，那是没法教人放心的。

尽管有些事件的缘由常常极为微小，极为短暂，成果却相当巨大，相当恒久。回顾世界历史，可以看到，不少惊天动地的事件的爆发，长期等待着意外的猝然冲撞。围绕教育，围绕其他各种缺失的填补，印度自由力量的萌生，自主奋斗的起步，也许一直在等待目前这场运动，所以这种机缘是不该轻视的。

"行动"的目标是恒久的福祉，看到突发的动荡来助一臂之力，"行动"不禁忧心忡忡。一个国家感到活力欠缺，就无从开展任何需要付出辛劳付出牺牲的造福事业。如今这个国家[①]，对他人动怒，同时进行苦修般的奋斗，对它的持久性恐怕很难有信心。谁来点火永久驾驶愤怒之船？驾驶了又能招来什么裨益？气体泄尽，气球掉在地上，在瘪气球里建造大楼，无异于胡思乱想。

今天，某些人假如火极为激愤地说，我们立马建一座新大学，明天就在那儿考试，别人怕是就没有勇气认为，他们是创办民族大学的坚定支持者。相反，他们可能成为民族教育的绊脚石。

因为，他们处在大动肝火的状态，没有一点儿耐心。对强势的一方怒气冲冲，心中产生偏执之时，他们指望极短时间内做成的一件大事，只能靠幻觉去完成。而幻觉只能散布存在片刻的大片迷茫，是靠不住的。

如果放弃痴心妄想，想扎扎实实地做事，就应该有耐心，从基层起步，从小到大，过程难免长一些，但客观规律，是必须遵从的。

---

① 指印度。

教育运动的序幕

从小事做起，持之以恒，这是真心诚意的标志。把儿女培养成人，父母付出真爱。同样，为培植纯正的爱国情怀，我们从事一项事业，对极普通的第一步，也应倾注我们心中的全部挚爱。这时，最让人担心的，是此后经不住强大的诱惑，草草收场，前功尽弃。

但当我们面对反对的另一方，怒发冲冠，着手做某件事情时，我们忍受不了过程的长久，恨不得转眼之间看到最终成功，两眼根本看不到刚刚迈出了第一步。于是，一次次大声催促加大步伐。

令我们担忧的是，创建民办学校伊始，就出现催促我们的不耐烦的征兆。迈出第一步，我们就展开争论。我们的一部分工作不合某人的心意，不符合某人的想象，某人对此不满意，就以四倍的怒气大加鞭挞。他从不心平气和地说："哦，就这样吧，大家齐心协力动手干吧！不能指望一开始就意见一致，十全十美。可只要把架子先搭起来，就永远是民族的一份财富，靠全民族的智慧，一定能使它渐渐臻于完美。"

泰戈尔和孟加拉文学家

以创办孟加拉民族学校为宗旨的多个协会中，汇集了不同观点、不同年龄、不同派别的人。他们坐在一起做出的决定，不可能人人都非常满意。本文作者与那些协会一直保持联系。他们拟建学校的教育方法和规章已经确定，作者假如拥有完全独立的裁决权，毫无疑问，它不会是那种样子。但作者不想和他们就此争论。在他①看来，最要紧的是开始行动。如果他心里酝酿的方法，确实是最好的，那迈出第一步之后，有朝一日终归可以采用。他应该保持耐心。

受人尊敬的古鲁达斯·邦达帕达耶②是范文编辑委员会主席。他豁达睿智，忠于职守，有独立见解，全程指导范文编辑，我们都对他心存感激。在每个问题上，不管与他意见一致或不一致，至少我绝不反对接受他的领导。

因为，做任何事情，必须尊重带头人的权威。在学校里不宜推广辩论俱乐部。大家坐在一起，争论不休，无休止地批评一个人的观点，这只是名为"争论就是结论"的研讨会上的热闹景致。

如果我们争论的日子已经结束，行动的时候已经来临，那么我们大家不要再争当什么领军人物，谦逊地承认一个人的权威吧。

国家让谁来扮演领导教育的主角，现尚无定论，但猜测是不难的。当下，不管以这样那样的理由，让古鲁达斯·邦达帕达耶先生放弃教育事业的舵手一职，国民对这个职务的敬意就会消失，对此，作者心里绝无一丝怀疑。

在创办新型学校的过程中，有让古鲁达斯先生坐首席的各种理由。其中一个重要原因，是目前这场运动，未使他迷茫。他关注运动带来益处的同时，对运动带来的冲击，不会熟视无睹。在无月之夜的海浪中，驾驶航船前进，稍有不慎，就可能沉没。在风浪中搏击，为免遭灭顶之灾，要使出全力紧握舵柄。置身于运动，头脑发热的时候，我们一次次忘记，飘荡不是目的，目的是抵达彼岸。对当局显示强硬，我们愤慨的心理可以获得一些满足。但"事业的成功之中蕴涵我们永恒的福祉"，在国家面临危机之时，要把舵柄交给时刻不忘这句话的人。有人在盛怒

---

① 指泰戈尔。

② 古鲁达斯·邦达帕达耶（1844—1918）加尔各答大学校长，1892年任全印大学协会成员。

之下，极其固执，倾家荡产也要打赢官司，这时，需要沉稳的年长的监护人出面调停。前些日子，我们舍弃一切，把显示强硬当作我们的最终目标。在这种情势下，亟须像古鲁达斯先生这样的人，把为国造福的永久性事业引向成功。显示强硬，最好的手段，是群众大会，是报刊，而不是民族学校。

总之，我不知道，我们企盼的学校最终能建立起来，还是毁于一旦。如果全体国民不准备全心全意做好这件事，如果我们确定了一个目标，却忙着塑造另一样物件，那么我们计划就会落空，那时发怒也是枉然。毫无疑问，国家想生存，今天也罢，明天也罢，都得发展教育事业。即使现在我们努力失败，在未来采取措施发展教育的时候，我们的奋斗经历，也是一份有益的教材。

1905 年

大学议案

关于大学议案的条款,已经展开详细讨论。再炒冷饭是令人厌烦的。我只想就此发表一点看法。

众所周知,口袋里有钱,手中有权,处处有人开绿灯,任何事情都可以办成。可注意一下现实,最好打消一切幻想。松冠爵士说得对,英国大学的宗旨非常崇高。但是,印度的朋友——总督先生,您不曾采取任何有效措施,把英国所有的崇高转让给我们。此时,您突然跑出来想炫耀这种崇高吗?

一个人竭尽全力做好事,这体现他最优秀的品质,没有什么比这更可贵的了。可一味羡慕他人的长处,是枉费神思。

英国的大学不是从天上掉下来的,也不是靠哪位铁腕统治者制定的法律,一夜之间便十全十美了。它有一个发展过程,它与国家的历史与实力同步前进。与其不同的是,我们的大学从根本上说是外国大学的仿制品。正常的发展规律不适合它,这是对的。

我们不能说,印度的大学已与本国的特性融为一体,已成为印度社会的一部分。它仍滞留在印度社会的外面。当然,我们正逐步掌握它。印度人管理的专科学院便是佐证。

弄清楚我们从英国人那儿得到了什么,光看国内有什么是不全面的,而要看国民手里拿着什么。

我们看到了纵横交错的铁路和许多电讯设备,但那些不属于我们;贸易额巨大,但属于印度人的微乎其微。庞杂的统治机构遍布各邦,但可以说最关键的部门的权力不在我们手中。印度人从事繁重的劳动,其范围萎缩的迹象也已显露。

有益于民众的事物，哪怕有缺陷，哪怕不完全符合司库老爷①的心意，我们也认为它是一种收获。

如同不知如何运用的书本知识是废物，我们无从掌握的教学方法，对我们来说，也毫无用处。事实上，印度的教育，由印度人掌握，教育才会有成果；如果被政府捏在手心里，那名牌大学对我们来说也只是贫穷的标记。

在印度，学费过高是不足取的。过去，印度社会曾使上学成为轻而易举的事情。从上到下，各个阶层，各种简单方法为普及教育铺平道路。那些行之有效的普通方法，因推行英国教育而被迫逐渐放弃。甚至取材于《罗摩衍那》、《摩诃婆罗多》的戏曲、快板书、民间曲艺也面临淘汰的危险。此时此刻，把英国教育弄得高不可攀，只能教人望洋兴叹了。

英国文明躯体的每个部位无不昂贵，从娱乐到格斗，每项活动花钱惊人，金钱是强力的象征，对金钱的膜拜使其他膜拜黯然失色。

不可触及，不可企及，错综复杂，是欧洲文明的最大弱点。下河游泳，胡乱地蹬腿挥臂，是泅游不熟练的表现。任何一种文明内部，出现做任何事都特别费力的现象，那就意味着，它在外部显露的实力的绝大部分，不知不觉浪费掉了。大量的材料、稻草、木材，要分毫不差地造册登记，势必发现人手不够。自然的账本上，本金、利息的数额一齐狂增，需求的使者倒也不至于不来，不过那不用我们费心了。

我们为之忧虑的是，印度的诉讼费过多，粮食太贵，再加上学费太高，贫富差别正日益扩大。英国所谓的贫困不仅表现于缺少金钱，更表现于人性的匮乏。因为，那儿人性的全部材料以高价出售。印度的贫困包含人性，社会中大家分享幸福、健康、知识和娱乐。穷人的孩子可以免交学费，在富人庙堂里的私塾读书。藩王举行庆典活动，贫苦百姓也可以参加。穷人走进富人的花园摘祭神的鲜花，不会被扭送警察所。乡

---

① 指掌握财权的殖民当局。

绅富户挖了池塘，从不派人看守，阻止村民汲水。穷人坦然分享富人的财富，从而维护了自尊心。这样，不管他多么拮据，也不会变得野兽那样凶残。民族差异和人权至上的鼓吹者，是不肯深入研究印度的这些优良传统的。

英国总督最近讽刺说："无能的穷光蛋干吗死盯着教育？"这句话我们听了感到非常刺耳，那完全是一副外国主子傲慢的腔调。

目前的一切，暂且只能默默忍受，但不应为此成天坐着怨天尤人。我们应当揎拳捋袖，行动起来，做力所能及的事。教育是印度社会的一部分，它不依赖"国王"和外来援助；它得到社会的保护，反过来也加固着社会。

过去，教育有利于社会公益事业，如今则成了为帝王服务的工具；知识与社会脱钩，在印度寻求知识，意味着要祈求"国王"的恩赏。

在这种情形下，"国王"如果认为，教育制度要屈服于王室制定的政策，要以忠君的模子浇铸历史，要千方百计削弱科技教育，要设法压缩印度学生的自豪感，那你谴责他也无济于事。"当权者的意志就是行动"——当权者一意孤行，恶果由我们吞食，我们哪敢指望靠实力制约那种行动！

此外，知识不是工厂的产品。不真心传授，传授的不是真正的知识。总督先生大肆宣扬牛津大学、剑桥大学的校风，可他忘了，学生和教授之间没有隔阂，才能正常传授知识。教师渴望讲课，学生有旺盛的求知欲，师生之间没有陌生的距离，没有互不尊敬的荆棘之墙，心灵的产物才能抵达他人的心灵。像皮特拉尔这种在印度的教授竟当了教育部门的负责人，他能给予我们什么？我们能指望从他那儿得到什么？没有心灵的接触，只有明显的矛盾和仇恨，即使勉强建立起交流渠道，可望获得的，也到不了手，拿到的甚至可能是恶果。

当务之急是印度人自己挑起教育的重担。我们自力更生办教育，知识的殿堂里，当然不会塑造牛津大学、敛桥大学的巨像。它的教育内容适合穷人，富人的目光能挑出它的许多缺点，但苏醒的文艺女神登临令人肃然起敬的百瓣莲座，像母亲那样往儿子们的杯子里斟满琼浆，她不会像因富有而高傲的商人的妻子，站在高高的阳台上，远远地轰赶乞丐。

接受他人缺乏诚意的赠品，接踵而来的是难忍的屈辱；骄傲的施主随意扩大赠品的价值，动辄挖苦道，"我慷慨布施，他们能给我什么回报！"

母亲喂奶，从不记账，婴儿长得胖乎乎的。没有母爱的女仆从市场买来食品，塞进啼哭的婴儿嘴里，不住地嘟囔，"喂了他那么多东西，可这孩子一天天瘦得像柴火棍了。"

殖民政府的官员也这样唠叨，皮特拉尔那天曾说："我们建立了这么多教育机构，为印度人创造了这么多有利条件，发了这么多奖学金，但学生们并未展示独立思考的才能。"

"受惠者"忍气吞声地听着。我们不敢理直气壮地反驳："那些教育机构全掌握在你们手中，未获得足够的成果，难道是我们的罪过？"

而他们的账本上却以特大号字母记载着开支，似乎世界上没有第二个施主为无能之辈支付如此高额的款项。接下来的训斥是："喂，草包，喂，窝囊废，你们感激涕零吧，忠于英帝国吧，给维多利亚纪念碑捐款，不要哭丧着脸！"

不晓得默听训斥之后可以学到多少知识，但起码没有自尊。缺少自尊的种姓人必然毫无建树。他为别人挑水、砍柴，但不能从事再生种姓人，即婆罗门、刹帝利、吠舍的职业。

我们应该时刻记住，对我们的嘲讽完全是胡说八道。我们不承认嘲讽者心里不明白这一点。因为我们看到，他们神色惊慌，唯恐他们的冷嘲热讽很快被证实是一派胡言。

我们应当心明眼亮，英国文明实际上并非难得的稀世珍宝。五十年来，独立的日本也有了这种文明，并努力掌握教师爷自叹弗如的知识。英国文明基本上类似小学教育的内容，完全依赖于考试、死背书和做练习。若有日本那样的充分机会和有利条件，在加入皮特拉尔的"教派"

之前,小学课本我们早就学完了。

以道义为基础的东方文明之路,像刀刃那般艰险难行,东方文明不是小学教材,而是终生探索的课题。

我们应该记住这样的事实:几十年来,外国教授在印度学院的实验室里摆弄仪器,做各种各样的实验,没有一个人显示出独立思考的能力,在科学上有所建树。而孟加拉人贾格迪斯·昌德拉·巴苏和波罗夫勒·昌德拉·罗易珍惜出国深造的分分秒秒,作出了突出贡献。说他们令人敬佩,目的不是要和别人争辩,而是说明我们有雄心壮志和自尊心。但愿孟加拉人不再听信别人的胡言乱语,对自己丧失信心。

孟加拉杰出的科学家贾格迪斯·昌德拉·巴苏

外国人不希望我们自尊自爱,为此我们不必恼火。某些地方某些东西无望获得,对它抱有幻想,是愚蠢的表现。受损的心灵之车一次次朝那儿飞驰意味着什么,语言中找不到恰当的词汇来表述。在这些领域,我们唯一的选择是埋头苦干。

要给贾格迪斯·昌德拉·巴苏那种身处逆境仍昂首挺胸的一批天才科学家以充分的学术自由,为他们创造把印度青年培养成国家栋梁的宽松环境;从冷漠、轻视、鄙薄中拯救知识,为艺术女神的塑像注入生命;要使教育民族化,与我们的智慧、探索和自然环境密切结合起来,在客观规律的基础上发展壮大;目睹其孱弱、消瘦的模样而不失却耐心;满怀信心，情绪高昂，以心中的全部激情，以毕生精力，培育它，使之茁壮成长，结出硕果。

当前，这是我们唯一的责任和奋斗目标。若谑称其为妄想，那双手合十跪在别人关闭的门口，倒是实现宏愿的唯一捷径？张开干裂的嘴巴，仰望夏日中午烈日炎炎的天空，等待某一天保守党政府垮台，自由党政府上台，倒是迷惘的不幸者唯一的良策？

学生的隔离服

人长的神奇的脚掌，帮助人直立着在地球上行走，脚掌的创造，可谓绝无仅有。

从我们开始穿鞋的那天起，我们使脚掌和地面脱离接触，断送了脚掌的功能。脚掌以往非常轻松地履行的责任，从此，由我们承担。

我们不得不光脚走路的时候，脚掌不再协助，一步步成为疼痛的缘由。不仅如此，为了它，必须时刻小心。心思不用在侍候它的上面，立马大难临头。

脚掌受了凉，我们打喷嚏；在冷水里泡了，必定感冒发烧。

最后，我们呈上袜子、拖鞋、高跟鞋、靴子等祭品，膜拜人体的这部分，让它清闲地待在一切劳作之外。心烦的时候，我们抱怨上苍为什么不为人的脚掌安上蹄子。

就这样，我们在享受的引诱下，在自然和我们自由的能力之间，造了许多隔离栏。我们在习俗习惯的约束下，把人为的遮掩当作享受，把与生俱来的本领视为多余之物。我们穿这样那样的衣服，把衣服看得比皮肤更重要，冷落天帝创造的美妙裸体。

然而，昔日，在热带国家印度，没有像死抱着迷信似的紧抱鞋子衣服的现象。首先，我们衣着简单。其次，小孩子好几岁也不穿鞋子衣服，坦然地极为动人地保持裸体与裸露的自然的纽带。

当下，我们模仿英国人，开始为孩子的躯体感到羞涩了。不啻从英国归来的同胞，连城里普通的孟加拉主妇，看见男孩光着身子站在客人面前，也大为窘迫。她的神情使孩子看着自己赤身裸体也不自在起来。

久而久之，在印度受教育者中间，滋生了人为的羞赧。我们绝不允许跨越可为裸体不害羞的年龄段——在我们眼里，人，渐渐成为羞耻之物。今后，总有一天，看见椅子、桌子的脚未被遮盖，我们的耳根也会羞红起来。

单单带来羞臊，我们还不至于烦恼，问题是它给世界带来了痛楚。头顶我们羞惭的包袱，孩子们苦不堪言。现今，他们是自然的债务人，不敢向文明借债了。可怜的孩子身薄力单，哭泣是他们唯一的能耐。为了遮羞，为了炫耀富贵，家长为孩子穿上镶花边的绸衣服，使他们失去清风的爱抚，失去阳光的热吻，他们只好大叫大嚷，往耳聋的法官耳中送去儿童生活的怨愤。他们不知道自己的父母既是审判者又是执法者，所以，他们的苦苦哀求，他们的挣扎抗拒，均以失败而告终。

其实，家长也很苦恼。过早酿成的羞耻感，添加了孩子不应有的毛病。他们不是绅士，还是单纯的儿童。从孩提时期起，他们就浪费父母的钱财，不必要地假装温文尔雅。

赤裸的好处是，彼此不进行竞争。但硬让孩子穿衣服，便显露出家长嗜好的不同层次。华丽的衣着，互相嫉妒，导致攀比之风盛行。幼儿那黄油般柔美的躯体，成为炫耀富有的导火线，文雅的负担无端地越来越重。

我无意用这个话题挑起社会疾病的治疗与经济贸易之间的争论。我是从教育的角度谈这件事的。不与泥土、河水、清风、阳光保持密切关系，有关人体的教育，是不完整的。不论冬天还是夏天，我们的脸从不遮盖，所以，脸部的皮肤，比躯体其他部分的皮肤，文化水平要高得多。换句话说，如何与外部环境保持和谐，脸部的皮肤一清二楚。它的自我调节是完善的，几乎不需要人为地遮掩。

不消说，我不是在英国宣传人人应该赤身裸体，促使曼彻斯特①的企业全部破产。我是想说，适合教育的理想的年龄段，是童年。在这个时期，与自然保持顺畅的联系，有利于我们身心的成熟。这不是一个遮

---

① 英国生产纺织品的主要城市。

盖身体的时期，文雅完全是多余的。看到孩子从小就开始和文明搏斗，我感到很伤心。孩子要扔掉衣服，我们非要他穿上不可。事实上，这不是和孩子争吵，而是和自然争吵。自然之中蕴藏的古朴的知识，在强迫孩子穿衣时孩子的哭泣中，提出抗议。要知道，我们都是自然之子。

无论如何，需要和文明达成妥协。至少，必须把文明的地盘限制在一定的年龄之后。我说得少一些，七岁之后吧。在七岁之前，用不着打扮，用不着害臊。必不可少的有关撒野的教育任务，让自然完成。

小男孩这时如果不在大地母亲的怀里打滚，滚一身泥浆，他什么时候才有这样的好运呢？可怜的孩子被文明的廉耻感绊住手脚，这时如果不爬树摘水果，那么，一辈子就不能培养与树木的亲密感情。这个时期，他的身心自然而然为清风、蓝天、田野、林木所吸引——从所有的地方，传来对他的邀请。中间，如果设置衣服、门窗、高墙的隔离带，孩子的活泼天性受到囚禁，只会使他未老先衰。开放的环境中健康的活泼，一旦囚禁就会被污染。

帮孩子穿得整整齐齐，必然叮嘱他一举一动都要小心翼翼。父母不会在心里老琢磨，这样的孩子有多少身价，但忘记付给裁缝工钱，是困难的。这件衣服撕破了，那件衣服脏了，啊呀呀，那天花这么多钱为你添置这么漂亮的衣服，你这个倒霉鬼，在哪儿抹上这些墨水的！唠叨着给他应挨的几鞭子，随手又拧几下耳朵，接着告诫他，比起儿童生活所有的游戏和所有的快乐，他应更多地关心衣服。可怜的孩子小小年纪，为什么非要他为本来不需要穿的衣服承担责任啊！上苍在外面为孩子创造了无比幸福的条件，在他们心里储备了时时享受幸福的能力，何苦为顾怜极其微不足道的衣服，在孩子的人生之初，在他充满纯真欢愉的游乐场四周，无端地建立高墙呢？大人们啊，非得在所有的地方，扩展自己的卑微心胸和渺小意志的统治，不给正常的幸福安宁寸土寸地吗？我喜欢这样，所以孩子也非得喜欢这样不可，这样蛮不讲理，难道不是在大千世界散布痛苦吗？

事实胜于雄辩，我们绝对做不了自然能做的事情。所以，不要过于自信地说，只有我们这些智者能为孩子们做好事，给自然几条行走的路吧！儿童教育就这样开展的话，断不会与文明发生矛盾，相反，儿童教育的基础可以夯实。

国际大学附小的童子军

在自然界开展教育，不仅对孩子，对大人也是有益的。

可是，我们用自己的琐事遮蔽一切，扭曲了自己的习惯，不能以平和的目光看待正常事物。如果我们不习惯观看纯洁的童年时期健美人体的裸露，那么，就会像英国人那样，对人体变态的成见，在心里深深地扎根，那才是货真价实的野蛮和无耻。

当然，在文明社会，生产服装鞋袜是因为有需求。但是，把服装鞋袜——外在的协助者视为太上皇，在它面前诚惶诚恐，是不合情理的。做违背常理的事儿，任何时候都不会有好结果。至少在印度的气候条件下，没有必要成为这些用品的奴隶；以前我们也从未当过它们的奴隶。根据需要，我们有时穿衣服，有时脱衣服。服装不过是满足我们需要的用品而已。它的权限历来微乎其微。所以，我们光着上身，从不害羞，看到别人光膀子，也不生气。托天帝的福，在这方面，我们比欧洲人享有更多的便利。我们恰如其分地保持着廉耻感，但从不以不必要的或过度的羞臊增加自己的心理负担。

应该记住，过度羞臊其实伤害廉耻感。因为，过度羞臊，本身是一桩不懂廉耻的事儿。此外，人一旦摆脱"过度"之枷锁，没有人会来评头论足。

我们乐意看到孟加拉妇女不穿太多的衣服，但她们不能肆无忌惮，故意袒露四分之三的前胸后背，在男子中间走来走去。我们不羞涩，可也不打击廉耻感。

不过，我无意探讨廉耻的理论，这个话题到此打住。

我要说的是，人类文明不得不依靠人造的用品。然而，我们应该注意的是，不要让人造用品借助恶习，成为我们的主宰。比起我们制造的物品，我们应更高地昂起我们的头。当我们的金钱收购我们的时候，当我们的语言用绳子牵着我们情趣的鼻子，四处乱逛的时候，当我们的服饰把我们的肢体弄得怪模怪样的时候，当我们的"每日"在"必需品"的面前，像罪人似手足无措的时候，必须拒绝"文明"所有的托词，高声说，这样做是不对的。印度人光着上身，不是什么羞耻的事儿。眼里容不得上身裸露的文明人，他的眼睛肯定有毛病。

我们的心灵和书本的关系，如同身体和衣服鞋袜的关系。我们忘了书本不过是教育的一种有益的辅助而已，认为书本是教育的唯一手段。动摇这种传统观念，极其困难。

老先生手里拿着书，让我们从小就练习背书。可是通过书本积累知识，是与我们的天性相悖的。自己观察，自己了解，自己把玩一样东西的同时，轻松地锻炼智力，这才是人性的特质。

别人体验过的、考察过的知识，又从别人口中听到，我们的心灵当即会作出反应。因为，这不单单是话，而是从嘴里说出来的话，其间有生命。透过脸上的神情，嗓子里飘出来的声波，手的动作，耳中获得的可听的语言、音乐和形态，转化为眼睛和耳朵的东西了。不仅如此，如果我们明白，别人从心里把他心里的东西传递给我们，它不是仅读了书传送过来的，那么，在两颗心的直接接触中，趣味在知识中就会酿成了。

然而，不幸的是，我们的老先生，只是读书的一种样品，而我们是读书的一种表征。结果是，我们的身躯被挡在人造物品的后面，失去了与世界的紧密联系，久而久之，我们习以为常了，如今甚至觉得那种联系是不光彩的，是令人烦恼的。书本站在我们的心灵和外界中间，使我们的心灵失去了直接感知外部世界的大部分能力。

通过书本了解一切的不正常习惯，在我们中间根深蒂固。想了解身边的一样东西，我们总是先眼巴巴地看书本的脸。听说有这样一个故事：城里发生兵变，一个藩王等仆人为他穿鞋，就在等的时候，他成了仇敌的俘虏。在死读书的情势下，我们头脑里的藩王作风越来越严重。做芝麻绿豆般的一件小事，也要翻书看，否则，就觉得心里没底。在这种变态观念的毒害下，我们竟觉得，这种藩王作风非但不让人脸红，反面让人脸上增光。我们自豪地认为，从书本得到的是真才实学。我们不是以心灵，而是以书本接触世界。

谁也不能否认，在书里积累人的知识和情趣，有诸多便利。但以这种便利遮盖正常思维能力的话，就会把心智变成老爷。名为老爷的生灵，必然依赖仆人、奢侈品提供的便利。老爷他不懂，自己动手做事，吃的一分苦，受的一分累中，有真正的欢愉，其中的收获才极其珍贵。老爷那样死背书的恶习中，没有自己获得知识的快乐，没有经过求爱般的艰苦努力，在真理的隐藏之地找到真理的成功感。渐渐地，正常动脑筋的能力枯死，动脑筋的快乐不复存在，而非要动脑筋时，就会感到头痛得要命。

就这样，从孩提时起，心灵就从头到脚穿上背书之衣，我们也就失去了与别人坦然交往的能力。就像我们的躯体穿上厚衣感到拘谨一样，心灵也不愿露面了。我们发觉，平和地亲近他人，关心他人，照顾他人，与他人融洽相处、亲切交谈，对文化人来说，越来越难了。我们认识书中的人，不认识凡世的人。在我们眼里，书中的人是那么迷人，凡世的人是那么讨厌。我们能在万人大会上发表演讲，但不会和老百姓交谈。当我们引经据典，讨论书中的主题，而从我们嘴里吐不出一句普通的话、一句通俗易懂的话时，就应当明白，时乖命蹇，我们虽成为学者，可本真的自我却死了。

能以正常人的身份，保持与他人的自由交往，那么，叙说家长里短，倾吐喜怒哀乐，说说儿女的近况，谈谈每天的生活，在我们就是一件容易而愉快的事情。

本本主义者讲编造的话，那些引得他们哈哈大笑的话，确实是幽默的，引得他们伤心流泪的话，确实富于悲情。但真正的人，是有血肉之躯的活生生的人，这本身是他最大的成功——他的话语，他的啼笑，虽不是第一流的也无关紧要。事实上，他不去搞远离本真的花架子，就是他的快乐。人拼命去当本本主义者，只会丧失人味儿。

贾纳克①曾说过，没有学问的人，在辩论会上洋相百出。可辩论会不会一直开下去，最终总得向主席表示感谢，熄灭会场的灯光。糟糕的是，现在印度某些饱学之士是在会场外面洋相百出。他们是在书中长大的人，在外面的人群中，他们如坐针毡。

在这种情形下，他们的必然结局，是悲哀的。一种怪异的精神病，在欧洲社会和文学界到处蔓延，欧洲人称之为 World-weariness（厌世病）。有些人的神经萎缩了，没有一丝生活的乐趣。他们制造五花八门的新的刺激，试图使自己麻木不仁。他们无从知道缘何如此痛楚，缘何如此变态。萎靡颓唐淹没了无数男女。

其原因是逐渐远离人的本性。人为的享受不断增大，像摩天高山似的，把自然界的生灵推出了自然界。心灵幽禁在书本中，身躯囚禁在家具之中，灵魂所有的门窗，关得死死的。最宝贵的，是那些朴实的、永恒的、无价的东西，中止与那些东西的交往，也就必然丧失接受它们的

---

① 据印度史书载，贾纳克是能言善辩的谋士，曾辅佐旃陀罗笈多建立孔雀王朝，担任宰相。

能力。

在不断翻新的刺激的鼓动下发明的种种物品，在持续数日的时髦的漩涡中，转得极为肮脏，之后被丢弃在垃圾堆里，污染社会的空气，整个社会像拖榨油机的黄牛那样，只好一次次地把它与亿万智者和劳动者的劳动成果拴在一起，累死累活地拖着往前走。

在树底下唱歌的国际大学学生

从一本书中生出另一本书，从一本诗集中生出另一本诗集，一个人的观点，口口相传，成为成千上万人的观点，模仿之河中产生一条条支流。就这样，书本和言词之林，在人的四周茂密起来，人和自然界的纽带，渐渐远去，消失。人心中产生的许多情感，不过是书本的衍生品。所有这些脱离实际的情感，像鬼蜮一样，附在人身上，损害心灵健康，把人引向夸夸其谈和繁文缛节。所有这些渐渐凝聚成陈词滥调，借助虚情假意，压缩真实，把真实变为虚假。

例如，名叫爱国主义的这种东西中的真实成分，形形色色的人每天像弹棉花似的把它随意扩大，直至质变为假货。现今，有人正使出浑身解数，想把这句挂在嘴边的话变成真实。他们使用的阴险手段，抒发的空虚豪情，误人子弟的教诲，故意制造的仇恨，似是而非的诡辩，宣扬的宗教伪善，数不胜数，无从统计。在人性堕落的迷雾中，人们茫然失措，脱离纯朴和坦荡，脱离美和安谧，越走越远。

然而，打破空谈的痴迷，极为困难。猛击一拳，可以把物件击倒在地，可匕首是插不进空话的。围绕空话，人们进行了多少唇枪舌剑，流了多少血，真是一言难尽。

在质朴的社会氛围中，我们看到，人们认知几分事物，就接受几分事物，对它坚信不疑；为它受苦，作出牺牲，对他们来说是区区小事，不足挂齿。他们这样做，原因很多，主要原因是他们的心灵不被异端邪说所蒙蔽。有几分认知客观事物的权利和能力，他们就保留几分。凡是在脑子里被当作真理接受的东西，心灵都能坦然地为它忍受苦痛，而且不认为这是沽名钓誉。

文明的复杂氛围中，可以看到堆积着杂七杂八的观点。有的是教堂里的观点，不是验证中的观点；有的是会议上的观点，不是民宅中的观点；有的是政党的观点，不是个人内心的观点；听了有的观点，人们流下眼泪，但不从口袋里掏钱；听了有的观点，人们从口袋里掏钱，但不起任何作用——心中没有它的席位，它的成功在时髦之中。

一旦落入源源不断地制造出来的一堆堆歪理中，人的心灵就不能坚定接受正确的观点了。于是，他的行为就不可能时时处处都是正确的。他没有机会按照自己的能力和性格选择道路，糊里糊涂地重复其他人的话，最后，在行动的时候，内心发生矛盾。他要是谙熟自己的天性，那么透过天性得到的东西，微小也好，巨大也罢，都是纯真的，会给他全部力量，会给他各种庇护。他不可能不在行动中充分利用它。可如今他陷入混乱之中，抱着书本的观点、从嘴里吐出来的观点、大会上的观点、政党的观点，迷失方向，一面走一面不住地絮叨。他认为这样鹦鹉学舌是在做好事。他从事这个行当能拿到一份工钱，出售空话还能赚钱。他搂着这些空话偶尔也做出格的事，贬损别的教派和民族，声称自己的民族和政党最值得受人尊敬。

在人的心灵四周茂密的书籍之林中，开了空话之花，它的芳香使我们陶醉，引诱我们兴奋地寻觅一根根花枝。但它不给我们真正的欢乐、真正的满足。它促生了形态各异的反叛和心灵变态。

单纯的东西的特点是，它的滋味永远不会变质，它的纯正使它永葆新鲜。发自内心的话，不管说多少遍，照样有新鲜感。世界上的两三部大史诗，过了一千多年，仍不褪色，像纯净水消释我们的干渴，让我们满足；似醇酒让我们达到激奋的顶峰，不让我们陷入枯燥乏味之中。远离单纯，就会在迷醉和枯燥之臼中，轮番被捣舂。这是充斥物品的过度文明之病。

在书林里开辟道路，穿过书堆，刺破文本之幕，把人性的阳光、空气带入社会，带入人们的心灵——做这件事，需要伟人，也许还需要一场伟大的革命。极其简单的道理，极其纯洁的真理，也许要渡越血海，才能到达这儿。购买像蓝天一样广阔、似和风一样无价的东西，也许要付出生命。欧洲的思想界，经常出现地震和岩浆喷发般的动荡，人性和生活之间，外在世界和内心世界的巨大不和谐，是其原因。

不过，我们只是在模仿和接触的过程中，受到欧洲病态的影响。它不是从印度的土壤里长出来的。我们从小背英国书，把一些垃圾当作宝贝收藏。我们毫不犹豫地极其崇敬地引用一些外国话，不知道应该以怀疑的态度，用原始真理的试金石加以测试。其实，它的四分之三来自书本，仅仅因为口口相传，越传越广，大家竞相模仿，大家说多了，就认定它是真理了。我们也重弹那些老调，仿佛发现了真理似的，殊不知这是外国老师诵读的课文的回声而已。

也有些人背诵外国新词，兴致特高。这些识文断字的"鹦鹉"，嗓音又尖又高，甚至高过他的老师，别人听了直捂耳朵。听说，英国文明近来传入一些民族，这些民族的人饮了英国酒，烂醉如泥，而他们模仿的英国人，饮酒从未醉到那种程度。类似的一种现象是，在新造的词汇的魔力面前，造词者岿然不动，而我们却被魔力击倒在地。

有一天在报上读到，在英国举行的一次会议上，我国同胞相继登台，谈到印度妇女教育的欠缺和补救办法，就像蹲在笼中木杆上的鹦鹉那样，大唱陈旧的英国老调，声称"以英国方式教印度妇女，是唯一的教育方法，这样的教育是印度妇女唯一的最佳选择"。最后，一位英国人上台，却对此表示怀疑。我无意评判这场争论中孰是孰非。但英国流行的方法和理念，是完全应该像甘特马当山一样，被连根拔掉的。说实话，在我们心中，连评判的念头都没有起过。因为，他们那些高论，我们小时候在书本中早已学到了。我们接受的教育，就是书本教育。

进入空话和书本的洞穴的印度文化人的脸上，现出郁郁不乐的表情。唉，洞穴里哪有坦诚！哪有交往！哪有纯真的笑容和幽默！他们如此郁闷，不是由于生活负担日益加重。当然，这是原因之一。最重要的原因，是和我们没有任何社会联系和情谊的王权，时刻在对他们施加看不见的压力。另外，炒冷饭般的研究的逼迫，也是不可小觑的原因之一。这样的折磨，从童年就开始了。知识的获取，与心灵只有微乎其微的关联。寻求知识，不是为了快乐，而只是为满足生命的需求，满足几分虚荣。

我们动脑筋，生动活泼地获取的知识，融化在我们的血液里。而背书得到的东西，堆积在体外，成为我们和他人之间的隔离墙。我们对它难以忘怀，为它骄傲，骄傲带来的欢悦，是我们唯一的资本。假如是另一种情形，假如我们得到真知的快乐，那么在一群知识分子中间，我们起码可以看到几个搞学问的人甘愿牺牲自己的利益。但我们看到是实际情况是，他们个个日夜苦读，期望在理工科考试中，成绩突出，当上副县长，把全部学问倒进司法、法院的无底的虚耗之中。他们中甚至有几位通过考试，把可怜的新娘的父亲推进债务的泥潭之中，这是他们唯一的永久的成就。印度不缺少知识渊博的律师、法官和文书，但哪儿有苦行者般的埋头做学问的人？！

哦，话扯得远了。总之，说一千道一万，我的意见是，不要让"看书等于教育"这种谬论在孩子们的心田生根发芽。应当经常告诉他们，书中储存的知识，是从永不耗竭的自然宝库中取来的，至少应该这样汲取，在这儿，我们拥有权利。书本的捣乱实在太厉害了，所以特别应该让他们明白这个道理。

印度古代铭文盛行的时候，净修林里没有书籍。师父对弟子口授知识，弟子不是把知识写在笔记本上，而是写在心里。用这种方法，一盏知识之灯，点亮另一盏知识之灯。现在当然不能照搬这一套。但应尽量保护弟子不受书本的袭击。可能的话，不让弟子读别人的文章，而让弟子把跟师父学的知识写下来，手写本，就是他们自己的著作。这样的话，他们不会觉得，这是从天上掉下来的《吠陀》典籍。

我们在历史书中读到，"雅利安人从中亚来到印度"，"《吠陀》作于耶稣诞生的两千年前"。书中的字母历经风霜，凝然不动，在小时候就迷惑我们。这些话至今听起来仍像天籁似的。有鉴于此，一开始就应告诉孩子们，这些推测的结论，有赖于证据的支撑。应尽量把可作证据的原始资料摆在他们面前，激发他们的想象力。一开始就让他们在心里一点点一步步地感受，书是怎样撰写出来的。这样，他们从愚顽的管教中得到解放，从书中获得的真正的果实。发挥主观能动性，汲取知识的慧性，就不会被从外部强加到肩膀上的书本知识所笼罩、所蛊惑。心灵对书本的驾驭，就能长存不衰。孩子们哪怕学得很少，也会运用。"教育"当不成他们的太上皇，而他们能对"教育"发号施令。

不少人毫不犹豫地赞同我的看法，但实践中却加以反对。他们认为，像我这样教育孩子是不切实际的。他们心目中的所谓教育模式，像我说的那样在孩子中推行，确实不行。他们圈定几本书，圈定某些内容，在一定的时间内，以固定的方法进行考试——他们称之为传授知识，以这种方法传授知识的所在，叫做学校。知识，仿佛是一种特殊商品，儿童从心里应对它另眼相看。它仿佛就是书页和字母的数量。学生的心灵如果受到折磨，学生如果成为书本的奴隶，学生的天性如果误入迷津，发挥主观能动性来获得知识的能力，如果学生不习惯运用，并因受到折磨而永远将其丧失，那么，他们掌握的知识，就只有几个历史事件，只有地理书的寥寥数页，只有几道算术题，只有 b—l—e = ble、 c—l—e = cle① 了！

儿童的心灵对教育如有几分控制权，他学到的知识虽少，他受的教育，才是几分真正意义上的教育。而以教育的名义迷蒙他的心灵，那你可以说是教书，但不是传授知识。

上苍获悉人对人的种种压迫，才把人塑造得非常壮实。所以人吃了难消化的硬的食品，肚子发胀，也能活下去。同样，人从小忍受教育的难以忍受的折磨，也能获得一些知识，并为此感到自豪。在教育的逼仄和折磨下，人蒙受了多大损失，付出了多大代价才为家里带来这么少的回报，有些人不懂，有些人懂了不承认，有些人既懂也承认。但在现实生活中，过去怎么做，今后照样怎么做。

1906 年

---

① ble、cle 是英语单词的后缀

印度教大学[1]

当今世界上进行着广泛的交流和往来。不同国家的人，在不同的场合互相接触，互相认识。于是，人们脑子里可能产生一个想法：抹去不同民族的特性，互相融为一体的时候来到了。

然而，奇怪的是，对外的大门越是敞开，四周的高墙越是坍塌，众多民族的独立意识，却似乎越来越强烈了。过去一度认为，由于缺乏交流手段，人们才分散居住。可如今交流的各种障碍尽管已大量清除，不同民族的差异却未消失，依然历历在目。

欧洲一些国家过去合为一体的小民族，现在迫不及待地想获得单独的席位。挪威和瑞典已经分开了。爱尔兰长期为获得自己的特殊权力而不懈努力。爱尔兰人甚至倡议使用自己独特的语言，创造独特的文学作品。威尔士人也跃跃欲试。在比利时，占绝对优势的一直是法语，可现今佛兰德人群情激昂，竭力想以本民族语言战胜外来语。奥地利国的许多小民族一向和平共处——将它们融为一体的可能性，显然已经烟消云散。俄国动用大量军力，妄图并吞芬兰，但显而易见的是，消化并不像吞咽那么容易。土耳其帝国中居住着不同的民族，滔滔血河，也未能涤尽它们差别的痕迹。

在英国，曾经突然掀起帝国主义的大浪。英国的心中，将大洋彼岸所有的殖民地捆绑在一个帝国的框架内，组成一个庞大的整体的欲望，一度异常炽烈。不久前，殖民地的统治者聚首英国，商讨筹建一个庞大组织，并提出一些钳制性方案，可没有一项存活下来。树立帝国中心的

---

[1] 本篇系泰戈尔在立班学院所作的演讲。

过程中，只要出现损害殖民地独特性的些许兆头，立即招来强烈反对。

聚合中蕴涵强大，宏大意味着神圣，这并非当代人说的话。最关键的是，哪儿的差异是真实的，为了谋取利益，在哪儿以组成庞大集团为诱饵，让"差异"闭上眼睛，继而设法消灭它，"真实"是绝对不会答应的。受压制的"差异"，是一种能招来动乱的可怕物质，不知道在什么时候，受到冲击，突然爆裂，促发一场革命。尊重原本散居的人的特殊性，是维护联合的上策。

一个人知道自己的特长，就会努力攀登人生高峰。而一个人不珍惜自己的特长，就会自暴自弃，随波逐流。沉睡的许多人之间，是没有差别的。一觉醒来，每个人的特点，就以不同方式昭示自我。展现的真义，是统一中的个性展现。种子之中，是没有千差万别的。花苞之中，所有的花瓣紧裹着，是一个整体。当花瓣们的差异显现时，花儿就徐徐绽放。每片花瓣以不同的面孔，在各自的路上，完美自身时，花儿便大获成功。

各种势力之间的冲突，在整个世界上促发了觉醒，按照发展的必然规律，人类社会的正常差别，为了自保便朝四周扩展。不能认为，完全泯灭自身，混迹于他人之中，臻于高贵，就是清醒的个体的高贵。弱小者认识到自身真正的特性，就会不顾一切地加以维护——这就是生命的特性。事实上，人出身微贱要生存，出身高贵就更不愿意早早踏上黄泉路。

芬兰人若成为俄国人，可以免受许多灾难。成为大民族的一部分，弱小的哀怨便完全消失。任何一个民族中间，存在两大整体的话，必然消耗实力，出于这样的担心，俄国处心积虑，强行把芬兰与俄国分开。不过，芬兰的独特性，是真实之物，不会当俄国利益的牺牲品。可以以某种手段压制它的独特性，但试图与之合二为一，则像自杀一样，是不可取的。围绕爱尔兰问题，英国遇到了同样的危机。在那儿，"真实"与"利益"正进行激战。目前世界各地出现类似的问题，唯一的原因，是全世界流涌着生命的活力。

最近，孟加拉社会中爆发了一场小型革命，其基本原因大致相同。在这之前，孟加拉人大致分为两类，即婆罗门和首陀罗。婆罗门在社会上层，其他人在社会下层。

但由于种种原因，孟加拉大地处处呈现着觉醒，一些非婆罗门种姓人，不愿再融于首陀罗种姓阶层的卑贱之中。卡亚斯德种姓人①意识到自己的特长②，不想再消失在首陀罗群体之中。它的微贱不是真实的。因此，它怎能永远承认社会阶层的桎梏造成的某些古老权益呢？如果这与习俗相对抗，习俗必然被击败。这场革命贯透印度所有的种姓。只有清除懵懂，人才能感知真实。一感知真实，就不能再忍受人为的"权益"的奴役，甚至甘愿面对苦厄和动荡。

结果怎样呢？结果是，有了独特个性的自豪感，人即使蒙受痛苦，也奋力使自己高大起来。高大起来了，彼此的融合，才是真实的东西。卑贱的融合，屈辱的融合，被迫的融合，不过是大杂烩。

记得文学协会的一次会议上，讨论了我的一篇关于语法的文章。有人说尽可能把孟加拉语改造得像梵文那样，孟加拉语才能顺利地走向古吉拉特、马拉提等地区。

必须承认，孟加拉语具有独特性，这是其他地区的人学习孟加拉语的最大障碍。然而，孟加拉语所有的能量，所有的美，一切的一切，皆来源于它的独特性。印度最西端的古吉拉特，如今在学习孟加拉语，把孟加拉文学作品翻译成自己的语言。这样做不是因为孟加拉语是用人为的梵文模具浇铸，成了舍弃一切特点的好学的语言。绍塔尔民族③如果希望它的作品在孟加拉读者中间流行，便清除自己语言的绍塔尔特色，它的文学难道会受到我们的欢迎？我们的融合，难道眺望着正清除障碍的道路，静坐着苦苦等待吗？

---

① 卡亚斯德种姓是一种低等种姓。
② 相当多的卡亚斯德种姓人从事文书工作。
③ 绍塔尔是西孟加拉邦北部的少数民族之一。

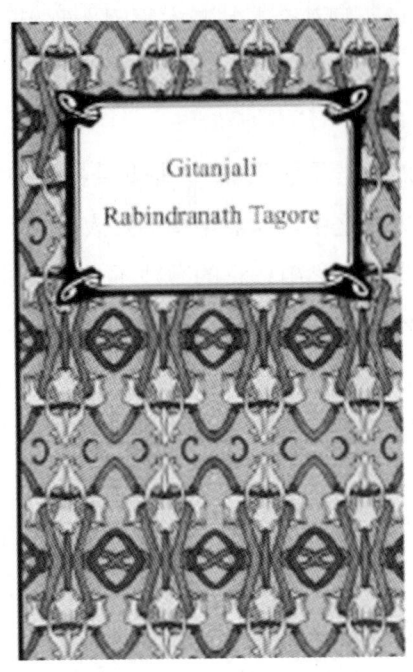

从孟加拉语翻译的《吉檀迦利》

孟加拉人依凭孟加拉语的特点，取得文学进步，与操印地语的人群才有更多的共识。假如为了培养与印度斯坦人①的廉价感情，就用印地语的笔法写孟加拉语，孟加拉文学势必堕落，印度斯坦人就对它不屑一顾了。

我清楚地记得，很久以前，一位特别聪明的文化人对我说："孟加拉语文学取得的成就越多，对我们全民族的大团圆造成的障碍就越大。因为孟加拉文学高踞最尊贵的席位，是不肯死灭的。以文学为基石，孟加拉语最后牢牢地站在大地上。在这种情形下，孟加拉语对于全印度语言的统一，将是最大障碍。因此，孟加拉文学的成就，对印度来说，是不吉利的。"当时，所有人心里的想法是，把各种差异倒进石臼，用力舂捣，做成饭团似的东西，是民族进步的最后结局。

但事实上，摈弃特点带来的便利，不过是只能维持两天的骗局。把特点提升至高洁，同时带来的便利，才是真实的。

在印度人中间，为实现民族团结进行艰苦努力的时候，换句话说，我们特别清晰地意识到个体存在的时候，我们希望穆斯林也和我们融为一体，但我们没有成功。能够融为一体，我们将有诸多裨益。但有了裨益，不见得能融为一体。印度教徒和穆斯林之间，存在着客观差异，用欺骗手段，是无法把它抛到爪哇国去的。在满足需要的热情的驱策下，

---

① 印度斯坦人指居住在北方邦的居民，一般讲印地语。

我们否认这种差异，它将不理睬我们的需要。

在各个方面，印度教徒和穆斯林没有实现真正的团结。于是，在国家政体领域，使他们团结起来的努力，让人产生了怀疑和不信任。认为这种怀疑毫无根据，从而一概否认，是不行的。当我们呼唤穆斯林时，是把他们当作做成一件事的助手，而不是当作亲人呼唤的。一旦看到做事不需要他们了，觉得他们是多余的，就毫不迟疑地把他们抛在脑后。我们不觉得他们是志同道合者，而把他们当作随从。在双方步调不一致的地方，他们却又是参与者，为排除外来的阻挠，感到与他们联合行动极有必要，我们才会与他们联手。没有必要了，分手时双方都说些虚情假意的话。

穆斯林心存疑虑，当然不会响应我们的呼吁。双方携手并肩，确实可以获得更多利益。可穆斯林心里思忖，收益的大部分是否归他们所有。因而穆斯林说"我另起炉灶，强大起来，就是我的收益"，并非没有道理。

此前很长一段时间，印度教徒和穆斯林中间，没有强烈的独立意识。我们生活在一起，双方的差异未曾落进眼帘。但是独立意识的欠缺，具有负面作用，而不具有正面作用。换言之，并非我们中间有真正的团结一致，我们才没有意识到差异。而是由于我们中间缺少生命力，我们才如此麻木不仁。终于有一天，印度教徒为印度教的特点骄傲起来了。穆斯林如承认印度教徒的尊荣，默不做声，印度教徒毫无疑问将十分高兴。然而，促使印度教徒的派性恶性发作的原因，也成了穆斯林派性抬头的原委。他们要以穆斯林的面目强大起来，而不是与印度教徒手拉着手强大起来。

当今全世界的问题，不是如何消除差异，实现大同，而是保持差异，实现和谐共处。这是一件难事。因为，骗人是不行的，彼此要作出让步。这不容易，但容易的话，就不用奋斗了。眺望最终的结局，可以发现，难事其实也是易事。

如今印度的穆斯林单枪匹马，奋力建功立业。不管我们看了心里多么不舒服，也不管我们暂时有多大麻烦，这恰恰是有朝一日实现双方融合的好办法。人不富裕，难以布施。人使自己强大起来的一天，才能作出贡献。人的匮乏和渺小存在多久，他的嫉妒和反抗也伴随他多久。这期间，他与别人共事，是迫不得已。他和别人的交融，是人为的交融。因微贱而自暴自弃，是不足取的。强盛起来，奉献自我，才是上策。

  由于一段时间内不重视现代教育，穆斯林在许多方面落后于印度教徒。应让他们赶上印度教徒的步伐。为消除差别，穆斯林事事处处开始提出比印度教徒更多的要求。我们应真诚赞同他们的要求。在职位、荣誉、教育等方面，他们与印度教徒平起平坐，对印度教徒来说是一大福音。

  事实上，从外部获取的，向他人乞得的，都有一定的限度。这种限度，对印度教徒和穆斯林来说是一样的。在抵达界限之前，心里总往好里想，也许没有界限，也许在这条路上，可以获得珍宝。这时，这条路上的盘缠，有人多得一些，有人少得一些，人与人之间，于是产生强烈的嫉妒和尖锐的矛盾。

  站得高一点可以清楚地看到，凭自己的才德，我们能够赢得自己恒久的福祉。不培养才能，就没有获得权利的任何门路。这个道理懂得越早，好处越多。因此，穆斯林如果找到有他人扶持的别的大道，那就祝愿他们在大道上阔步向前吧。他们的收获比我们多，但愿我们不会有和他们不停地争吵的狭隘心理。穆斯林的地位和荣誉之路，应当更加通畅。但愿我们能够心情愉快地祝愿他们在那条路上快速抵达最后的目的地。

  从今往后，我不想再强调双方表面的差别。消除这种差别，一点儿也不困难。真正的独特性，是我这篇文章的主题。铲除真正的独特性，无异与自杀。

  我当然相信，包括单独创建大学，穆斯林兴致勃勃采取的一系列步骤中，如果有一些竞争情绪，那不是长久、真实的东西。其间真实的东西，是他们对独特性的认知。依凭自己的特性，渐渐变得崇高的穆斯林的愿望，是真实的愿望。

看到别样的独特性强盛起来，我们心里起初有些担忧。如今在独特性的各个部分，人们看到的矛盾，似乎受到鼓动，将迅速膨胀，人与人之间的对立，将达到登峰造极的地步，变得异常可怕。

过去相当一段时间存在这种担忧。那时一个个民族，闭关自守，无限制地扩大自己的个性。对人类而言，它是以顽疾和不吉利的形态出现的。

现在完全不可能发生那种事了。如今，我们每个人生活在人类中间。谁也找不到那么大的角落，让过激言行无所顾忌地、无拘无束地蔓延，闹出一个怪诞的结局。

现代教育中，有一根维系东西方所有民族的纽带。谁也不能指望光读本民族的书，就能成为学者。至少在学习方面，人们广收博采的努力，是有目共睹的。知识，如今是了解世界的祭坛。它在开辟人类心灵大集结的场地。

人类这种广博的努力，此时正叩击穆斯林和印度教徒的大门。

此前，我们接受的全是西方教育。西方教育初来乍到之时，对东方各种知识不屑一顾。我们在西方教育鄙夷的目光中成长起来了。这样的状态，导致文艺女神儿子们的分家。住在她东厢房的儿子们，关闭了面朝西厢房的窗户。住在西厢房的儿子们，认定从东边刮来的风是不吉利的，感觉到一丝风吹来，赶紧捂住耳朵。

时过境迁，世界各地对东方知识的冷漠正在隐逝。每天可以发现，人们已意识到，人类知识的发展过程中，东方知识的必要性，并非微乎其微。

然而，印度知识的教育份额，一如既往。在我们的大学里，唯独没有印度知识应有的席位。学习有关穆斯林和印度教的典籍，我们竟得不到德国学生得到的便利。受当今时代特性的影响，我们在心里已经意识到，我们接受的不完整的教育，使我们蒙受了损失。我们如果成了西方的鹦鹉，老背主人教的话，那只会引起路上行人片时的惊讶和好奇，在世界上毫无用处。全人类期望我们用自己的声音说话。

如果辜负人类的期望，在人类面前就没有我们的尊严。此时，传来了做好准备赢得尊严的呼唤。我们应当立即行动起来。

近来，各地进行了改革教学方法和教育制度的探索，其动力源自改变现状的强烈愿望。但之所以未获得预期效果，根本原因也是多年来我们接受的残缺的教育。我们未以正确方法获取的东西，纵然使出浑身解数，也不能给别人。

有那么一些人，完全不尊重本民族的宝贵特点。关于他们，此时此刻，我不想多费唇舌。

可承认民族特点，在实际行动中却多多少少加以拒绝的人，也并非少数。他们中许多人也许每天参与祭祀，善于就经典进行辩论，但他们只部分接受民族理想，他们是语言的巨人，行动的矮子。他们没有勇气稍稍离开在学校里死背硬记的知识。

另外一些人为民族特点感到骄傲，但以极狭隘的目光加以审视。他们为时髦的而不是恒久的事物安置珍贵席位。在我们的艰难岁月里，各种偏颇肆无忌惮地膨胀起来，激化了我们与其他人的矛盾，一点一点削弱我们，在历史上使我们一次次屈辱地低下头。他们称之为特点，挖空心思地把各种臆想的优点，硬贴在它身上。毫无疑问，他们把时代的垃圾当作国粹，妄图使它绵延万世；认定瘴气中闪烁的磷火，比日月永恒，虔诚地对它顶礼膜拜。

所以，我不敢说，有些人害怕创办单独的穆斯林大学或印度教大学，是没有缘由的。但尽管如此，必须强调指出，汇集东西方所有知识的教育，不可能永远得到动力，不断扩大。让不同的东西，并肩而立，它们才收敛矫情，真相才显露出来。一个人待在家里，自己坐的椅子，可以想做多大做多大，但在公共场所，便自觉自愿摆放一张大小适当的椅子。穆斯林大学或印度教大学里，如果给世界安身之地，同时也给自己的独特性一席之地，就不会有龃龉了。事实上，惟其如此，独特性的真正价值方可确定。

到目前为止，我们还没有用评析西方所有典籍的科学的、历史的、逻辑的方法，评析印度典籍。仿佛世界其他地方可以采用的评判规则，唯独进不了印度。印度的一切，均是无始的，超越历史的。印度某个大神完整地创造了语法，某个大神完整地创造了化学，某个大神完整地创造了医学。从某个大神的嘴、臂和脚生出了四大种姓①。这一切的一切，都是大仙和神明同心协力，瞬息之间创造出来的，不容任何人置疑。所以，编写历史书籍，塞进古怪的神话传说，我们的笔不感到惭愧。在文化人中间，每天可以看到这种做法。我们的社会习俗中，理性评析也无权进入。为什么呢？我们干什么不干什么，询问其理由，是大逆不道。大千世界，因果法则，唯独不适合印度。凡事的缘由，尽在古圣梵籍之中。所以，哪天出海是吉是凶，得翻阅典籍，最终确定。哪种人走进房间，要洒水烟筒里的水，祛除邪气，也由学者决定。为什么吃某种人接触过的牛奶、枣汁或粗糖，不是罪过，可喝他接触过的水，就是罪过？为什么喝其他国家教徒酿造的酒，种姓不会沦丧，吃他们做的食物，种姓就会沦丧？胆敢问这些问题，就不让洗衣工、理发师为你效劳，以此把你的嘴封死！

在文化人的圈子里，也有这种怪诞的不近情理的行为。我认为其原因之一，是我们在学校里学习西方理论，而东方理论，是我们脱去校服，在其他地方、其他氛围中学到的。因此，对于两者，我们心中的感受迥然不同。我们心安理得地认为，理性法则只适合一个地方。而在另一个地方，只能接纳语法规则。如果把两者置放在同一座知识殿堂里，成为一种教育的组成部分，再加以观照，就有消疑解惑的办法了。

然而，我脑子里突然冒出这样一个问题：在现代社会的知识界里，这样的体悟缘何不扩展呢？我不认为，一个人接受了教育，会对智能产生不信任。以前我曾分析它的原因。

---

① 印度《梨俱吠陀》云：婆罗门、刹帝利、吠舍和首陀罗四种姓分别是从原人（神）的嘴、臂、大腿和脚生出来的。

在知识分子中间，为自身特性而骄傲的情绪，一度非常浓烈。在这种情绪的第一排大浪中，只有冲劲，没有足够的辨析。尤其是长期以来，我们不分青红皂白地冷落了许多事物，如今在它们剧烈地反抗之下，我们常常不得不假装进行科学分析，可它不过是缺乏辨析的延续而已。

骄傲情绪的迷雾是不能持久的。冲击和反作用平静下来了，我们接受国内国外的真理，才容易得多。

在我们面前，印度教社会没有充分崭露清晰形象。印度教徒做了什么，能做什么，给我们留下的印象是模糊的、浅淡的。此时，我们亲眼目睹的，最为真切。它正用各种方法掩盖、损毁印度教徒的本性和力量，这样的断言，我们难以作出。对我们来说，印度教文明的真貌，如同在历书上看见的黄道。它仿佛一面沐浴，一面诵经，不吃不喝地参加祭祀，形容枯槁，不与世上任何事物接触，畏首畏尾地站在一边。

然而，印度教文明曾经朝气蓬勃，渡越沧海，拥有藩属，无往而不胜，既给予也收纳。那时，它拥有艺术，拥有贸易。它的劳作之河，宽阔而湍急。它的历史上，不断涌现新的理论，曾有进行社会革命和宗教革命的领地。它的女性社会中也有巾帼英雄，也有才子，也有执着的探索精神。它的行为举止不像此后许多朝代那样，是用铁模子浇铸而成的。读一读史诗《摩诃婆罗多》，翻过一页又一页，可以获得这些信息。

那个丰富多彩的，充满生命活力的，在清醒心灵的催促下在一条条新路上艰苦跋涉的印度教社会，穿过谬误，走向真理；经受种种考验，作出正确决定；经历苦行，修成正果。它没有像用颂诗的绳索缠绕的木偶那样，每天重复毫无生气的戏剧表演。

那时，佛教徒是社会的一部分，耆那教徒是社会的成员，穆斯林和基督教徒可以融入社会。这个社会的一个伟人，把非雅利安人当作朋友拉到自己身边。另一个伟人，把行为准则从《吠陀》规定的火祭的狭隘性中解救出来，让它自由地步入人性的广阔领域。他从不把宗教囚禁在外在仪式的清规戒律之中,而把它送到允许所有人行走的虔诚和理性的大道上。如今,我们不愿承认那个社会为印度教社会,而把时下停滞不前的社会称作印度教社会。我们不承认生命的宗教是印度教社会的宗教,因为生命的宗教是演进的宗教,是变化的宗教,是不断吐故纳新的宗教。

因此,我感到忧虑的是,有志于创建印度教大学的人,究竟带着对印度教本性的哪种观点,着手工作?但是,我不认为,因为忧虑便躺倒不干,是最好的选择。我们无意清剿对印度教本性的任何观点,我们只是想让对印度教本性的观点变得高洁。让它活跃起来,它自然而然便走向高洁。把它埋在坑里,必然造成它的渺小和蜕变。大学就是活跃的场所。那儿有让心灵苏醒,让头脑活络的必要条件。觉醒之河流动起来,慢慢冲刷僵死的习俗的狭隘性,便越流越宽广。

我对人心充满信心。即便有失误,迈出第一步,总是件好事。但第一步必须迈出去,否则就不能纠正失误。放下包袱,方能前行。把停滞视为珍宝的社会,必然把浑噩当作自己的助手,首先让人心抽鸦片,使之晕晕乎乎,方向不辨。它采取严厉的防范措施,不让人心有外出的机会,让人心陷于严格的法规之中,缩手缩脚,不敢提出质疑,忘记独立思考。但不管哪所大学有怎样的办学宗旨,它不会禁锢人的心灵。因为鼓励心灵阔步向前,是它的义务。所以,印度教徒如果真的认为,用典籍永远留住僵死的旧事物,就是保护印度教真正的特性,那么着手维护这种特性,他必须做的一件事,就是把大学完整地放逐到遥远的地方。用是非不分的陈规旧俗培养学生的责任,让大学承担,就等于把孩子交到妖怪手中。

但是,有些人真的相信,印度教的特性是恒定的,是一成不变的东西。他们唯恐印度教的特性在当代潮流的猛烈冲击下微微晃动起来,它的恒定性有丝毫变化,于是把紧紧包裹它当作印度斯坦最崇高的任务。他们并未提出用高墙围困人心,建造牢房的建议,为了世界知识之风的吹拂,他们在四周开启许多大门,要说他们是智迷神乱或没有慎重考虑就这么做的，那倒也不符合事实。实际上，人并不总是真的相信自己嘴上说的那一套。他内心质朴的感知中，经常隐居着对口头上相信的抗议。尤其是国内新的认知与古老习俗发生矛盾，岁月的季节嬗变的关键时刻，不应把我们嘴上说的当作内心的真实感受。在法尔衮月①，春天的容貌常变，突然刮起北风，那时误认为回到了布萨月②，但可以肯定地说，北风不是法尔衮月心里的风。芒果树开花，我们看见的新叶的光

国际大学的女学生

润和娇嫩，那才是它内心泄露的真实信息。印度国内也刮起了生命之风，一阵阵风吹碎我们的麻木，于是我们亮开嗓子说，我们要留住原有的一切。我们忘了，想要原封不动地保留原先的东西，唯一的办法，是不要去碰它。没有人说，他用耙耕田，想让野草长得更茂盛。果真动手，胡乱捣弄，破损和变化，只会加快。在自己体内感觉到了元气恢复的精力，我们就觉得，使用元气恢复的精力就可以遏止死亡。但生命力

---

① 印历11月，公历2月至3月。

② 印历9月，公历12月至1月。

的特质在于，它强劲地攻击死亡，在有生命迹象的地方，奉献自己。它的任务不是保存一切。它扩大繁衍的东西，粉碎、排泄繁衍已停歇的东西。它不让任何东西一成不变。所以我说，我们中间涌动的活力，促使我们作出各种努力。这是当今最大的真实。它进行延缓死亡的实验，并不重要，那不过是短暂的游戏。

关于古格尔先生提出的有关初等教育的方案，有些文化人竟然说，现代教育已弄得我们晕头转向了，这个方案又想在老百姓中间制造混乱吗？说这种话的人，并未停止送他们的孩子上学接受现代教育。是什么原因让我们看到这种自相矛盾的行为的呢？这并非虚伪行径！其实呀，信念的新春已来到心田，可嘴上旧习之风还没有死去。所以该做的事已在做了，可嘴上说的还是旧时代的话。现代教育带来了动荡，可我们心中已感受到了动荡中蕴涵的福祉。我们承认，它中间也有风险。我们不愿再接受四平八隐的寿终正寝。我们准备像英雄一样接受人生的一切重任，忍受人生的一切痛苦。我们知道，会有一些波折。我们知道，会犯许多错误。我们知道，摇撼任何旧制度，开初很长一段时间，肯定要忍受混乱带来的各种苦恼。为让房间摆脱多年累积的灰尘，使用扫帚清扫，起先不得不忍受大量扬起的灰尘的折磨。所有这些烦恼、磨难和风险，我们当然想到了，但我们心中新生命的豪情，不允许我们无动于衷、袖手旁观。"我们要活下去，我们不会躺倒，一动不动。"这是我们的心声，它必将一次次有力地压倒我们嘴上说的话。

在觉醒的第一时刻，我们首先感觉到自我，随后感觉到周围的一切。在我们民族觉醒之初，如能强烈地感知我们自己的独特性，那就没有担忧的理由了。这样的觉醒，就将催萌四周博大的觉悟。我们期望获得自己的同时也将获得一切。

如今我们既看到世界上每个民族竭力维护自己的独特性，不愿与其他民族融为一体，也看到每个民族已感受到自己与宏大的人类社会的联系。依凭那种感悟的力量，每个民族正在摈弃某些怪僻——它完全不合情理地荒唐地归属单个民族，它打击所有人的理性、志趣和本性，它像监狱的高墙，没有通往也没有进入世界的通道。目前每个民族把自己所有的财富拿到世界市场上，接受检验。每个民族闭上双眼，对自己夸大自己的个性，已不感到满足；把个性供在家中，敲锣打鼓，大肆宣扬，已不感到骄傲。每个民族在心里产生了一种把个性变成世界的装饰品的动力。现在，任何人已不能把土俗陈习当作民族特性而沾沾自喜了。由于存在使我们渺小使我们孤立的某些陈规陋习，我们事事处处遇到不断扩大的障碍，如出游的障碍，收纳与赐予的障碍，思想上的障碍，工作中的障碍等等。这些人为的障碍，必须彻底排除。否则，在人类的京城里，我们会受到无穷无尽的嘲笑。不管我们嘴上承认不承认，我们在心里已明白这个道理。我们以各种手段寻觅的，是世界爱惜的珍宝，不是平常建房举行的老一套仪式。得到它我们才能得救。因为，那时，整个世界出于责任感会来呵护我们。我们心中有了这种愿望，在屋隅里就坐不住了。

我们现在建造的学校，同时显示了对印度的独特性和世界的认知。而五十年前，我们认为建造印度教大学是天方夜谭。现在依然有些人觉得学校的缺陷使他们极为痛心。他们为之自豪的是，印度教徒和世界处于对峙状态。于是印度教徒日日夜夜，处心积虑，以各种方法阻止与世界的接触。他们认为可以建造梵学书院，可以建造教授吠陀的学府，但不能建造印度教大学，因为它是黄金和石头混杂的怪物。不过，不仅这些人的数量在减少，观察一下他们家中的行为举止，可以发现，不知不觉，他们也不相信往日嘴上深信的观点了。

无论如何，我们不能再让印度心座上的神明永远坐在寺庙阴暗的角落里。今天神车出行的日子来到了。经过世界的大道，他已到来世人的苦乐和交流的集市上。我们力所能及地为他造车——有人送来贵重的材料，有人送来较便宜的——走着走着，几辆人造的车在路上散架了，几辆人造的车使用了好几年。但至关重要的是，出行的吉祥时辰到了。我们不能预测哪辆车行驶多远，但我们盛大的节日来到了。我们的至宝，再不能隐藏在祭司的禁令之墙后面香炉袅绕的浓烟之中。今天在世界的阳光下，我们中间那位有资格受到敬仰的人，作为受到世界敬仰的人，将出现在大家面前。我们已商量为他造一辆车。结果如何，我说不准。可最让人欣喜的是，这辆车行驰在世界大道上，驰上展现之路。我们大家满怀激情，高喊胜利的口号，齐心协力，拽着绳子往前奔跑。

然而，我也看到，某些讲究实际的人，不喜欢听这些浪漫的话。他们说，把做成一样名为印度教大学的东西，放到实践中进行考察吧。起个印度教的名字，不见得有印度教特性的光荣。有了大学的名字，周遭世界知识之泉也不见得马上喷水。我们参与了几次知识的赛跑，迄今为止，我们看不到能跑得更远的证据。之后，难以估计，透过教委会和规章制度的石地板的哪个罅隙，印度教特性的百瓣莲花缓缓绽放。

关于这件事，我的看法是，在塑像的第一道工序，看见陶工用手捏泥巴，我们就手捂着脑袋沮丧地坐下，是不对的。片刻工夫，不会有称心如意的东西。特别应该记住，没有一件称心如意的东西的主要过错，是心灵的，而不是材料的。无能之辈觉得他之所以无能，是因为没有机会。可外面提供了机会，他又发现，他无能是因为没有足够的意志力。有意志力的人，一有门路，就能实现凤愿。在不幸的印度，我们每天听到有人在说，这儿的人和我意见不一致，我要离开这鬼地方；这儿不合我的心意，我同它一刀两断。我们生为天帝的宠儿，期望处处条件优越，事事心满意足，稍不顺心，就不停地埋怨。意志薄弱、朝三暮四的人，个个失意落魄。我们没有勇气说："我们要充分利用现有条件，持之以恒，做自己想做的事情。今天不行，明天，一个人不行，组成一个团队，今生不行，来世再干，相信早晚能实现梦想。"所以刚开始做事，就嘟嘟囔囔地抱怨这也不行那也不好，把内心软弱的罪过强加给客观环境，远远地站在一边，吹嘘自己怎么怎么高明。"我获得的足够了，其余的事，让我一个人完成。"这才像男子汉说的话。如果认定自己的看法是正确的，那么，一开始不被他人接受，也不会进入"泄愤室①"，关上门，躺着生闷气，而会摩拳擦掌，不达目的誓不罢休。确实，我们不会通过某个机构实现宏图，因为人不是那儿的机器制造出来的。只要我们有人性，在机构的协助下，可以实现我们的理想。目前不清楚印度教的特质，印度教大学一成立，就明白了，恐怕也未必。而目前心里一清二楚，今后不管遇到多少坎坷，都能一一迈过去，我们对印度教的认知，就会在实际行动中显现出来。所以，印度教大学如何迈出第一步，应成为怎样的实体，是不容心存疑惑的。要说有什么怀疑的话，那只有对自己能力的怀疑。要说应谨慎的话，首先在心里应该谨慎。

我心里没有一丝惶惑。我没有说我已获得阿拉丁的神灯，也不指望一夜之间取得惊人成就，可我看见，我们的心已经苏醒。我相信人心。人心即使犯错误，我对它的尊敬也胜过对正确的机器的尊敬。我们苏醒的心，沉浸于事业之中，这说明我们在脚踏实地奋斗了。我们的心展现得越充分，事业的进展也就越真实。一项项事业，是我们的人生旅伴，与我们的人生一起成长。它们将不断修正，不断扩展，在困难中壮大起来，在迟疑中清晰起来，穿越谬误，在真实中攀登成功的顶峰。

1911 年 10 月 29 日

---

① 据史诗《罗摩衍那》中的诗句，有些贵妇人一不高兴就进屋发火，一声不响地躺着。

宗教教育①

现在一些基督教大国,就如何在青少年学生中间开展宗教教育的争论,相当激烈。大概是同样的原因,引起了印度有些人对这个问题的关注。为此,几个朋友请我就梵社②中如何进行宗教教育谈谈自己的体会。

关于宗教,我们看到,大部分人面临一场危机。人们大都有一种传统观念,即宗教这东西是值得祈求的,可这样的祈求并未在生活中真切显现。所以虽说需要它,却想以尽可能低的价格得到它,总是试图在满足各种需求之后,花手头剩余的几块钱了却此事。

世界上有许多便宜货,稍稍出点儿力气就可弄到手。可谁要是问,如何分文不花,就能搞到贵重物品,那别人心里就明白,这个人是在寻求挖墙洞入室行窃或诈骗的高招。他知道挣钱的路非常宽广,沿着这条大路,世界上从古到今高利贷者一直在放高利贷,可他不乐意在这条路上花费时间,也不肯花费盘缠。

所以,关于宗教教育,应当略微认真思考一下,我们确实需要什么指教?因为先人在《薄伽梵歌》③中说过,一切成果皆源自冥思。我们究竟有什么想法呢?如果我们心里想,现存的一切东西,都将原封不动

---

① 本篇系泰戈尔于1911年12月27日在加尔各答市立学院一神论者的会议上所作的讲话。

② 梵社是一个印度教教派。1828年由罗姆·摩罕·罗易(1774—1833)创立。它反对种姓制度、偶像崇拜、寡妇殉葬等封建落后风俗。泰戈尔曾担任梵社秘书。

③ 《薄伽梵歌》系印度史诗《摩诃婆罗多》中的一部可独立成书的著作。

地存在下去，不用怎样折腾，就可能使它们臻于完美，那恐怕就得向那些妄想使黄铜变成黄金的狡猾的商人求助了。

然而，在某种状况下，宗教教育是最简单不过的一件事，简单得如同呼吸。不过，鼻子里哪儿堵塞，呼吸异常困难，医术高明的大夫束手无策，也只得放弃希望。作为人，必须呼吸，于是也应懂得，这也是一件棘手事。

宗教教育与此相似。由于这样那样的原因，社会中宗教观变得非常明朗时，人们自觉自愿地为宗教作出最大的牺牲。人们为宗教所作的努力，在周围以各种形式显露出来，宗教寺庙轻而易举地引来富翁的大部分资财，引来艺术家的艺术精华。用不着催促大人对孩子讲解宗教多么神圣。在这样的社会中，许多人自觉地快乐地承受宗教修行的艰苦。回顾印度历史，就不会把这种社会理想视为纯粹的想象而抛到九霄云外。

在宗教普及的地方，宗教教育正常地进行着。但在宗教只是生活一小部分的地方，任凭祭司诵念多少经文，如何恰当地开展宗教教育，想半天恐怕也理不出个头绪来。

世界上几乎所有社会的现代派的境况，在梵社中也可以看到。我们的心绪和意愿的外向性极为突出，造成了内心的贫乏。我们没有余暇去认识这种不和谐是多么严重。冲向外部世界的疯狂，日日夜夜，驱使我们奔跑。甚至，宗教团体的一些活动，也显得极其匆促、极其草率。假如我们有空闲观察一下内心世界，就能看到它像布满沙砾的一条河，那儿，对宗教浮浅的认识，孤零零地站在人生旅程的一边，我们不愿给它更多的地盘。我们是新时代的人，我们的生活中没有简朴；我们有享受的大量物品，为此感到非常骄傲。对许多人来说，宗教不过是社会礼仪的一部分而已。我们甚至看到社会中某些人，断定必要的宗教虔诚是人心软弱，从心底里对它鄙视。

在把宗教置于生活的一个角落里的时势下，如何略微文明地在学生中间开展宗教教育呢？想想这个问题不禁感到忧虑，可一时又很难说出毫不费力地消除心中忧虑的办法来。然而，必须承认现状，考虑采取相应的措施。所以,毫无疑问,讨论此事是当务之急。

世界上几乎所有地方的教育,曾经由神职人员控制。那时的国家体制中存在不确定因素,国民长期享受不到和平。因此,为了同时维护民族所有的知识和宗教,必然形成一个特殊阶层,除了研究宗教,诠释教典,对这个阶层不曾提出任何社会要求。社会还承担他们的全部生活费用。这个阶层的人,是社会中的老师。那时教学内容简单,学生人数不多,教师局限在极小的范围之内。因此,教育问题不太复杂。宗教教育和其他教育轻易地合为一体。

国际大学里的祭坛

时过境迁,随着国家体制的改善,群众接受教育的愿望、努力和机会都扩展了。与此同时,知识的枝蔓朝四周无限伸展,教育不愿再幽居在祭司划定的圈子里。

岁月变迁,陈旧的制度却不肯死去。迄今为止,学校里的宗教教育或多或少勉强与其他教育连在一起。但在欧洲,正竭尽全力使两者分离。不能说这样的分离是正常的,可特殊原因使之成为必然趋势。

纵观欧洲历史，是宗教团体养育了国家的知识。之后，也是宗教团体成为阻碍知识发展的主要原因。因为，知识越是扩展，从各个方向，就越要跨越常用的宗教经典的古老界限。它突破宗教典籍中有关大千世界和历史的理论藩篱，它对人的道德准则的新认知，也和古代经典法则格格不入。

在这种情况下，要么宗教典籍承认自己的错误，要么离经叛道的知识独树一帜；两者不可能用同一只碗吃饭。

宗教典籍如果承认，它某一部分知识是不完整的、错误的，它的根基就会崩毁。此前它声称，纯正的天籁和它所有文件和法规上，都由无所不知的大神亲自盖了印，从而稳固了自己的统治。当知识承认有关世界之神的世俗经典是证人时，教派马上把古老的宗教典籍作为证人抬出来。双方的证词尖锐地对立。"宗教典籍和世俗经典，是同一个神的真言"，这种话就站不住脚了。在此情形下，强行把宗教教育和其他学科的知识传授捆绑在一起，它庇护的不是愚昧就是欺骗。

开初一段日子，神职人员使用各种残酷手段，砍杀、捆绑、火烧、囚禁知识分子，把知识分子钉在十字架上，高唱陈词滥调。知识分子越是强大，神职人员就越是细致地阐述教义，试图在陈词滥调上贴上科学观点的标签。如今两者已完全不合拍，欧洲的国王和社会，放弃了将宗教信仰五花大绑，置于严厉统治之下的希望。于是几乎所有的西方国家，设法让宗教教育和其他学科脱钩。取消宗教教育，把孩子培养成人，是好是坏，争论尚无结果。

在现代印度，这个问题也渐渐变得错综复杂。因为科学知识的传播软化了我们的宗教信仰。两者之间发生了矛盾。在印度，创世说、历史、地理等大部分知识，属于古老的宗教典籍。它们与神祇的故事密切相连，借助于精神阐述，也不能把两者分开。当印度现代神职人员，用科学解释来证明往世故事的真实性时，不得不仓促应对出现的风险，但这只会使风险变得更大。因为一旦承认科学是法官，单靠律师的口才，就永远无望打赢官司。说野猪并非毗湿奴①的特殊化身，它只是地震威力的象征而已，就等于礼貌地葬送宗教信仰的理论基础。把经典中的观点、故事，甚至把经典阐述的社会行为规范，与现代的智慧、经验和变化了的客观现实严密对接，完全是枉费心机。所以无论如何不能把科学、历史和社会习俗纳入宗教典籍的范围之内。在目前的情形下，印度开展的宗教教育与其他教育你死我活的矛盾，必然激化，以我们知悉或不知悉的形式出现。正因为如此，关于以新方法筹建印度教大学，我的主要忧虑是，教学计划中，如何给宗教教育一席之地。

以上谈了现代科学、知识和人性的综合理想与古老宗教典籍的矛盾。但如果规避矛盾，如果不认为疏于思考和迷信是过错，如果不认为把坚定接受真理的意愿和习惯牢牢地置于本性之中，对培养人格是极有必要的，那么，就不得不承认，使用亘古如斯的宗教典籍，确实方便得多。关于宗教，教学生什么？怎么教？就不用费脑筋了。也没有必要唤醒他们的思辨力了，甚至不唤醒也是应当的。把一些万古不变的观点、故事和习俗视为永恒真理，往他们的脑子里塞进陈规陋习，认为这是名副其实的宗教教育，就万事大吉了。

实际上，梵社同样面临宗教教育问题。我们以什么维系人心？怎样利用人心？以什么办法吸引人心？如同天下雨，雨水一般得不到充分利用。留住雨水，需要各种有效的水利设施一样，光下宗教演讲之雨，只能短时湿润一下心田，很快就流失了。烈日炎炎的正午干渴之时，哪家失火遇到大灾大难之时，水却找不到了。另外，人心也有些像水，从一个方向是堵不住的，从各个方向围堵才能堵住。

梵社也没有从四面八方结结实实拴住人心的行之有效的办法。我们枉自喟叹，学生们心散了，迷失了。我们不得不承认，尚未成熟的新体

---

① 据印度神话故事，毗湿奴曾下凡24次。妖魔希罗尼亚克将大地拖入海底，他化为一头野猪，潜入海底与妖魔搏斗一千年，杀死妖魔救出大地。故有人相信，地震是由毗湿奴和妖魔搏斗引发的。

制带来了一些困难。可接受教派鲜明的营垒造成的严重恶果，是有悖于梵社的特性的。

为了尽可能克服梵教内部的不稳定状态，给它一个永久形式，让它长期生存，梵社内有些人乐意称梵教是一种宗教理论，一种特殊的哲学。其中有一些二元论，有一些一元论，也有两者的混合体；有商羯罗①的部分影响，康德②的部分影响，黑格尔③的部分影响，甚至有格林④的部分影响。他们正想方设法把这些成分彻底融合，把梵教这个永久名字赋予一种特殊理论，从而一了百了。实际上，不尊重梵社的许多人，谴责梵教，说梵教不是宗教，仅是一种哲学。他们这是为梵教抹黑，却洋洋得意。

然而，我们清楚地看到，梵教和其他广为传播的宗教一样，以信徒的生命为依托，出现在历史舞台上。它不是宗教学校里教科书编委会收集的内容，不可以编进著作的章节，由装订工人装订成书。

凡有生命之物，必定成长、衍生。你可以展示一块石头，说你此刻看见的模样，也是今后的模样。可这种话不适合种子。种子蕴涵着的惊人奥秘，比种子大得多。你若谴责奥秘，说它虚无缥缈，把种子扔进榨油机里碾碎，也就断送了它的生物特性。

不管别人怎样妄加评说，梵教不是受某个特定体系限制的理论。我们看见它从信徒的生命之源流淌出来。它不是水坑，不是石堤环围的池塘，它是在岁月之野上奔腾的大河，有流动的姿态，有一往无前的气势，让新时代啜饮自己的甘露。一个个新生的黑格尔、格林，在它中间建造新的码头。但它把所有的码头抛后在面，流向远方。它不允许任何

---

① 商羯罗是印度中世纪吠檀多哲学的集大成者，著名的不二论理论家，约生于公元788年，卒于公元820年。
② 康德（1724—1804）系德国哲学家。
③ 黑格尔（1770—1837）系德国古典唯心主义哲学家。
④ 格林（1836—1882）系英国新康德主义哲学家。

狂妄的理论家称它是极终理论。哲学理论如果手持绳索从后面赶来,企图把它绑住,那就得记住,想抓住它,首先得把它打死。

果若如此,梵教的特质的标志又是什么呢?一言以蔽之,是它对无限的渴求,是它对无限的兴趣。我们不反对任何人分析对无限的认识,从理论的角度作出解释。因为这种解释会永远持续下去,奥秘的终结是找不到的。

实事求是地说,从罗姆·摩罕·罗易到格索卜·昌德拉·桑①,在他们每个人的生活中,我们领略到了渴望解读无限的快乐。印度承袭的习俗和宗教信仰所打击的,不是他们的认知,而是他们的生命。

罗姆·摩罕·罗易

不过,只在几个人的生活中观照梵教,就会贬低它的历史作用。事实上,它是人类历史的产物。透过梵社的创造性活动,我们可以发觉,人们为了消除自己最深广的匮乏,每天在默默奋斗。只要人们试图以人为的行为方式,贬低无限,让无限为自己效力,那他实际上是丢了金子,用衣摆打了个结而已。我曾做过一个怪梦:一个母亲为了极方便地带着怀里的孩子四处游逛,割下了孩子的首级。这是个怪梦,不过确有人做这种蠢事。有人为了不费吹灰之力就实现理想,割下理想的首级,压缩理想的躯体,提着它的首级,就像手握着一只阿姆洛吉水果似的,生生地要了它的命。于是,人们越是希求某样东西,就越是丧失获得的

---

① 格索卜·昌德拉·桑(1838—1884)曾是泰戈尔父亲的门生,梵社的导师之一,1869年创建全印梵社。

机会。在此情形下，人群一分为二，一部分人心目中，追求的东西成了游戏的物品，游戏就是成果。另一部分人，不为游戏设置障碍，前往幽僻之地，守护自己追求的纯洁性。

但这种状况不可能永远持续下去。当周围布满愚昧，所有的门关闭着，所有的灯光熄灭；当匮乏如此之多，以至于对匮乏麻木不仁；当障碍密密麻麻，以至于人们把它当作栖身之地时，无从知道，解危济困的使者从哪儿出人意料地走来站在门口。没人盼望他，没人认识他，大家把他当作敌人，忧心忡忡。在昔日的印度，当堆积的僵死习俗山一股遮蔽对无限的感知，使人生旅程变得渺小，社会千疮百孔；当我们看到人性深陷在陋俗陈规之中；当我们在世事中，看不见"一体"①铁的法则，一味想象民众的骚乱；当我们看到，像疯子做的噩梦，整个世界充斥各种各样的恐怖；当我们只能依靠咒语、圣线、护身符、祈祷、许愿、献祭，在处处隐藏着臆想的仇敌的家里，寻求平安，过安稳日子；当思想的胆怯、工作的软弱、举止的迟疑、习俗的愚蒙压瘪民族的气魄，把我们拖入受辱的地狱时，外部世界的强大力量，冲击我们的颓垣残墙，受冲击苏醒过来的人，一瞬间痛楚地意识到了这儿缺少什么，为何这儿有低声下气，有冥顽不化，有漫漫黑暗，为何处处是活着的无乐死亡的委顿！这儿的天空破碎，阳光被囚，"无限"的生命之风受阻；这儿与世界的纽带，被无数虚假之墙隔断。他们所有的灵魂失声痛哭，祈求上苍保佑。

这恸哭是民众的恸哭。世界各地，有人用古老习惯的厚幕遮盖自己的福祉，有人用各种文章和积蓄抬高自己，从而失去了更高贵的东西。有人消极懒怠，有人玩命追逐名利，两者都忘了人类生活的最大成功。

在梵社成立之初，我们看到了在这忘却的深渊中自救的探索。以对无限的感悟，唤醒人们全部良知的努力，在梵社的求索中显现了出来。

---

① 按照印度古代宗教哲学观点，"一体"指宇宙创造者"梵"与万有融为一体，密不可分。

所以我们看到，罗姆·摩罕·罗易一生的工作领域处处是人性。他充满活力的心灵，在国家方针、社会政策、宗教政策等方面奔忙。与生俱来的充裕能力，是他的原动力，对梵天的感悟，也渗透他的全部能力。他借助悟性之镜观察人，得以从各个方面把人放大，把人看清。因此他的目光越过了陋俗的围墙。他不单期望国家的心力摆脱桎梏，凡是人们赢得神圣权力，能够扩大自由的地方，他都感到欣慰。

这样的实情，从梵社成立到现在，我们看得十分清楚。任何教典，任何寺庙，任何哲学或祭祀方式，如果试图占领这真实的自由地盘，那是违背梵教特性的。在人的生活中，我们必将明白一个道理：以对无限的感悟之光观察万物，从感悟无限中获得的鼓舞下从事一切工作，就是人性的最大成果。这就是人的真正的宗教。

我说了这么多话，是为了在讨论如何开展宗教教育之前，搞清楚什么是宗教。应当明白，死背教条，培养遵从旧俗的习惯，不是我们的宗教教育。我们承认，走自己的路有诸多困难。可想到其他教派的宗教和其他体系拥有一些显而易见的便利，便迟疑摇摆是不应该的。让"便利"坐在真实的位子上有什么好处！灰尘可是比黄金轻呀！

不过，如同健康与人体密不可分，宗教与人的整个天性浑然交融，这个看法是正确的。

健康不像钞票，伸手可以拿到，但条件有利，从体内可以把它激活。同样，在人的天性中隐藏的对无限的感悟，人的本能倾向性，不能像历史、地理、数学那样，交给校委会管理。它的完善程度，不会落入督学的考查之网，不能用考官的蓝铅笔写的分数，衡量它的成果。把它置于良好环境中，就能促使它完全成熟。校方不能以陈旧校规把它变成买卖双方交易的物品。

苦修者喃喃自语：即将获得的，既不可传授也不可学到。不过苦修者最终是怎样体悟至美的，任何伟人至今对我们解释不清楚。他们只是说，我知道了，我得到了。他们还说，那些体悟者，是不朽的。他们是怎样体悟的，这方面的经验是如此深奥，连他们也不明了。如果他们能揭示这个奥秘，那就不必围绕宗教教育进行争论了。

以前人们常看到，谁要是问，如何充分激发对天帝的感悟，有些哲人就搬出老掉牙的说教。有的哲人说，纯洁心灵，涤清罪孽，对天帝感悟是心灵之物，首先要千方百计唤醒自己的心灵。另一些哲人则提倡外在行动。有人说举行祭祀，有人说默诵特殊经文冥想某某的慈颜，甚至有人说，服用麻醉品，或采用其他手段，使全身激情燃烧，驱使心魂快速奔向正果。

指导别人以外在行为进行探索，等于为他开辟一条荒谬之路。那时，既阻挡不了虚假，也抑制不住胡思乱想，人的愚忠受到诱惑，看不到自己的界限。人骗自己，也骗别人，可能与不可能的界线消失，各种各样的愚昧，把宗教修行送上歧途。

指导他人的人中间，许多是神职人员或修道士。他们并非故意把人心送上幻想之路，可他们极有可能犯错误。因为获取是一回事，分析获取，认识获取，则完全是另一回事。

比如说，我消化食物的能力非同寻常，哪个消化不良的可怜的病人，跑来问我，你是怎样毫不疼痛地消化那么多好吃和不好吃的食物的，我也许充满自信地对他说，进食之后，我嚼两颗生槟榔，抽一根缅甸生产的雪茄，肚里的食物就统统消化了。可实际上，我自己也不明白那样做是如何有利于消化的。甚至我想象着习惯是我消化的助手，哪天未按习惯做事，自己会觉得，今天我的胃大概干活不卖力吧。

据说，著名诗人席勒①把烂苹果放在抽屉里，浓烈的苹果味能为他提神。他的弟子如果问他，你是怎样写出这么多佳作的，他一时想不出易于表达的原委，也许顺口说是那些烂苹果帮了他的忙。在这儿，不管他是多么杰出的诗人，谈到诗歌创作，他不会把他的诗句与《吠陀》的诗句相提并论。我要是当面问他，你擅长写诗，不过关于诗歌技巧，你知道什么呢？这样问并非对诗人不尊。事实上，依凭天赋，有些人取

---

① 席勒（1759—1805）系德国剧作家、诗人。

得骄人成就，可他抛在脑后最多的恰恰就是取得成就的技巧。

与我上面所说的个人习惯相类似的许多习惯，属于家族和国家。这些习惯未必能激发力量，甚至使力量依附外界，不停地削弱力量。许多伟人认为这种全民习惯是灾祸的温床而加以抨击。同时又可以看到，有些人在旧俗的影响下，不肯离弃他的精神支柱。上面提到的后一种探索者，依凭天赋跨越所有习惯的障碍，抵达了目的地，却并非总能意识到这一点，偶尔还觉得，对我来说，如今那些外部行动虽是多余的，可起始阶段是必要的。智力上先天不足的人，只得依赖旧习，想象着"我已大获成功"。他们既傲慢又暴躁，在看不到旧习之物的地方，绝不认为有真理存在。在他们眼里，所有的旧习已和真理融为一体。

有些事物的原动力不是外界的旧习，而是内在的裂变。对于这些事物，不可能有任何人为的改变手段，但存在有利于它们的正常环境。我们从不把对宗教的认知当作教派的时髦或雅致的家具。如果我们认定，它是人的完整的最大成果，那么就必须承认，一开始就应有以宗教观念唤醒少男少女的心的合适场所和条件。换句话说，周围应有和风、阳光、蓝天，可以通过呼吸获取活力，心灵自行纯洁起来。

家庭中如有这样的有利环境，那当然很好。也就是说，在这样的家庭中，财产如果不塑造自己最醒目的形象，金钱如果不是最终目标，户主如果不高踞一家之主的席位，如果他在言行上服从世界慈悲的主宰，不用仇恨之秤去称所有的偶发事件，而是尽可能把它置于世界背景下进行分析，尽量以适当的方式加以接受，那么这样的家庭也确是孩子接受教育的好地方。

不消说，不是个个家庭中有这样的机会。但怎能说家里没有，外面肯定就有呢？这些珍贵之物，不是觉得需要下订单马上就能制造出来的。但如意识到确实需要，就会自觉自愿开辟道路。这样的路已经动手修建了。我们的愿望、探索，已化为行动。在我们的脑子里，萦绕着我们追寻之物的雏形。当我们说梵社的孩子们找不到宗教教育的一个基地、一个书院时，心里就初步设想它大概是什么样子了。

在梵社里，我们不要神庙，不要外在仪式，只要书院。也就是说，大自然的纯美和人心的神圣追求，浑然融合，便营造出修行的氛围。大自然和人的灵魂结合，就是我们建造的神庙，摆脱私利束缚的善行，就是我们的祭祀。我们难道找不到这样一方净土？那儿，大神把自然、人、美和善融为一体，并在日常生活琐事、环境和人心中，轻而易举地显身。找到那地方，就在那儿开展宗教教育。前面我已说过，在宗教修行之风中，按照人性的隐秘规律，可以开展宗教教育，所有人为的手段，只会扭曲它，阻挠它。

我知道，喜欢把所有事情分门别类，一一命名，简单而直截了当地进行分析的人会说："这不是当代之事，我看呀，这是中世纪的禁欲主义，修道院里的苦行制度。这是把修道士的生活和外部世界割裂开来，使人性残缺，这可万万使不得呀。"

我完全承认，叫别人去仿制既往时代那些走到终点已泯灭的东西，无异于发疯。野蛮人的弓箭不管多么精美，在当代士兵眼里是废物。

虽然不文明时代战争中使用的武器在文明时代不受欢迎，但战争依然存在。只要战争不灭绝，不同时代的战事在形式上就有相似之处。战争爆发，今时的情形和昔时的情形，不可能截然不同。像古代那样，现代战争也要集结兵力，双方展开厮杀。

在过去修行的时候，人心中的愿望表现为某种特殊形式，那种愿望现在也异常强烈的话，即使不照搬过去的修行方式，很大程度上还是以前那种样子。它是适合现代的，所以它有特别之处。它表现了永恒真理，所以它和别的时代又有相似之处。

如同儿子与刚死去的父亲长得相像，也把他送到焚尸场焚烧，是不当之举，表现真实的全新努力，某个部分与昔时的努力有相似之处，就赶紧将它抛弃，在我看来也不是足取的。

不过，我们从不研究仿效他人接受许多东西是否合乎情理。一说这是现代的东西，好像就为它说了所有该说的话，不愿再想一想，在你是现代的东西，在我未必就是。要是说，我们竭尽全力建造一个像教堂一样的建筑物，我们心中便产生极大的安慰，似乎与现代同步前进了，其实我们与教堂的千年历史毫无关系。有些体制是我们本国的，源自我们民族的本性，试着把它放进别国的历史中进行比较，我们马上摇摇着头说："不，不行，这不是现代的东西。"人有这样的心态，就会把名为"现代"的尤物当作师尊，在他那儿听到一成不变的经文，不知不觉便离弃真实。

我在这儿无意以空想挑起一场争论。你们都知道，我崇敬的先父德本特罗纳德有一天在波勒普尔空旷的原野上两棵幽静的七叶树下建了一座祭坛，之后又建了一座道院。他对道院不仅有深厚感情，也有坚定敬意。那地方长期以来空无一人，但蕴藏着丰功伟业，对此他深信不疑。他对他未能亲眼目睹的功业充满期待。他知道，天帝的意志不允许匆促行事，但包含着历史的必然。

后来有人向他提出在道院旁边建造学校的建议，他欣然同意。他似乎感到道院一直在期盼学校。这座道院肩负着培养孩子的责任。母亲为孩子喂食，既给食物，也给了她的心。食物和她的心融合，便成了琼浆。道院给少年学生知识的食粮，既不是饭店的菜肴，也不是一般学校的知识。不知不觉和它融合的，是道院生命的乳汁和甘露，滋养并强健了学生的心灵。

这不只是愿望，我们已看到它一步步变成了现实。老师的训诫和管教，起的作用极小，大部分像刺鼻的药物，不光无效，而且有害。但道院不动声色所起的作用，极为自然，极为深邃。谁也不要认为，我在这儿讲的是超凡神力。一个修行者在这儿修行，为使道院变成人们的永久之物，他遗留的修行的快乐，在这儿处处以各种形态呈现着。现今住在道院里的我们这些人，想以各种方法遮盖也遮盖不了。那呈现的快乐，不仅在少年学生也在老师们的心里，起着潜移默化的作用。这片净土不啻是学校，也是修身之所，这种明晰的体认，意义非凡。

显然，只要我们自以为我们在教学生，是我们为学生带来了好处，我们就是在做价值极低的事情。我们就不得不制造"机器"，不得不毁坏"机器"。我们对制造"机器"的热情尚未完全消退,原因是内心至今不充实。然而,某一天当我们心里慢慢产生这样的想法:自己的空虚应当充填;我们来这儿是为收获成果;学生的奋斗和老师的奋斗,拥有平等的席位;这儿师父和弟子,大家进入同一所学校,在同一个伟大师尊的教室里上课。从那天开始,果实就会自行成熟,教学就会秩序井然。

在我们至今颗粒无收之地,我们认为我们是施予者,别人是收纳者。勤奋刻苦是学生的事,我们是驭手,是舵手。我们拿不出货真价实的东西,把过错强加到别人头上,妄想以机器弥补生命力的匮乏。

七叶树下纪念碑前的泰戈尔

回顾自己的经历,我在这儿要特别强调,"我们要为别人上宗教课"这句话说得响亮的地方,宗教教育是不容易开展的。举个例子,灯光不会急不可耐地给他人视力,它燃烧得越是明亮,就越是有助于他人的观看。宗教也是如此,它像灯光,它的获取和给予,是一回事,是同时发生的。所以,没有进行宗教教育的学校,只有道院。在那儿,日日夜夜,人的宗教修行一目了然;在那儿,一切工作都是宗教活动;在那儿,遵从秉性的规律,激发对宗教的感悟。所以,所有典籍中称"相伴"为获取宗教精髓的最主要方法。我们如能把"相伴"这东西和修行者的人生探索，吸引到一个条件特别优越的地方，而不是把它们分散在各地，我们就可以把凝聚的力量用于人类社会最崇高的事业。

印度古代的净修林里，也曾这样使用力量。在那儿，修行和教育融为一体，每天十分轻松地做获取和给予之事，因而净修林像心脏一样，占有整个社会的内心世界，净化、保护社会的生命。佛教寺院里也做同样的事情。那儿获取和给予密不可分地存在着。

听到这儿，听众心里大概会萌生这样一个问题：上面提到的修行者汇集的地方，充实的宗教生活的百瓣莲花开放了吗？

没有，没有开放。汇集那儿的我们这些人的目标尚不一致，也不能说目标全是高尚的。我们大家对它的敬意，并非深厚而恒久，对此也不可抱有奢望。我们所说的高洁愿望，即争取社会进步和博得名声的愿望，在我们心里占有很高的位子，可我们未把最崇高的志向置放在尊贵的席位上。尽管如此，我要坚定地说，道院的呼唤，就是大神的呼唤。不管我们心里怎么想，他在呼唤，呼唤一刻也没有停息。我们不能以任何喧嚷掩盖那经久不息的含福的法音。它最响亮，它深沉的音涛在树木的枝叶间回荡。它贯透明净的天空，亢奋着阳光，把宁静注满幽暗。

应该耐心等待修行者。该来的时候，他们会来的。他们不会人人身穿赭色长袍，额上描了吉祥痣走来。他们衣衫褴褛，不声不响地走来，我们不会获得他们来临的消息。不过，已经响起的修行的呼唤，是我们大家最珍贵的财富。道院里的人居住在无所不在的大神的呼唤声中。那急切的呼唤声正一天天刺破他们厌烦的耳朵的聋聩，不知不觉进入他们干枯心田最硬的深处，渐渐使之湿润。

不久前听一位朋友说，在远离民众的幽静环境中生活，是当下一种时髦，不是名副其实的真学校，所以它的教学是无效的。他这番话，适用于幻想中的道院，但不适用于这座现代道院。

确实，城市里不缺少人，可几个人与民众保持着密切联系？从某个角度而言，民众是神秘主义者所说的幻影。在都市的世事之涛汹涌起伏的人海里，一个个人像鲁宾逊一样在漂流，之后带着"星期五"住在荒岛上过日子。别的地方，有这种熙熙攘攘中的静寂么？

绝对不能说，一二百人在一座道院里过日子，是冷清的生活。这一二百人，不是相距遥远的人，不是路人。愿意便朝夕相处，不愿意就关闭房门，独自待在房间角落里，这种情况这儿绝不可能发生。白天黑夜，这一二百人生活的每个细节，都得考虑周全。要和他们同甘共苦，分享便利，共克时艰，这难道是躲避民众，推卸责任，在时髦的宁静中，在象牙塔里迷茫地追寻崇高目标吗？

我那位朋友也许会说，冷清不冷清的话题，且放在一边。凡世翻腾着是非之浪的地方，方能昭示真美。不知道什么是荆棘的地方，如何开展穿过荆棘奋勇向前的教育？荆棘丛中开放的玫瑰是真玫瑰，而一次次过滤的"雅致"的香水，不过是王公贵族的化妆品。

唉，我真的不知道，这种无刺的"雅致"的香水究竟在哪家商店里出售。可瞧瞧自己的模样就明白，我们道院里不经营这种香水。《往世书》中的灿烂描写，体现净修林的理想。不过隐士的错觉，也从描写的空隙往外窥探。有如人的理想是真实的，对理想的阻挠也是真实的。在阻挠中睁开眼睛，看不到理想的人，只好闭上眼做梦了。

我们所说的道院，就像对不良行为敞开着大门的住宅区的一部分。恶魔撒旦用不着变成蛇钻进来，也可以像文人雅士，昂首挺胸走进来。人世的各种要求，物质生活的各种奢华，情绪的各种波动，志得意满者的各种狂傲姿态，随处可见。这些东西，在普通住宅区里，不太被人注意。因为，是非在普通住宅区里彼此妥协，浑然一体。可在我们这儿，两者是分离的，所以不良行为分外引人注目。

果真如此，怎么办呢？朋友们会说，比起一般住宅区，民众对它施加的压力不是小而是大的话，要是无望从那儿彻底清除不良行为的话，住在道院里的人，要是像凡世的芸芸众生，不好不坏，那你怎么能说，这是对少年学生进行宗教教育的理想场所呢？

对此，我应说清楚的是，单凭诗人的想象力，造不成用幻境之花装饰的迷人道院。因为，从像我这样的人的口中听到什么建议，听众多半会怀疑是奇思怪想。其实，我并非一谈到道院，就冥想一件不可思议的梦中才能获得的怪物。我多次承认，它丰满的身体与所有的胖女人有相同之处。可它的精微之处，恰恰是它的特点，体现它特点的地方，存在着它的理想。它的理想，不是人世的一般理想，是道院的理想。它时刻为人昭示的，不是欲望，而是探索。这道院如果像莲花在泥潭中怒放，必定面对大神。它虽然不能超凡脱俗，可奋力向四周扩展。它的身世，它的履历，不仅仅在它伫立的地方。它的目光投向哪儿，就在哪儿闪现。万有之上，它燃烧着的探索的火焰，是它的至高真实。

为什么非要掩盖崇高呢？为什么仅为取悦于务实派就隐瞒内心的真实情趣呢？在结束这篇讲话之前，我要坦率地说，一谈起道院，心灵前浮现的美景和充实的情感，便占据我们的心殿。这不仅是因为它是我们民族许多时代梦寐以求的珍宝，是探索中的创造，更深的原因是，我们看到了它与万物的和谐，所以它才如此真实，如此美好。我们怎能否认从天帝手中得到的馈赠？我们并未出生在乌云密布的天空下面，

国际大学里的佛陀塑像

寒冬残酷的折磨未能把我们赶进、关闭在牢房里。蓝天对我们敞开广阔胸襟，阳光在任何地方对我们都不吝啬，旭日像献祭的虔诚之花，冉冉升上中天。夕阳似信徒行摸足大礼，静静地落下地平线。河水多么宽阔，伸展的两岸多么静谧！一望无际的原野像大神湿婆的坐垫，凝然不动。然而它又像保护大神毗湿奴的坐骑大鹏，展开地平线的翅膀，飞向

其足迹无从寻觅的无限时空。这儿的树木款待我们，大地之床招呼我们憩息，热风为我们穿上衣服。在印度这一切是真实，永远的真实。世界各国平分鸿运时，这一切就是我们分得的一份鸿运。在进行人生探索的过程中，为何不加以利用呢？偌大的一份财富，难道被挡在认知之门外面，一如既往受到冷落吗？我们出生在印度，是为促使自然和人性的融合，把心灵感悟提升为大悟大彻，把宗教探索扩展到整个世界。为观察有形中的无形，我们眼睛的深邃目光，才如此清澈，如此宁静，如此灵活！无限的笛音飘入我们的生命之中，为了以整个心灵接触无限，为了在寓所内外，在思维想象中，在侍奉、品尝、沐浴、进餐、劳作、休息中，以各种方式运用无限，我们从不同的方向，在一条条路上，花了多少时间，作了多大努力，正是一言难尽啊！所以，印度的道院才得以占有印度的生活，才得以拥抱印度的经典诗作《往世书》。印度的馈赠在世界上至今完好无损，也归功于道院！是的，我们出生的年代被称作现代，这个行色匆匆的世纪是二十世纪，受到宠爱，为此，难道天帝极为古朴的赠物，在新时代的印度荡然无存了吗？难道他把明净无垠的碧空锁住了吗？不错，我们寥寥数人成了城市的养子，觉得城市大街两旁的庭院非常宽敞，但生养我们的母亲——大自然，难道从印度收起她一望无边的绿裙，与我们道别，怏怏离去了吗？如果这不是真的，我们就不能把流放印度身心内外的自然，在各个领域追随别国的历史当作一条吉祥之路。

我一生的十一年，与圣蒂尼克坦道院内的学校息息相关，你们可能认为，一谈到它的成功，我便情不自禁地流露出骄傲情绪。尽管顾虑重重，我仍对你们讲述了教育方面我的体会。道听途说是没有价值的。领教了各种责难，我仍要为客观事实作证。所以，我愿意谦逊地、坦直地、直率地以坚定的口气说，如果哪种宗教认为任何想象或外在的实践经历是探索的障碍，对人的智力和品格是有害的，那么，它单靠即席讲话和训诫，是不能赢得人心的。那样的宗教需要这样的道院：人的生活和自然的纽带完整无缺；人与树木、禽兽有着正常的亲谊；享受的吸引力和物质的充裕，不会激怒人心；探索不在冥想中迷失，而体现于牺牲和善行；不在狭小的环境中削弱责任感，而能深入开展在心中接受为民造福的崇高理想的教育；人们互相尊重，享有学术讨论的充分自由；缅怀各国伟人的品行，以执着的探索培养心灵情趣；不以狭隘的出世苦行阻挠人分享质朴的快乐；时时有分寸地表现自由的欢欣；每天日出日落和夜空星辰聚会的无声荣耀，不会毫无价值；欢庆自然的季节的节日，人与自然同声高唱欢乐之歌；少年学生的权利不局限于游戏和学习，他们承担造福的各种责任，感到有权的自豪，以每日的奋斗不断更新道院；不分贵贱老幼，大家垂首坐在一张席子上，从世界母亲仁慈的手中接过每天和一生需要的食粮。

圣蒂尼克坦的老师们

在宁静的帕德玛河畔一面写作一面管理希拉伊达哈田庄十余年之后,我怀着创业的决心移居圣蒂尼克坦。

希拉伊达哈田庄

圣蒂尼克坦起初是座规模很小的学校。校门上爬满碧绿的玛达比藤蔓。南面耸立着一长排茂繁的娑罗树。校后东侧是一座芒果园,西侧杂生着棕榈树、黑浆果树、阔叶树和零零落落的椰子树。西北角两株苍老的七叶树下有座简朴的大理石祭坛,坛前空旷的原野一望无际,当时未种庄稼。北面阿勒姆吉树林中一幢两层楼客舍,毗连着古老的迦昙姆树荫覆盖的厨房。唯一坚固的建筑是一幢平房,里面藏有线装佛典和其他书籍,后来翻修扩建,加了一层,成为现在的图书馆。南面的石堤又长又宽,圈护着清澈的池水。陡峭的北坡上一行高大的棕榈树,坐在学校里看得清清楚楚。学校东面,赤裸的红土路伸向波勒普尔,路上行人稀少,当时波勒普尔县城人口并不稠密,没有多少像样的建筑。碾米厂的黑烟尚未玷污碧空的明丽，尚未在粮食中传播病毒。学校四周的环境幽美、清静，宜于憩息。

年老的门房苏尔达尔是学校的卫兵。他人高马大，熊腰虎背，精神抖擞，终日不离手的一根长而粗的竹竿，是他早年强盗生涯的最后标志。花匠哈里斯是他的儿子。客舍的一层住着迪奔特罗纳德和他的几个门徒。我和内人住在二层。

波罗蒙邦达卜·乌巴塔亚先生协助我招了几名学生。幽静的娑罗树林里拉开了教育实验的序幕。教室是古老的黑浆果树底下的空地。

学生不必交学费，我向他们提供所需的一切文具和书本。我忘了古代的净修林获得六分之一的王家赋税，忘了社会捐赠是当代教授《吠陀》经典的支柱。换句话说，教育是社会的组成部分，用不着谁单枪匹马地为学校的生存而奔波。然而，这所学校全靠我极少的财力支撑着。"教师和学生的关系不是金钱关系。"昔日说明此观点极正确的简单方法，当今社会不予采纳；哪个官员支持这种观点，他的乌纱帽是保不住的，这已为我多年痛苦的经历所证实。幸亏波罗蒙邦达卜·乌巴塔亚和他的基督教弟子雷巴贾特是四海为家的"云游僧"，他们减轻了我管理学校和教学经费的负担。

建校伊始，两位青年——称他们为少男也可以——去找我。他们是阿吉德·库玛尔·查格罗帕地和他的朋友诗人沙荻斯。沙荻斯那年十九岁，学士学位的考试在即。见面以前，阿吉德请我看沙荻斯写在练习本上的诗，并作坦率的点评。每一页上的评语不全是赞词，换一个人，不会这样详细评析。读了他的诗，我感觉到了这稚嫩之作隐隐显露的非凡才华。他的诗才不容置疑。但赞美一番把他打发走是对他的不尊。阿吉德看到几句尖锐的评语沉不住气了，沙荻斯却神情坦然心情愉快地接受了。

当时，我满脑子是办好学校的雄心大志，话题一扯到学校上面，我神采飞扬地在他俩面前描绘一幅光辉灿烂的前景图。沙荻斯脸上闪现兴奋的光彩。我并未邀请他当教师。我知道他前面还有大学两级最高的台阶，法学毕业考试的试卷后面写着理想职业的诺言。

有一天沙荻斯跑来对我说："您同意的话，我很愿意当您学校的老师。"

"考完试，你再慎重考虑一下。"我劝他。

"我不参加毕业考试。"沙荻斯执拗得很，"考试通过，亲友们猛地一推，我就顺着家庭生活的斜坡滚下去了。"

怎么劝也没有用。他毫无顾虑地头顶贫困的重荷，成了圣蒂尼克坦学校的一名教师。他坚决不要薪金，我只得私下按时把钱寄给他的父亲。他不穿制服，上身缠一块旧长布，迈进文学艺术的王国，每日的生活充满自然宝库里的琼浆。他是个忘我的人，没日没夜地东奔西忙。学生老跟着他，品尝他汲取的文学营养。我迄今未曾遇见像他那样悉心钻研英语文学的第二个年轻人。他教的学生幼小天真，他搀扶着他们跨过英语阶梯最下面的一级。他授课从不照搬教材范围内的狭隘而陈腐的经验。他的文学功底颇深，讲解深入浅出，教的内容不用死记硬背就被学生消化吸收，成为他们的精神食粮。他引导学生的心灵在文学之湖中沐浴，教学深度大大超过教材的规定。他超越语言教学因袭的模式，给文学以广阔的自由。走上教师的岗位不到一年，他不幸早逝。我心中至今感到失去他的哀痛。我认为学校的老师本质上是无私奉献者，沙荻斯在这方面堪称楷模。

继沙荻斯之后加入老师行列的是贾伽达难陀。我是读了他寄给《求索》杂志的科普文章，与他相识的。他的文章语言通俗易懂，文理通顺，我不由得对他产生了特殊的好感。我先是荐举他到泰戈尔田庄任职，以帮助他克服家庭经济困难，田庄支付薪金是不吝啬的，后来觉得将他拘禁在不合适的岗位上非常可惜，就聘请他为圣蒂尼克坦的教师。教书薪金较少，对他来说却有无尽的快乐，纯洁的心灵得到极大的满足。他爱护学生，不能忍受对学生略微严厉的处罚。他见一位教师惩处一个学生，不让他吃饭，难过得流下眼泪。他把科学知识的大门对学生敞开，尽管那些知识不属于教材范围。他从不摆师长的架子，脱离学生。他与学生的关系从不局限于教学,他高贵的教师身份,总被他温和亲切的态度的罗纱所遮盖。事实上,他是学生的知心朋友。他教算术,哪个学生成绩差,考试不及格,他比谁都着急。他冲不求上进的学生怒吼听起来可怕,学生却能感觉到他的爱心在胸中抗议训斥。他是献身教育事业的教师中的佼佼者,学校永远不会忘记他的一片真情和他走了造成的无法弥补的真空。

沙荻斯的好友阿吉德·库玛尔是个称职的高级教师。在英国文学和哲学领域,他具有的广博知识,任学生随意采撷。学生听他讲课,品尝到上等的文学趣味。学生年纪小,接受

泰戈尔在圣蒂尼克坦

能力有限,可他从不自诩资深位高,嫌弃他们。他不像沙荻斯那样漠视贫苦,却也能接受清贫的现实。建造学校的大厦,他无疑是个技术娴熟的建筑师。

我的朋友穆希德·昌德拉·森也在我校工作一段时间。他曾在大学任要职,放弃那儿的名誉地位,他心甘情愿地到与其知名度不相符的基层小学任教。教书是他的癖好,给了他无穷乐趣。不久,他与世长辞,过早地结束了教学生涯。他看重人生的意义,在金钱方面慷慨大方。初次见面,他盛赞我校的宗旨,对我是极大的鼓舞。临别时说:"倘能到贵校执教,鄙人不胜荣幸。无奈公务缠身,只得聊表心意了。"说罢,把一个纸包塞给我。他走后,我拆开一看,是一张一千卢比的支票——他监考的全部报酬。这并非最后一笔捐款,后来他象征性地拿一点薪金,月月资助学校。

与上述几位老师相比，南德拉尔较晚登上圣蒂尼克坦学校的讲台。这位才华横溢的画家与年龄参差不齐的学生的友谊，令人感动。他的奉献精神体现于教课，更体现于乐善好施。他是患病的、失去亲人悲痛欲绝的贫苦学生的贴心人。上他图画课的学生，个个是幸运儿。

　　之后，各种人才、各国友人荟萃圣蒂尼克坦，按照能力和特长，为学校的建设提供充足的材料。学校在新时代的鼓励下，展示常新的姿态，与时代同步前进，保持着旺盛的生命力。

国际大学

一

人类的大家庭中正庆祝科学的灯节。每个民族点燃灿亮的华灯,汇聚在一起,灯节才能圆满结束。砸碎任何一个民族的特殊的明灯,或者忘却它的存在,整个世界将蒙受损失。

有资料表明,印度以自己的智力深入地思考过世界的问题,并依凭自己的智慧尽力加以解决。对印度来说,名副其实的教育能使印度的心灵去开拓真理,并依靠自身的力量展示真理。叫人死背书的教育不是心灵的教育,那样的教育可以依靠机器去进行。

当印度精力集中地思索的时候,它的心灵是坚固的。如今它的心灵已经支离破碎,心灵的粗壮枝丫忘记了感知同一树干中的广泛联系。如同肢体中的一根神经断裂,整个躯体便受到严重影响,印度的心灵如今在印度教徒、佛教徒、耆那教徒、锡克教徒、穆斯林和基督教徒中四分五裂,既不能为自己广收博采,也不能奉献自己的成果。接受和给予的时候,都需要把十指和手掌并拢起来。同样,印度的教育制度中应该荟萃研究《吠陀》和《往世书》的学者、佛教徒、耆那教徒、穆斯林教徒的灵魂,收集他们的精神财富;应该弄清印度的心灵之河朝哪些方向分为支流,潺潺流淌。采用这种方法,印度就能在不同的地域体悟自己的完整。印度不会扩展和分析自己,就必然像接受施舍那样接受教育。一个民族以求乞为谋生手段,任何时候都不会富裕。

国际大学的铜钟

其次,哪里有名副其实的教育场所,哪里才诞生高深的学问。大学的首要任务是培育知识,奉献知识是次要工作。要将那些以自己的才智和毅力进行创造、发明的人才吸引到研究学问的领域中来。在他们联袂从事科研的地方,流出知识的清泉,在汩汩流动的泉水边,建立我国真正的大学。照搬外国大学的模式是不可取的。

我要说的第三点是,每个国家的教育与本国完整的生活旅程密切相关。但在印度,教育仅仅与政府职员、律师、医生、警官、县长、法官等文明社会阶层的几种职业有直接联系。教育从未进入耕种的农田、榨油的作坊和制作陶器的轮子转动的屋子。在其他教育水平较高的国家,看不到这样的灾难。其原因是,印度的新大学不是建立在本国的土地上,而像寄生植物悬吊在别国的树枝上。印度若要建立真正的学校,这种学校一开始就应该把经济学、农业理论和卫生知识运用于所在地的农村,占领国家生活的中心。这样的学校有崇高的理想,能够种植农作物,养牛,织布;教师和学生采用合作社的形式,与周围的居民紧密团结,共谋生计,获取必要的资金。

我建议，将这所模范学校命名为"国际大学"。

1919 年
圣蒂尼克坦

二

目前，控制印度的势力、统治机构和欲望，全来自境外。它们如此强大，以至于超越他们的事儿，我们连想都不敢想。于是，我们的智力日趋枯竭。我们承负别人的旨令，接受别人的教育，重复别人说的话。久而久之，我们心里感到郁闷。心中时常骤生的愤懑，使我们偏离为民造福之路。于是，一部分人把采用不当手段，让憎恨的心理得到满足，当作一项任务。而另一部分人，为啄食屈辱的食物，采用阿谀奉承或偷鸡摸狗的伎俩，在国家垃圾场四周悠来晃去。在这种情形下，扩大视野，建功立业，就成了一句空话。人在身心内外变得异常渺小，失去了自尊。

担心果树苗被山羊从外面啃吃掉，就应用竹篱把果树苗围起来。树苗在安宁的竹篱内长高长大，山羊抬头就够不着了。同样，当初我决心在道院里建一所学校时，我就知道，我要居住在印度这个有竹篱圈围的所在了。这儿，可以免受外部势力的干扰，为心灵营造自由的氛围。也可以使心灵摆脱浮躁、邪念的侵袭，考虑国计民生，扎扎实实地做一番事业。

当下，我们把政治修行当作获得解脱的修行，把许多人聚集在一起号啕大哭，当作苦修。大家忙于举行大规模的洒泪活动，其他的事全搁在一边。这让我感到非常痛心。

众所周知，印度历来认为，获得了灵魂的解脱，一切羁绊就微不足道了。那样的解脱，即摆脱私利的桎梏和邪念的桎梏的解脱，是我们的人生追求。我们需要有一个倾听这些论述并认识到它是至理名言的地方。这样的解脱，不是无能为力和无所作为的代名词。它带来的是淡泊，而不是贪欲，它使心灵无畏，使劳作洁净，能消除贪婪和幻觉。

然而，我这话的意思，不是说外在羁绊中也有些许可取之处。我没有说应把它打造成首饰，挂在脖子上。它也不好。但内心的解脱，不能击败这样的羁绊，也不能让它蒙受羞辱。从中获得解脱的吉祥痣如点在额上，我们就可高昂着头坐在王座上，有资格蔑视商人敛聚的金银财宝。

我一直在想，西方国家的人是有人生目标的；那儿的教育给人各种力量，为人指路，朝人生目标迈进。与此同时，教育也有助于其他各种需要得到满足。但在印度，人生的崇高目标，尚未在我们面前浮现。谋生是我们最重要的目标。

国际大学校园

谋生的目标向来只以匮乏和需求为中心。而人生目标以完美为中心，超越一切需求。关于完美的理想，我们和欧洲看法不一。不过，任何理想不是只为吃饱肚子，不是只为挣钱，不承认这一点，我们是非常渺小的。

我们自己要明白并要启发别人明白这个道理。怀着这样的信念，我在这儿创建了学校。这儿工作的第一步，是让人心摆脱外面的浮嚣，处于宁静之中。所以，我们来到这幽静的乡村，在各自的座位上坐了下来。

今天在座的许多人，没有见到初建学校的情景。当时，可以说连学校的影子也没有。这儿最响亮的呼唤，是大自然的呼唤，而不是校长的呼唤。当时不仅不收学生的学费，连他们的餐具、卧具也得由我亲自置备。

在当今时代，逆势而行是不能持久的。一个地方的任何机构，与社会的其他部分不合拍，就会受到损害，难以生存。所以，与当时相比，这所学校的形式和特性已有了很大变化。可尽管如此，基本的东西依然如故。在这儿，少年学生享受最大限度的自由。大自然是他们自由的乐园，极为宽广。

此后，我力图通过教育消除学生心中的奴性。可是，现行教育制度之网，从头到脚缠裹着印度，从里面钻出来极为困难。我暗自担心，如果不把我们的学校之路，延伸到国内外教育的大门口，那将导致怎样的结局？！我缺乏足够的勇气，尤其是能力有限，经验也不足。所以，不得不把这所学校建成适合高考的学校。在这个范围内尽力保持其特质。正是这个原因，未把这所学校置于大学直接管理之下。

以前我曾说过，所有大国教学的最低目标，是获得运用知识的机会。最高目标，是实现人生的完美。后一个目标，是学校考虑问题的正常立足点。印度现在的学校，没有这个立足点。外国商人和"国王"为了满足他们的狭隘需求，从国外把学校移植到这儿。当年在旧式教育部门，老师教的内容超过需求，就受到当局的斥责。

之后，发生了巨大变化，可印度官办教育的额上背上，至今仍有充盈奴性的吝啬需求的印记。官办教育，与我们的匮乏和为衣食的担忧紧密相连，我们不得不默默地承负着往前行。这种可怕的强大压力，使我们不敢面对着现行教育制度，表达自由的愿望。

这种教育制度最大的谬误，是断定我们从下到上一无所有。一切必须从国外搬来，我们家里没有一分一厘祖传的教育遗产。这不仅使教育残缺不全,而且使我们心里产生我们已经穷困潦倒的自卑感。在自尊的驱动下,我们有时试图清扫自卑,可不知怎的,举动上却有矫揉造作之嫌。过分渲染,非但不能消除内心的贫乏,反而使贫乏愈显可笑和令人生厌。

总之,想清除心中的奴性,首先应清除教育中的奴性。我们的校园里,不给教育以自由,办校的宗旨就无从实现。

不久前,受人尊敬的学者毗杜塞克尔·夏斯特利先生,下决心在梵学书院只教梵文,取消其他课目。结果,学生的课程不完整了。以印度的教育为基础,在上面开展其他教育,才是真正的完整的教育。知识的容器,应用印度的泥土烧制,可容器内应接纳、储存世界各地的材料。夏斯特利先生决心践行,但在各种阻力之下只好作罢。可他初衷不改,离开了书院一段时间。

泰戈尔和老师及家属

后来,在我们的邀请下,他重返书院,但未请他重执教鞭。目前,他潜心于语言学研究。我认为,这儿的教育园地很适合他的研究。有志于做学问的学子,聚集在他这种执著的学者们四周,是一件大好事。即使印度时运不济,未出现这种盛况,那也算不上是失败。这比逼学生死记硬背词义和外国的陈词滥调,把他们培养成鹦鹉,要好许多倍。

这儿的教学就这样拉开了帷幕。这是播下的国际大学的第一粒种子。

当时,我们无力募集三五百万卢比创建大学。可我们没有气馁。种子里有生命,就会慢慢发芽,渐渐长大。只要求索中蕴涵真理,资财不足也无碍大局。

目前,教师们已各就各位。毗杜塞克尔·夏斯特利、来自锡兰①的穆哈斯塔比尔、吉迪姆罕和维姆·夏斯特利,分别教授梵文、巴利文、古代方言和古代典籍。安德鲁斯身边聚集了一批渴望了解英国文学的学生。维姆·夏斯特利还和迪南特那纳德·卡尔一起上音乐课。那科雷索尔·戈塞弥带着弦琴,正从比斯奴普尔来这儿和他们一起教音乐。南德拉尔·巴苏和苏润德罗那特·卡尔在准备开美术课。他们的学生从遥远的各邦来到了这儿。另外,大家各尽其能,主动做着份外的事儿。我们一位比哈尔邦的朋友已在路上,很快要开波斯语和乌尔都语课。他在吉迪姆罕先生的大力协助下,他还将教印地语文学。有望请到一些著名教授,来这儿作具体指导。

婴儿带着纤弱的身躯来到凡世。当真理身着像婴儿的服装来临时,对它是大可寄予厚望的。谁若长着胡子、唇髭出生,那一定是怪胎。国际大学是一个伟大理想,可它带着极其纤小的躯体来到我们的道院。宏志大业每天装扮成弱小者,降临人世。所以,让我们吹响吉祥的法螺,为他欢庆吧!我们由衷地坚信,这个婴儿从天帝的宝库带来了甘露。这甘露将为她提供营养,使她一天天长大,也将滋养我们,使我们一天比一天强壮。

1919 年 7 月
圣蒂尼克坦

---

① 今斯里兰卡。

三

今天举行国际大学校委会第一次会议。国际大学的教学已开展一段时间了。今天我们要把它交给群众,交给印度各地和国外的祝福者,交给它的志同道合者,交给那些愿意毫不犹豫地接受它的人。

我们感到极为荣幸的是,国内外卓有建树的几位热心朋友突然来到了我们中间。大家知道,勃罗琼特拉纳德·希尔博士,尼勒罗坦·萨尔卡尔博士,希希尔古玛尔·米特拉博士,出席今天的会议。我们感到更加荣幸的是,来自大洋彼岸的名闻遐迩的一位学者,今天来到了这儿。我们的知音希尔芒·雷维教授,今天加入了我们的行列。我们的荣幸还在于,在国际大学校委会第一次会议上,当我们把国际大学与世界紧密相连之时,我们把他当作西方国家的代表,迎到了我们中间。其实,他早已和印度心心相印。愿他在道院里、在我们中间获得印度的盛情款待。愿在座的各位同仁从我们手中接过国际大学的重任!我们培育国际大学已有一段日子了,现在是把它交给世界的时候了。希望各位心情愉快地接受它,与它建立心灵的联系。怀着这样的期望,在大家的赞许下,我热情欢迎勃罗琼特拉纳德·希尔博士担任会议主席,履行他的职责。请他作为世界的代表,从我们的手中收下国际大学,把国际大学呈现在世界面前。今后,在管理学校方面他的深切感受,是别人不会有的。他以深邃的目光观察知识王国。光有非凡的学识,是做不到这一点的。因为,学识有时候造成人的偏执。而他以心灵的目光洞察并接受了知识王国内部的融合。目前,没有第二个人比他更适合接管国际大学。我愉快地把这所大学交给他掌管。愿他代表我们把国际大学呈现在世人面前。要是他心中没有迟疑,就请他坐上自己的位子,亲手编织国际大学与世界的纽带。

我先回顾一下创办国际大学的动因。因为,也许不少人不清楚这段历史。几年前,毗杜塞克尔·夏斯特利先生下定决心,在印度建立学堂，推广梵文教育。扩大教授梵文的私塾和书院的规模，是他的夙愿。他认为，依附时代建立的私塾和书院，当时不缺少存在的合理性。但时代已经变了。现政府建立的学校，不是印度自己的创造。印度古代的学校，与自然和睦相处，是印度人自己的创造。目前需要做的一件事，是在它们中间奏响新时代的脉息和新时代的呼唤。如果奏不响，说明它没有反应，已经死了。怀着这种志向，他回到自己的村子，为此有一段时间中断了和我们的联系，让我心里非常焦急，尽管我知道，我们的心灵纽带并未断裂。之后他遇到种种困难，在村里未建成教梵文的学堂。当时我向他承诺，这儿是他最好的用武之地，他的梦想可以在这儿实现。于是就有了国际大学的起步。

树木的种子遵循生命的法则，渐渐萌芽，渐渐长大，伸展枝叶，于是不能再把它局限于种子之中。同样，当初我们设想把这所学校限制在满足本国需求的范围之内，可它渐渐扩大，奋力在辽阔的天空赢得自由。全世界对真正的事业充满期待。削足适履地把它塞在某种需求之中，就是一笔勾销它的真正作用。不久前，我在西方国家访问，所有我会见的人，都想知道东方世界能馈赠什么精神财富。如今印度人感到伤心的是，古代建造的道院的地基已经塌陷了，于是人们觉得，这样的道院已无力消除他的匮乏。西方的一些哲人了解印度的现状，很想知道，印度人在哪条路上奋斗，那样的匮乏就可消除。

妄自尊大的民族，以为自己的道义和财富只属于自己，可实际上，它是不能以傲岸之墙把它真正的财富圈围起来的。假若它以狂傲硬把真实塞进自己的口袋，那么真实就会憋死。当今世界处处萌生了世界意识。时代的求索难道在印度得不到一席之地？难道我们要说，把人类的宏愿拒之于千里之外，我们只想守护自己针尖般的心愿？难道我们分享不到人类的荣誉？坐在本民族撼不动的井底，狭隘地认识自己，难道是我们的无上光荣？

诚然，国际大学是印度的产物，但应让它成为整个人类的探索之地。我们能奉献什么呢？行善积德的大神湿婆提着乞讨的褡裢上路了。

国际大学内泰戈尔的卧室

谁能把什么放进他的褡裢呢？湿婆提着褡裢走到每个人身边。难道我们没有可给他的东西？有，我们有可给的东西，记住这句话，我们开始行动，让国际大学在印度的大地上昂然矗立吧！

1919 年 12 月
圣蒂尼克坦

四

  一样东西是怎样开始动手做起来的，往往很难说清楚。起始阶段大多覆盖着奥秘。一直到四十岁，我的时光大都是在帕德玛河上的木船里度过的。我的邻居，是沙滩上包括鸳鸯在内的水鸟。我坐在它们中间写作。也许，我可能这样过一辈子。但是，我的心为何突然反叛呢？我为何离开想象世界，进入劳作世界呢？

  我感到童年时代的教育是对人心的折磨。那样的教育给我的打击之大，痛苦之多，是那样不人道，直到后来长大了，也难以忘怀。因为，它不许人生与自然的柔怀接触，把孩子扔进学校的机器里。在它反常的压挤下，孩子的童心每天疼痛不已。我在师范实验小学读过书。它原先是富翁的豪宅。里面没有树木，大理石铺地的庭院和砖砌的高墙，仿佛咬牙切齿地瞪视着我们。我们的儿童天性中洋溢着生命的激情，在那样的环境中感到非常难受。远离自然的陪伴，割断与老师的心灵联系，我们的灵魂仿佛枯死了。老师在我们心田制造的，似乎全是恐怖。

切断心灵的纽带获得的知识，任何时候不能与人生水乳交融。

我就这个话题，多次发表演讲。可当我发现，听众全把我的话当作悦耳的诗句，有些人接受我的观点，却不做实事时，我暗暗下定决心，要把我的想法变成行动。我的心愿是，让孩子们整天高高兴兴，让大自然的树木也成为他们的老师和生活伙伴，从而构筑生命乐园里的知识之巢。

当时我债台高筑。债务不是我一个人的，却要我一个人偿还。欠债高达十余万卢比。可我没有一分钱财产，每月的补助极少，只好出售一部分著作版权，艰难地支撑局面。我没有向其他地方的朋友发出呼吁，只请到了波罗蒙邦达卜·乌巴塔亚①先生一个人，当时他还没有参与政治活动。他赞赏我的志趣。可他莅临道院之前，我已开课了。我招了五六个孩子，在紫浆果树底下上课。我才学疏浅，但做了力所能及的事。我绘声绘色地为他们讲《罗摩衍那》和《摩诃婆罗多》里的故事，引得他们时而伤心落泪，时而又笑得前仰后合。我和他们亲如一家人，在家庭式的气氛中把他们培养成人。

我一度为经验欠缺而苦恼，有一天突然起了请一名校长的念头。有人向我推荐一个人选，说他是经验丰富的老师，手执通过考试的魔棍，魔棍点到谁，谁就能顺利通过考试。他应邀来了，四处看了几天说："这些孩子爬树，大叫大嚷，东奔西窜，这样不好。"我对他说："您看，他们到了您的年纪，就上不了树了。现在让他们爬嘛。大树张开枝丫，是在招呼人哩。让他们爬上去，坐在树枝上，晃悠着双腿嘛。"他

---

① 波罗蒙邦达卜·乌巴塔亚（1861—1907）系印度吠檀多哲学家，曾协助泰戈尔创办梵学书院。

见我对偏护学生，生气了。记得他像教幼儿园里的小孩那样教学生，说椰子是圆的，木苹果是圆的，人的脑袋也是圆的，等等，等等。他是引导学生通过考试的行家里手，是中考之船的舵手。可在这儿处处感到无所适从，末了向我告辞走了。之后，我再也没有聘请校长。

学生在树下上课

其实，这不是无足轻重的小事。世界上极少的学校里学生获得如此多的自由。就学生的自由这件事，我多次和老师们发生争执。我对学生说："你们成立学生会，自己管自己嘛。"我从未放弃我的理念，不许对学生采取强制手段。我让他们唱歌、爬树、画画，彼此敞开胸怀，无拘无束，亲如兄弟。

这儿儿童教育的另一个特点是，让学生体悟人生深刻而崇高的意义。印度求索的格言是：幸福在崇高之中，而不在浮浅之中。然而，如今政治独占了崇高的全部地盘。我想说是的，应该让孩子们明白人类的最高理想。所以我们在这儿早晚静坐片刻，背诵印度古代净修林里的训诫。这不是别的，是一种自我期许。通过这样的活动，孩子们隐隐约约地看到了伟大事物的暗示。或许，他们坐着祈祷手脚乱动，东张西望，但坐在蒲团上的深邃意义，已一天天深入他们的心中。

孩子们在这儿把各种趣味注满他们人生的初始阶段，这是我的殷切希望。时刻与自然保持联系，通过音乐、戏剧、绘画，日日品尝欢乐的琼浆，这将在孩子们头脑深处留下愉快的回忆。以此为出发点，教学拉开了序幕。

但是，这所学校不认为这就是极终目标。我建校的最初目的，是让孟加拉孩子在这儿长大成才，在形象、趣味、色彩、馨香、画面、旋律的熏染下，让他们的童心像百瓣莲花一样怡然绽放。可随着我思想的成熟，我的目的逐渐扩容了。孟加拉的孩子们以他们甜美的笑声我心中荡起了激情的波浪。我默默地坐着，听着他们欢快的话音。从远处望着他们，我恍然觉得，他们的欢声笑语，是从大千世界的心中流出来的一泓甘泉。我在孩子们中间，接触到了这泓甘泉。大千世界的心田上，人类所有的儿子，是快乐的，我让我的心在那广袤的心原上扩展。那儿，有人类生意盎然的宏阔圣地；那儿，每天创造着人类历史；那儿，我的心踏上了征程。直到五十岁，我未用英语进行写作。我不觉得我已通晓英语。母语是我的语言资本。需要写英文信时，我总让奥吉德或他人代笔。我上中小学上到十三岁，之后成了逃学的学生。五十岁那年，我着手翻译我的作品时，《献歌集》中的歌曲唤醒了我心中的情感，于是把该集的歌曲译成英语。这个译本，是我前往欧洲访问途中弥足珍贵的盘缠。我幸运地在印度之外的世界赢得了一席之地，这并非我的刻意追求。然而，这份荣誉，扩大了我的责任。

只要种子是种子，就一直幽居在自身之中。之后，当它萌芽，长成向天空伸展枝丫的大树时，它成为世界之物。同样，在孟加拉的边陲地区，这所学校起先带着几个孟加拉孩子，凭借极少的财力物力，在一个角落里扎下了根。但它和一切生机勃勃的事物一样，它内心成熟的时候来到了。这时，它不再是有限的泥地里的东西。它抬头仰望高空。它的心与广阔世界建立了联系。世界宣告它是世界的东西了。

当代世界的地理界限已被打破。人们彼此走得更近了，我们应该接受这个客观事实。人类相聚的基础是博爱，而不是仇恨。我并非不承认，从物质享受的角度而言，人们在互相折磨，互相欺负。但在探寻真理方面，不分东方西方。佛祖的教诲，在印度的土壤里产生，传到中国，叩击人的心扉，渐渐占领整个亚洲。永恒真理中间，没有东方西方的差别。我们应该在国际大学建立探寻真理的基地，建立与世界交流的机制。以前，我们一直是英国大学里的"小学生"，伸手向西方索要知识。我们未建立与西方交换成果的关系。最近，我鼓足勇气，邀请欧洲步入我们的教育中心。这儿，将建造知识圣殿，将举行真理的聚会。

以往，我们在国家政治领域大吹大擂，但心中没有自信，充斥的是空虚。在精神财富真正充足的地方，不会有吝啬行为。对自己的财富满怀希望和信心的民族，把财物送给别人，决不会犹豫，而会把别人叫到身边，慷慨赠送。印度的先圣曾大声呼喊：来呀，奉献你的一切！

印度有些人想远离大众，孤零零地蛰居在幽寂的知识的牢房里，指望吃狱卒发善心给的食物，苟且度日。把印度从这种与世隔绝的状态中解救出来，虽说绝非易事，我们也应构建服务他人也得到他人服务，赠送礼品也接受礼品的渠道。印度在全球的科技世界外面，形单影只。长期以来，只给它吃教育的残羹剩汤，让它当走不出校门的在读生。我们应奋起直追，融入知识的主流，涤净精神和心智蒙受的屈辱。

愿印度看清自己的心，从当前所有的轻侮中得到拯救！我们应该了解罗摩奴兹①、商羯尔和释迦牟尼等先圣贤哲在印度为解决世界难题所作的艰苦努力，了解朱拉斯得利亚·伊斯拉姆等人在亚洲开展的高尚教育事业。光熟悉印度教徒的心是不够的。印度的文学、艺术和建筑中，交融着印度教徒和穆斯林的丰富创造。对它的兼容，构成印度的整体。未建立认知这历史真实的教育机构，印度的教育因而是不完整的、薄弱的。

印度努力将大千世界的多姿多彩汇集于自己的宏大实体。我们需要一个认清这种追求的场所。国际大学就是这样的场所。我们的知识不拿到世界市场上检验，我们的认识就不可能完善。坐有房角里，和亲朋好友互相吹捧，越吹越大的骄傲情绪，不是真货。步入人类高大的知识圣殿，我们的知识才有用处。

---

① 罗摩奴兹（1017—？）系南印度毗湿奴教派创始人。

愿国际大学的既定目标早日实现!

1922年3月

圣蒂尼克坦

五

今天你们来到这儿,今后大家会经常见面,关系将日益密切。国际大学心中的理想,在你们面前将渐渐清晰起来。透过国际大学不断兴建的机构,它的内心世界,也将在你们面前展现。

站在外面谈论这所学校,难免有些踌躇。因为,把外部具象安到内在理想身上,两者肯定不可能严丝合缝。外表上的欠缺与理想的内在崇高的差距一旦落入眼帘,当初的赞美之词,势必成会许多人失望和惭愧的催化剂。

没有人能把理想阐述得非常透彻。因为它不是一两人某一段时间内做的事。开初摸索遇到的第一波冲击,不能反映它的真相。在各种人员的协助下,通过心灵、工作和生活,它才逐渐显现。它开初的外貌,不是其真实内心。所以,让我谈这所学校,我总是有些犹豫。

从外面来的客人和承担职务的同仁,透过学校当前采取的各种不完善措施,接受并尊重国际大学胸怀的情趣和志向,以及它内心载负的完整意蕴。这给了我们莫大鼓舞。

是的,目前它尚未与全体国民建立心心相印的关系。甚至,或多或多与它关联的不少人,也未看清它的本相,只看到教学方法、教学机构和教学材料等东西构成的它的外貌,偶尔为自己的权益发牢骚。原因是,大家的心思不放在我想表述的志趣上。他们心血来潮地追求现代时尚,心里不愿关注崇高的教育需求。也许,我的无能和时乖命蹇,也是原因之一。也许,我无力让我的人生目标得到他人的赞许。谁大声呐喊,发号施令,其中也含有一份他本人的责任和义务。如果他不能对所有的人昭示他的人生理想,并为他人接受,他的无能就暴露无遗。也许,是我的品格缺陷,导致个人事业成不了国家事业。但我仍有信心,相信心血不会白费。因为,我不能说这所学校是属于我个人的。从各地汇集到学校里的教职员工,正从事创造性工作。甚至每个孩子都以空闲时分的歌声、笑声和戏剧中的对白,每天协助营造良好的文化氛围。每个学生和老师,不知不觉地,都在协助寻找真理。我对他们所做的一切充满期望。我相信,教育的种子,总有一天会变成擎天大树。

国际大学学生的歌舞表演

有一天我暗自思忖,全邦那些满怀热情和好奇的学生,能不分享这棵大树的果实?我们在国际大学思考问题,寻求真理,国内外学者在探讨理论,作出贡献,这些成果在弹丸之地自生自灭,是极大的浪费。这些成果封闭在极小范围内,等于剥夺绝大部分人分享的机会。虽说圣蒂尼克坦是我的教育中心,大凡来这儿的人,均参与教学实践,但并非只有他们才配接受国际大学的理想。所以,我个人认为,许多学生和学生朋友也对我说过,应当开展音乐、艺术和文学活动,让加尔各答的学生们知晓,这儿在创新,在寻找真理,认识到这儿不光传授书本知识,也在探索人生真谛。我答应接受他们的建议,是十分勉强的。因为我和其他地方的学生彼此并不熟悉。我担心的是,很长时间对我们有误解的人,说不定会冷嘲热讽。没有什么别的东西,比理想更容易受到人们的讥嘲。极卑琐的人，会给崇高事业抹黑，极力加以歪曲。

　　我感到这个理想与现时尚未契合，因而将近二十年我一直待在僻远之地，连亲戚也不知道我究竟在埋头做什么。我的许多同事也不全明白，我为何放弃其他事情，放弃清闲歇息，受了谁的召唤，胸怀什么志向，怀着怎样的喜悦心情，投身于这项事业。尽管如此，我在我校学生中间看到了欢乐的真貌，见证了他们的自由成长。我坚信他们在这儿有所收获。这就是我一直没有离开此地的原委。

　　与这所学校共处有两种方法：第一，分担圣蒂尼克坦的教学任务；第二，在外面分享圣蒂尼克坦的教学研究成果，与此同时，在外面与它保持联系。赞同国际大学理想的人，可以成为它的一员，担起弘扬理想的重任。此后，为它着想，为它苦干，树立它的高大形象，让它免受打击。这是责任的一部分，也是友好人士的义务。国际大学的大门对他们敞开着。

　　但有些人可能会说，这儿的一切，我们并不都喜欢。为什么从国外请来这些教授呢？印度在本土过得挺好的嘛。

　　我们不想和他们争论。这是他们不愿迈的一道坎儿。不过，他们仍可成为加尔各答"国际大学联谊会"成员，没人把他们拒之门外。我们举办演唱会，他们不来听的事，想必不会发生。我们阐述某种观点，他们也可以来听听。比如，吉迪姆罕先生那天谈了对卡比尔的看法。又比如，今天，希尔芒·雷维教授临走之前，为他举行欢送会。这位学者虽说是外国人，却不应说他某一个国家的人。他已成为我们的亲人。他从心底热爱我们的国家。与他相识相处，没有人受到一丝伤害。

　　最近，历史突然转向新的方向。这是什么意思呢？有些人不遗余力地挖掘本民族的优长，挖着挖着，忽然看见用了不知多少年的锈蚀的旧铁杵。前面我已说过，人的真实在于，有许多人中间找到自己，才算赢得自我。这个道理长期以来只在很小的范围内被人认知。只要地理界限确实存在，在界限之内，每个人，在与本民族所有人的交往中，感到自己是真实的，也觉得自己是高尚的。然而现在打破了那种界限。海上陆地上，国与国之间把人隔开的所有障碍，逐渐排除了。如今人们甚至在天上也行走自如了。飞机的优越性日益增大，人们将跨越地球陆地上全部屏障，国界的意义不复存在。

地理界限慢慢隐逝，不同肤色的人，走到对方的身边。然而，至今这只是阔大的客观真实，尚未在人们心里找到位置。旧时代的习惯至今缠裹着人心。探索之路上前行的人们的盘缠，依然是既往时代的欠贷。所以它仍在当代前进的道路上制造麻烦。

不贴近当代显现的真理，是要挨打的。当下已发生厮杀。各民族聚合的地方，没有欢乐，没有安宁。杀戮、怀疑、仇恨在膨胀，这让我们明白，对真理的追寻中止了。眼下真理是人类社会门口的嘉宾，国际大学接受了迎接嘉宾的任务。

不管多么贫穷，不管有多少困难，印度有能力担起这个责任。请不要再指责我们："你是被奴役的穷人，为何说这种话？"这种话，我们说定了！金钱的高傲不肯承认真理。富裕在制造差别，而富有的真理的能够超越差别。不相信金钱是终极归宿的人，就是阿周那①。他摧毁金钱的壁垒，在各地展示人类灵魂的权利。愿国际大学拥有这样的权利！愿国内外的探索者接受国际大学的席位！我们将在书院里经常呼吁："来吧，奉献你的一切。"

今天，印度若像昔日那样追寻精诚团结，我们所有的屈辱就能荡涤干净。不是通过贸易，不是通过战争，而是通过拥抱真理，这个目的就能达到。愿国际大学从今天起一心一意为弘扬人格的全部光荣而奋斗！这也是我们要表达的决心！

1922年8月
加尔各答

---

① 阿周那是史诗《摩诃婆罗多》中的重要人物之一。他打败财神后，从财神的宝库取走千余枝金光闪闪的仙花。

六

关于国际大学，有一句话大家应当记住，我不是在某个时刻头脑一热，就有了建校的兴趣，就下了建校的决心。深藏在我脑子里的决心的种子，是不为人知地渐渐发芽的。它的起因隐藏在我已往的生活之中。在我童年的生活中，这所学校的宗旨就有了雏形。

你们知道，我没有步步紧跟旧教育制度。我在家成长的特殊方式，使我远离人世，成为离群索居的人。从童年时代起我和人类社会就没有密切联系，我是在社会的边地长大的。在我的著作《人生回忆》中，你们可以读到详细描述。我住在远处，通过窗户遥望社会。所以远处的珍宝，对我具有强大的吸引力。我住在加尔各答城里。我的活动局限于砖瓦、石头和木材构成的极小圈子。我的四周，是昂首矗立的一幢幢楼房，它们中间一小块地方，长着几棵树，有一个池塘。但在我家所在的街巷的远处，没有高大的房屋，略微有些乡村的情调。

那时，外面的大自然日日对我热情呼唤。记得中午时分，我一个人躲在屋顶一个角落里。我仰望裸露的蓝天，倾听苍鹰的啼唳，透过街巷里人群隐隐约约的欢声笑语，我在楼顶上获取的一幅幅人生旅程画面，震撼着我的心。从中也听到人性的召唤。远处民宅上空，有时夜里传来的催眠曲，有时早晨传来的催人苏醒的民谣，以及逢年过节的各种喧闹声，搅得我心神不宁。雨季乌云乍至，天上云彩的精彩游戏，还有小花园里秋露湿润的碧草和椰子树叶的莹莹闪光，在我眼里真是美妙极了。记得一大早我就起床，直奔楼顶，等待看红日冉冉升起。清晨，露珠上闪烁的金光，在我心中激起无限欢愉。大千世界仿佛一次次高声对我说："你是我的亲人。我内含的真实期待着与万众的联系，可你我的分离中也充满甜蜜。"那时，对外部世界的认知，在我心中朦胧地丰厚起来。外面的千唤万呼，使小屋里我这个人激动不已。

记得后来加尔各答城里首次流行登革热。正是这种疾病为我创造了走出祖宅的难得机会。我和家人搬到恒河边一幢别墅里。这是我第一次较近地接触自然。自然景色使我何等陶醉，难以以语言表达。你们中间许多人来自农村，与村庄亲密无间。你们看惯了绿色农田和一排排树木，不易理解我当时的心情。很少有人能有我这样的体验，走出砖木的"牢房"，在外面的天空下获得自由，首次扑进自然的怀里，对我的人生是多么珍贵。早晨，靛蓝老板的木船朝南驶去，傍晚又朝北驶来。恒河两岸人来人往，熙熙攘攘。人们的生活与河水密不可分，村民们下河洗澡、汲水饮用，为已故的先人供奉圣水，这一幕幕情景，深深地打动我的心。一座座村庄仿佛伸出长长的手臂紧紧搂着恒河两岸，像啜吮乳汁那样汲取解渴的河水。这是我第一次来到恒河边。那儿的日出日落，在我看来美不胜收，难以描绘！

国际大学学生的体育活动

每时每刻，自然界展现无可言传的壮丽，可我们与自然朝夕相处，由于过分熟悉，在我们眼里似乎已变得非常平淡。你们大概读过华兹华斯①的诗作中对自然的生动描写。在终日繁忙的人看来，自然的绮丽已

---

① 华兹华斯（1770—1850）系英国著名诗人。

成虚影，可以说压根儿不存在。自然的奥妙和魅力，在他心里激不起共鸣。宇宙这位大诗人每日在远天翻开的神奇诗作的一页又一页，散溢着无穷意蕴。可我们被挡在过分熟悉之墙后面，品尝不到它的诗味。在这儿值得一提的是，与自然的情味之流接触，引起我心中强烈的好奇，至今没有消退。以上的话，是今天的开场白。一个个事件，使我的生活穿过各种关系，朝一个方向延伸，那一段时间的经历，是其中最重要的一环。

之后，我受命经管祖产，住在帕德玛河畔，这也是改变人生走向的一件好事。帕德玛河畔的芒果树、紫浆果树、阔叶树、藤蔓和油菜田，早春二月芳香弥漫的和风，幽静的沙洲上徉徜的"呷呷"鸣叫的野鸭，黄昏星光粼粼闪烁的清澈的河水，与我建立了密切的亲情关系。熟悉村民的淳朴生活和自然之美交融的乡村世界的过程中，我享受到了无穷快乐。

幼年时期我还有一大收获。虽然远离民众，远离自然坦荡的胸怀，孤单地过日子，但我是在祖宅里亲朋好友的音乐、文学和艺术创作的氛围中长大的。它对我人生的意义非同寻常。我从小爱逃学。我怕老师，尽量躲避他们。但大千世界那些无形的老师，在冥冥之中为我上课，我跟他们学了许多知识。我家里经常讨论英语、孟加拉语文学和歌曲，使我受到了艺术熏陶。我没有系统学习这些知识，但受到了潜移默化的影响，心中收储了大量文艺乐趣。我的大哥当时正在创作小说《梦之死》。就像大树开了一簇簇花，长了累累小果，却又主动让许多花果凋落，毫不后悔一样，他撕下后随手抛进风中一张张纸上的文字，比在创作本上留下的文字不知多出多少倍。我家过道上到处舞动着他撕的碎纸片。那些文学作品的碎纸堆，是我的心灵之河中沉淀的肥沃的淤泥。

你们知道，我从小就沉湎于文学创作。我在褒赞和贬责之中，历练着我的诗笔。当时的一大有利条件是，文坛不那么开放。面积很大的文学市场尚未开设。在很小的集市上进行着商品交换。所以我的童年之作，在一个角落里毫无羞色。得到亲友的些许赞扬和鼓励，心里就很满足了。后来，孟加拉文学渐渐扩展，创作日趋广泛。文坛人满为患。如同夜空转眼之间闪现一颗颗明星一样，文学的天空也缀满了无数作者。尽管如此，我的创作园地仍然清静。独居是我的一份私产。过度张扬的侵扰下，我总感到不舒服。一直到四五十岁，我在帕德玛河畔幽静的庄园里，随心所欲地进行创作。我那些参差不齐的诗作，就是在那时写成的。

正当我潜心于文学创作消度时光之时，一种呼唤，一种鼓动，沁入我的心底，使我的心急切地渴望步入外部世界。我想要做的事，是教书。这是一件怪事。前面我说过，我和教育毫无干系。我之所以挑起这副担子，是因为我心里坚信，现有教育制度存在严重缺陷。不克服这些缺陷，教育必然与我们的生活脱节，成为生活之外的东西。我没有说，只有印度存在这种缺陷。所有的国家，教育多多少少是不完善的。各国教育都脱离生活，成为一种阻力。

当时我的心境里浮现出悠远时代的一幅画面。我不知道，历史判定《往世书》中描述的净修林有多大的真实性。可即使不作裁决，我也觉得，净修林里的教学方法中有极大的合理内质。我们出生在大自然怀里，失去它的教诲，单独生活，是不可能获得完整教育的。苦修者在林地有自然陪伴，坐在自然的怀中，可获得无价的知识财富，同时，置身于师生关系密切的环境中，更可以向师尊学到丰富知识。在森林深处的净修林里挤奶，点燃祭火，以各种形式与大自然结缘，古代这种生活体制中，蕴涵着人与人以及人与自然的情分。弟子们与所拜的师父共同生活，一起成长，本身就是一种崇高的教育。这样，教育与生活密切相连，师生之间建立真正的完美关系，人性与自然的交融，甜美而健康。所以我以为，净修林中人类生活的演进，是平和的。那样的岁月并未完结。它中间的真实和美，属于一切时代。即便在现在，净修林生活也不应是我们不可企及的。

脑子里有了这样的想法，我便担负起圣蒂尼克坦的教学任务。所幸的是，在我看来，圣蒂尼克坦仍然充满净修林的气息。小时候，我和先父曾在这儿度过一段时光。我亲眼目睹,他满心喜悦地使自己的心与大千世界及至上灵魂①相关联,在生活中感知了真实。我真切地感到,他的体悟,不是外在之物。夜里两点,在缀满繁星的夜空下,他坐在空荡荡的屋顶上,沉入冥想,在内心汲取甘露。每天他坐在祭坛下,以生命之觞畅饮琼浆玉液。在世界的情景中,体悟充实世界者,这在先父生活中,是可观的实事。我觉得,把学生带到先父的修行之地圣蒂尼克坦,和他们朝夕相处,把自己能给予的一切全给他们,之后就不用我多操心了。大自然充实他们的心灵,消除他们的匮乏。每个人心中,或多或少有与自然沟通的渴望。应当设法满足这种渴望,为人提供被剥夺的与自然接触的机会。

泰戈尔和小学生

当时志同道合者屈指可数。波罗蒙邦达卜·乌巴塔亚先生欣赏我的为人,尊重我的志向,主动前来助我一臂之力,对我说:"你教书不是内行,让我来教吧。"于是我主管学生的生活。另外,为他们编故事,

---

① 至上灵魂和本段中的充实世界者,指梵天。

讲故事。一天又一天，我添油加醋，把一个小故事抻得很长，六七天才讲完。我擅长随口编故事，编的许多故事后来编入《短篇小说集》中。我安排丰富多彩的活动，如戏剧表演、听故事、唱歌、阅读改写本《罗摩衍那》和《摩诃婆罗多》，等等，让孩子们的童心充满灵气。

我深知，确保孩子的心路朝正确方向延伸，培养他们健康的人生观，是一项重大责任。孩子出生在如此浩大的世界，如此宏大的人类社会之中，继承了一份丰厚遗产，为此，一定要矫正好他们的心灵航标。在印度的艰难岁月，谋求一官半职成了许多人学习的最终目的，从而失去了与世界建立愉悦关系，分享世界财富的机会。作为一个人，应当认清自己的权利。既要与自然保持心灵的和谐，也要融入广大的人类世界。

我们的国民忘记了先圣的箴言：痛苦之路上布满人的幸福。而那些执著的科学家，忍受难以忍受的艰辛，前往北极探险，深入非洲内陆，在崎岖的山路上前行。冒着生命危险，探寻科学真理。踏上科技和精神探索之路的人们，抛子别妻，在危机四伏的道路上跋涉。他们心里牢记：痛苦之路上布满人的幸福。可我们如今忘了这句话。几乎所有的印度人，把灵魂置于极渺小的追求和卑微的生活，聊度岁月。

建校的时候，我首先想到，要将学生的生活从精神虚弱和胆怯中解救出来。印度的恒河从崇山峻岭中奔腾而出，流过一个个地区，两岸的居民舀水饮用，做好家中重要或普通的事情。同样，圣洁的知识之河，流出高尚的人心，流向无限，流向东方、西方，流向各个方向。我们不会在狭隘利益的范围内筑坝，拦截河水，独自欣赏。但在它使人们的生活趋于完满，并显露宏大的世界形象之地，我们沉浸于它的水中，得以纯洁，得以净化。

造物主一面苦修一面创造万物，每个原子里都充盈他的苦行。因而密集的原子里永远存在碰撞、喷溅的火花和往复的循环。在造物主苦修的同时，凡人也一刻不停地在苦修，从未默默地袖手旁观。因为凡人也是造物主，创造是他的本职，采集和贮存不是他的主要职责，他的真貌在奉献中显露出来。所以世界上天帝的修炼之地，处处有凡人的苦行。应该认识到人是苦修者。有了这种认识，才能完整地看清历代各国的执著求索是人类的本性。

如今世界各国、各民族的人在求索的圣地都占了一席之地，我们应当忘却分歧，日夜兼程，奔赴圣地。我创建国际大学之际，这种决心时刻鼓舞着我。难道因为我是孟加拉人，就非得把我们的文学创作局限于孟加拉文学吗？难道我不曾诞生于世界大家庭？世上所有的哲学家、诗人和科学家正为我艰苦地创作、研究，源于这种正确认识的自豪感难道微不足道吗？

我说这话，听起来太骄傲了。然而今天我应该顺便说一下，我在欧洲赢得的荣誉，任何藩王从未得到。这足以证明，在人的心灵王国的情感乐园里，没有民族之分。我拜访过许多被誉为师尊的知名人士，他们毫不拘谨，神态自然地与我这位东方人互致敬意。我似乎在哪儿用点金棒触到了人心，于是欧洲人把我当作亲戚，盛情款待，回想起来我至今有些惊奇。同样，贾格迪斯·昌德拉·巴苏也将经过多年研究发现的真理之泉奉献给欧洲人，各国科学家因而把他当作自己中的一员，对他表示热情欢迎。

西方的土地上，知识一向受到尊重。法国和德国之间，表面上爆发了激烈的政治战，但双方在知识方面合作从未遇到阻碍。我们为什么总当"小学生"，一页一页背书，学习知识，参加考试，通过了考试，立即把一切沉入遗忘的深渊呢？为什么不与其他国家的探索者交流研究成果呢？反复考虑之后，我毅然邀请欧洲的许多学者来国际大学和我们一起从事研究。他们谁也没有拒绝邀请。目前我们至少已见到他们中间的一位。他就是法国的东方学专家希尔芒·雷维。如果你们与他们相处几天，就会发现他知识渊博，心胸宽广。开初我犹豫地向雷维教授提出建议。我对他说，我希望我在印度创建的学校能吸引各个领域的学者，努力汇集印度的精神财富。当时哈佛大学已向他发出演讲的邀请。哈佛大学是一所世界名牌大学，但无人知道我们国际大学的名字，然而雷维先生满怀敬意接受了这所默默无闻的学校的情义。

你们不要以为他来到这里丧失了尊严。他一再说："对我来说，这是住在天堂。"他是一位著名学者，很难说在这儿找到了许多适合他教的学生，但他从未流露出轻视的神情。他为崇高的理想感到自豪，也体会到教学的光荣，所以他侨居此地，非常满意。关于我们学校，你们应该知道一则喜讯：圣蒂尼克坦已经得到法国、德国、瑞士、奥地利、捷克等欧洲国家的大量赠书。

我们在圣蒂尼克坦安置了尽可能多的座位，期待世界成为我们的合作者。但是，一个巴掌拍不响，单靠一方面使劲，不可能实现心灵的欢聚。印度难道在自己的幽居之地推不开关闭的大门？难道要把以小聪明去孤立世界的狂妄当作自己的光荣？

我希望在国际大学创造的环境中，印度与世界的关系是自然的、有益的、亲切的。印度应该认识到，把人当作亲戚的所在，不是不光彩或悲伤的温床，那儿人与人的关系并不令人丧气。我的西方朋友有时问我："你们国家的群众能接受我们吗？"我用肯定的语气回答："是的，当然能够，印度人绝不会把你们关在门外。"我知道孟加拉人心中充满知识的自豪感，不会拒绝西方的知识。虽然政治领域有各种观点和分歧，但在印度孟加拉邦，对各国知识的尊重融化在孟加拉人的血液中。孟加拉邦那些极度贫困、蒙受无穷苦难的人，也盼望通过接受教育获得尊贵的称号。孟加拉人没有文化知识，就无望进入文明社会。因此有些守寡的母亲含辛茹苦，碾米织布，竭尽全力让儿子上学。所以我认为孟加拉人不会轻视知识，冷淡学者。我对西方科学家说："你们放心大胆地到印度来吧，你们将受到无可挑剔的欢迎。"

我这承诺的正确性将在国际大学受到检验。我们要在这儿证明，广大的人类社会中正举行科学的祭礼，我们有能力在活生生的祭火中加添燃料。我们感到自豪的是，我们有权说历代各国的财富也属于我们。接受他人的恩惠和礼品的权利，人人皆有，我们当然不会糊里糊涂地放弃。我们还没有野蛮到那种地步，以至于不承认各国学者的知识之光也能温暖我们，对它漠视而不感到羞耻，拒之门外而不感到精神上的贫乏。

1922 年 9 月

加尔各答

七

每时每刻我们心中都有自我展现的冲动。展现是世界的本性。创造的游戏的两个方面，一是遮掩，二是展现。展现的快乐在于，透过时空，揭下自己的面幕，认识自我。《奥义书》云："金盆遮住真实的面孔。"但如果严实遮住，我们就只看见金盆，看不见真面目了。"真实深藏不露"，这句话是不值一驳的。然而，既然创造的过程，是真实显现的过程，所以写《奥义书》的先哲这样评说人的欲望："啊，太阳！揭开你阳光的帷幕吧，我要见证真实！"

人之所以说这样的话，是因为在自己中间看到，他的生存空间，不是他的终极归宿之地。人人有实现欲望的炽烈愿望。可是他的内在灵魂说："从欲望的厚幕下救出人性吧。"换句话说，他不承认他内心的东西趋于活跃，就是人性的展现，而是对人性展现的阻挠。人没有说："存在的全是真的，可感知的全是可信的。"野兽般的野蛮人表面上不管多么强大，实际上是虚弱的。也就是说，人一开始就认识到，野蛮人外力的彰显不会持久，对他来说文明并未完全丧失意义。

文明这个单词的含义，是在群体中找到自我，在众人中认识自我。它的本义是，哪儿有明亮，哪儿就有阳光。换言之，人的展现之光，不是射入个我之内，而是射入众人的聚合之中。聚合的要义削弱几分，人的真实就被遮盖几分。于是人自言自语："揭开吧，揭开个我的幕布，以群体的真实形式显示你自己！这儿有你的灿亮，这儿有你的解脱！"

种子以幼芽的姿态展现自己时，必有所舍弃。这就是舍弃自我。它穿破自身，绽放自己的真形。同样，为找到群体中的自我，人也要舍弃小我，放弃自身。《梵天奥义书》云："在万有中找到自我，在自我中找到万有的人，是不隐秘的。"人在不真实中隐藏，在真实中崭露。因此我们祈祷："把我从不真实带进真实。啊，展现之本相，在我中间露面吧！"

由此可见，展现就是奉献自身。奉献自己，表现自己，才能认识自己。奉献自己和认识自己，是同时发生的。熄灭了的灯，不奉献自身，也找不到自己。堆积个我，变得最高的人，是隐秘的、封闭的。而奉献自我、融入众人之中的人，是袒露的、自由的。

一样礼物上面盖着有五颜六色的图案的手帕。只要手帕盖着，只要礼物不送人，整个物件就是内敛的，就让人觉得手帕十分昂贵。可无从知道礼物是什么，猜不准它的价钱。到了赠送的时候，揭开手帕，世界才认清礼物，事情才圆满结束。

完成了自我奉献，我们才完全获得自我。否则，名为自我的一块奇怪幕布，就会被误认为是极终之物，心里总想延长它的使用期。它是一切妒忌、争吵和苦痛的根由。愚蒙的人看着它的表面色彩，心惑神迷。其实，与世界融合的情状，就是人的真貌。

今天是新年，是观察我们学校本相的日子。我们应该知道，在这儿安家落户的探索具有怎样的创造力。它的外貌是，这儿在建造房屋，实施规章制度，这是我们大家共同的创造行为。可它的内质不断揭示自己，不断揭示的过程，就是创新。我们清楚地看到这一切，我们自我奉献的热情才能达到顶峰。只要真实在我们眼前模糊不清，我们自我牺牲的愿望就得不到动力。

真实呼吁我们作出牺牲。因为作出牺牲，我们才能展现自我。这样的呼吁在我们学校里越来越清晰了。我们把这样的呼吁称作"国际大学"。

"人应为本民族作出自我牺牲"，几个世纪以来世界上这种呼吁，越来越响了。换句话说，对人来说，本民族一直是人性最大的真实，这几乎成了一种共识。结果，一个民族为使自己强盛起来剥削另一个民族，海盗行径风靡全球。甚至，有些人打着民族的幌子，毫不犹豫地弄虚作假，欺诈压迫，凶狠残酷，而另一些人竟无耻地用金光闪闪的字母把他们的名字写在自己的历史上。也就是说，人们认为，行之四海的正道的规则，在本民族的祭坛前受到污辱，这也是正道的一部分。这是在本民族的狭小范围之内践行的自我牺牲。"它立竿见影的效果极富诱惑力"，这种话在历史书上出现了。究其原因，自我牺牲也具有创造力。自我牺牲在一定范围内是真实的，也能扩散相对应的成功。因此，在民族的历史上，自我牺牲的事例，也被人求证是高尚的事例。

然而，人压缩客观真实，任何时候都不能获得永久繁荣，到一定程度就会受到遏制。光是表层泥土肥沃，树木长得很快，但最后根须伸进贫瘠的深处，树的枝叶某一天突然开始枯萎。同样，人的责任感在本民族的界限内得不到充足营养，有一天也突然从浅表的富有坠入贫穷。同样的道理，民族崛起的主要地域欧洲，如今在民族的恐怖中呻吟。

通过战争和媾和，使欧洲受到强烈震撼的剧烈痛楚的含义是，人以民族的外衣遮掩了自身的真实。人的灵魂呼喊："揭开外衣。"可人性展现被压制了，于是人打着本民族的幌子，公然狂妄地干起罪恶的勾当，而且觉得有百益无一害。末了，当欧洲的民族自食恶果，看到自己的模样，不禁大惊失色。

新时代口号是："啊，人类，脱掉面幕，崭露你宽宏的本来面目！"今天是新年的第一天，让我们心里铭记这新时代

国际大学校园内的雕塑

的口号吧。从学校的脸上，揭去种种差别意识的面幕，我们就能看见它的真相。

不同民族不同国家的客人，汇集在这里。如果他们没有心理障碍，那么由于他们的来到，这儿就将成为新时代人才荟聚的圣地。孟加拉地区的许多河流汇入大海，在这众多河流的入海口渐渐淤积扩大形成的孟加拉，有着特殊的性格。同样，我们学校如果能够袒露自己的胸怀，外来者如果在这儿都能欣然接受座位，透过盛大的聚会，学校就能看到自己的真实容颜。朝圣者来到这儿，他们带来的虔诚情怀和真情目光，会使这圣地更加真切可亲。纷至沓来的人们，虔敬地期望认识真实。我们的虔敬，我们的期望，会使这真实灿烂地闪现。

我们以前片面地、孤立地看待处于本民族界限内的其他国家的人，难以觉得他们是亲人。让我们的学校成为这样的地方：这儿，尽管有宗教、语言、民族等差异，但我们能看清摈弃了外在差异的真正的人，这等于是看到了新时代。拂晓时分，清醒的僧人等待观看东方天空第一束阳光。当在黑暗的天边看见一丝血红的霞光时，他知道，黎明在黑夜的城墙上挥舞胜利大旗了。同样，在印度的东方边地，在新时代的黎明，在聚集此地的朋友嘉宾中间，让我们看到走出差异之黑夜的人的灿烂本相，从而在心里产生敬意，坚信人类历史上新时代的旭日冉冉升起了。

1923 年 4 月

圣蒂尼克坦

八

我在圣蒂尼克坦建校、招生的时候，既无布施的财物，也无宣扬的资本。但我由衷地希望，这儿的晨光、绿野、碧树轻抚孩子们的心灵。我们需要自然来陪伴他们，在他们稚嫩的心中积聚快乐。品尝周围世界的琼浆，欣赏朝霞和落日的美景，孩子们的生活领域自然而然随之拓展。我要他们明白，大地像乳母一样把他们抱在怀里，把他们抚养成人。无论如何,要从用砖石、木材建造的房屋的监狱解救城里的孩子。怀着这种动机,我在满天阳光普照的广阔原野上建立了教育中心。我期望圣蒂尼克坦的花草树木、飞禽走兽也挑起教育他们的重担。同时,他们在一些平民那里也接受教育。这样做的原因是,脱离自然的教育方式对孩子的心灵是非常有害的。切断与外界的联系,幽居独处,对人没有任何好处。可偏偏那样的灾难在世界旷日持久地蔓延。我认为当务之急是创造一种有利于与自然建立联系的环境,于是创建了这所学校

国际大学小学部

那时我在教学方面没有值得炫耀的任何资本。对小学教师我向来避之三舍,这导致我没有一丝勇气去教孩子们书本知识。记得自孩提时起,大自然的絮语就令我心驰神醉。我时时感受到与它的亲情。我深知它的价值比读书高出多少,它能给我多少力量和鼓舞。

我曾在野鸭的"村庄"里生活了几个月。在与沙滩一起生活的日子里,我双手并拢,接受自然赐予的一切。我心里非常充实。所以孩子们在这儿欢快地奔跑,爬树,清脆的笑声在天空回荡……见此情景,我觉得他们得到了极其珍贵的东西。他们考试得了多少分,并不是最重要的;但他们的心杯斟满宇宙的甘露,涌溢着喜悦,这才有极高的价值。

他们的心灵在欢笑、歌曲、故事中汲取充足的营养。家长们也许对此不太理解,大学的阅卷老师也许因此不同意给及格分数,但我以为这是非常值得珍惜的。在大自然的怀抱里把文艺女神当作母亲,这是极大的幸运。

只要大门开启,内宅的重门就能相继打开。实际上只有一把开门的钥匙,但得到的东西很多。然而,第一道门如果关死,就无法进入内宅。与自然乐园分离的那种人为的教育方法,基本上是封闭式的,不将其砸碎,进入乐趣的宝库就只能是空想。因此人获得自由的办法,是承认自然是乳母,并在她的庭院里接受教育。建立这所学校,就是以获取自由为宗旨的。

今天我们可以说,我们为在这儿自由的空气中获得自由而自豪。为了这一天,我们冲破了多少羁绊,清除了多少狭隘的陋俗,说起来一时半会是说不完的。在这里,我们学会了把所有的人视为亲人,人与人之间的关系渐渐融洽、正常起来了。

1923 年 12 月
圣蒂尼克坦

九

今天又是我离开学校前往远方的日子。这次恐怕要在国外待很长一段时间。动身之前,再梳理一下关于这所学校和教学的理念。

学校目前的景象清晰地呈现在眼前——学生宿舍、教学楼、图书馆、招待所,一切的一切,和梦境一样。我暗自问自己:"这所学校是怎样起步的,最后结局会怎样呢?"最令人惊奇的是,完全不适合搞教育的一个人——请你们别以为这是虚伪的谦虚——老天爷竟让他做成了一件大事。

最初把学生招来的时候,我不仅身无分文,而且身陷债务困境,毫无偿还能力。另外,大家知道,教书我完全是外行。

一年年悄然逝去，学校规模不断扩大，资金短缺却一如既往。显然，不收学费学校维持不下去了。后来学费收了，但依然捉襟见肘。不得已我卖了部分著作版权。我名下的一些财产全化为学校经费，连妻子的首饰也悉数典卖，办学办到了家徒四壁的地步。回想起来当时不知哪来的冒险精神。就像梦游的人在崎岖的路上行走，骤然苏醒吓得浑身发抖一样，回首往事，我也不寒而栗。

起初，这是一所规模很小的学校。但正是它使我不得不时常放弃从小喜欢的文学创作。为何这样做呢？它对我为何有如此大的吸引力呢？现在给你们答案。我从小深爱大自然，向往大自然。我强烈地感到，城里的生活在我们四周垒砌了高墙，切断了我们与世界的联系。可这儿的学校里，大自然敞开的生命乐园里，春季秋季孩子们有了欢度百花节的地方，这儿洋溢的欢乐，使我心甘情愿作出巨大牺牲。我把自然母亲提供的琼浆融入歌曲，在各种欢庆活动中，把甜美的乐曲之果送给孩子们品尝。每天的丰硕成果给我极大鼓舞。

泰戈尔和国际大学的学生

我常常想，师生关系，应该是非常纯真的。在许多事情上，人与人之间的关系是给予和受纳的关系。有时付钱，有时互相作出牺牲，有时则以强迫手段，人们使给予和受纳之河，日夜奔流。给予知识，接受知识，双方之间的桥梁，是尊敬和慈爱。没有情谊的纽带，只有干巴巴的职责，或交易的关系，那么，接受知识者，是不幸的；传授知识者，也是不幸的。为了养家糊口，老师到外面挣工资，可他与学生的心灵纽带应是纯洁的。这种办学宗旨，在我们学校得到了深入贯彻。老师和学生一起散步，一起游玩，关系十分融洽。语言也罢，历史也罢，地理也罢，我不十分清楚我们用最好的新方法教了什么，未教什么。但师生关系，别的学校没有人觉得它是必不可少的东西，可它恰恰最最重要，并在我们学校有了立足之地，每每想到这一点，我就无比欣喜，忘记其他一切欠缺。

1924 年 9 月
圣蒂尼克坦

十

前不久，我在南美洲访问，不幸病倒，"囚禁"在病房里。来看望的友人几乎都向我提同样一个问题。核心内容是：印度有什么财富可以献给世界？谈到印度的财富，我理解是印度人用不完的东西。由此产生印度馈赠的权利和款待嘉宾的权利。依凭它，印度在全世界有了自己的席位。换句话说，它不是匮乏的标志，而是富足的标志，所以它是财富。

每个大民族都要尽力满足自己的特殊需求，物质生产是一件大事。它要维持一支军队，拨的专款不容他人分占。分给他人，它自己便要吃亏。听说，历史上芬兰等富裕民族想方设法赚钱，十分小气，对别人一毛不拔。不管它们的钱财有多少，却总归不能称为财富。他们滞留在残破的历史书里，而不是在人们的心里。埃及、希腊、罗马、巴勒斯坦、中国等国家生产的消费品，不仅自己享用，也给整个世界分享。世界的满足中油然而生它们的自豪感。同样，全世界向我们提的问题是："除了为自己，印度还能向世界提供什么？"我不厌其烦地作了回答。我发现，其他国家的人对我们的期望越来越大。于是我的信心越发坚定：不光乞讨提的篮子是印度的财产。印度应呼吁全体国民，在它庭院里的世界之坛上，奉献不朽的财富。

我们把"国际大学"视为印度对国民的呼喊。呼喊不只在我们的

国际大学

学校里回响。湿婆大神打扮成穷乞丐上路乞讨。可有一天,所有的财富在他身上显露出来了。国际大学以小学校的姿态,衣衫褴褛,走进道院。这是它游戏的起始,不是它最终的真貌。以前它是乞丐,双手捧着乞到的食物。如今它正开启赠品的宝库。这宝库是印度的。全世界站在庭院里说:"我来了。"如果对他说:"我们正忙于自己的事情,不能考虑给你什么。"那就没有比这更让人羞愧的行为了。不能赠予,意味着你是一位失败者。

1925 年 12 月
圣蒂尼克坦

泰戈尔和来自其他邦的学生

十一

我在孟加拉农村居住时,有位尼姑对我非常尊敬,她跟我要了一块地,盖了一间草房。地里种的粮食,足以满足一年的需求。她收养了两三个孤儿。她老家有母亲,家境富裕。母亲费尽口舌劝她还俗,她坚决不同意。她对我说:"我家的粮食培植了我的傲气。从我的脑际很难抹去一种错误看法:我是粮食的主人,是我养活我自己。我挨家挨户乞到的食物,是天帝的,他通过万民的手赏赐给我,我对乞到的食物没有发言权,我依赖他的怜悯。"

我一生以孟加拉语为孟加拉服务。在今生的六十五年中,至少有五十五年从事孟加拉语文学创作。我从文艺女神那儿获得的一切,全贮存在孟加拉语的宝库中,因而我觉得有资格得到孟加拉的关怀和尊敬。孟加拉倘若悭吝,不给我应得的一份,我一定气恼地说,孟加拉欠了我一笔债。

但在孟加拉之外的其他邦和国外,我无权为赢得的挚爱和敬慕沾沾自喜。我把那儿的馈赠当作天帝的馈赠。那并非天帝或其他人对我表示的怜悯。

天帝的恩赐温暖人心,但不培养傲慢。我们可以为口袋里的几角钱洋洋得意,但天帝在碧空普洒金色阳光,这笔巨大的债务,我们永世偿还不清。我们只能为有权获得阳光而欢喜,但不应产生骄傲情绪。别人表达的敬意同样是无价的,收下时我只能垂首,而不能昂首。作为孟加拉的儿子,我没有机会体味那种敬意。在孟加拉的小屋里,有个角落容我流露豪情,但在印度的大厦里,我的立足之地只允许我表达欢乐。

我的主先交给我在他的彩门前吹奏情笛的任务,可后来我编完了诗歌的花环,他也不让我安心休息。当我的青春年华流逝,两鬓染霜时,我奉召步入他的殿堂。他变成孩子们的慈母,正襟危坐,笑吟吟地对我说:"哦,儿子,这些年你未做什么正经事,光堆砌词汇。你已上了岁数,有生之年,照料这些孩子吧!"

我遵旨行事,着手筹建圣蒂尼克坦的学校。起初我教几个孟加拉孩子。我感到骄傲的是,这是我的事业,我的创造。我觉得我为孟加拉造福,是我能力的体现。

然而,"这是主的旨令,主不单属于孟加拉。"以传播此言为己任的,常常这样提醒我们。于是,从大洋彼岸来了外国友人安德鲁斯,来了皮尔逊。我们对本国同胞可提出共同培养亲情的要求。亲情能消融彼此间的隔阂。但当血缘、语言举止截然不同的人自觉自愿走来站在我身旁时,我的骄傲顿时消失,心中充满欣喜。天帝把陌生人变成熟人,亲切的气氛中我们把他当作亲戚。

我以前感到自豪的是,我做了许多有益于祖国的事,我把财产和才华献给了祖国。可外国人一参与这项事业,我的自豪感就烟消云散。我认识到,这不是我个人的事业,而是万民的天帝的事业。他似乎不合情理地派遣来的外国友人,远离亲人,从世界的一端来到另一端的印度,把自己的一生献给鲜为人知的幽僻的原野。他们一天也不曾想过,他们为之献身的是外国人,是东方人,是稚

泰戈尔和国内外师生

童,没有偿还他们奉献精神之债所需的资金和能力的声誉。他们是遐迩闻名的学者,多少体面的职位翘首盼望着他们,多少种高额薪金在呼唤他们。他们漠然地拒绝这一切,舍弃在本国获得的荣誉和宠爱,背负着王公贵族狐疑的目光,头顶着夏天的炎热和疾病的威胁,义无反顾地投身于教学事业。他们教书不拿工资,得到的只有辛劳。他们不宣扬自己,他们宣扬的是主的旨意、博爱和事业。

这是天帝对我的厚爱。他缩小我的自豪,扩大我的求索领域。这种求索现在难道还限于窄小的孟加拉吗?不!从孟加拉以外的其他邦来了一批又一学生。我不曾呼唤他们,即便呼唤,我的呼声也传不到遥远的异邦。是海边那志愿人员的召唤者,亲手勘定服务的疆界。

古吉拉特邦的大约三十名学生已在我们学校读书。他们的家长是我校的知音。我们从印度其他邦还没有获得这样的热情支持。多年来我在这所学校里把孟加拉的孩子培养成才,但在孟加拉却未得到应有的赞助。这也是天帝对我的仁慈。一再催逼人的地方,征收的是赋税。收税的哪怕是国王,也是不幸的,他是在向下面的臣民乞讨;他从上面获得

的赠与是爱的赠与，不是强抢到的物品。我校从孟加拉的外部得到的支持，是祝福，是神圣的。这样的支持使我校成为世界的珍宝。

今天，我打消自满，摈弃大孟加拉的高傲，奔向外面的世界，为学校寻找新的乳母。我们对她们表达的敬意，将促使大家接受这所学校，把它变成大家的财富，推向世界，那世界中有琼浆的天国。在我们的私利和傲岸的小圈中的一切，逃不出死亡之手。属于世界人民的，也属于永恒。愿天帝的恩泽透过大家的恳求，降临我们学校，我们这些他的侍者，在甘露的洗礼中圣洁起来；愿我们的骄傲被涤尽，我们的力量更加强大，更加纯净。怀着这样的祝祷，我走到大家面前。呵，天帝，愿您透过世人之林，对我们表示满意，用右手把我们的勤奋、言语、灵魂收进您福祚的创造之中。

1926 年

十二

最近从加尔各答回到学校，附近村庄的农民请我去作客。走到他们中间，我非常高兴，心里觉得这是我的一大成就，说明我们的力量已扩展到周围村子，扩展到农民心里。学生考试的成绩如何，其实是件小事。而我们能唤醒村民的心，这是巨大的成功。他们已经明白我们是他们的亲人。学校的影响深入村民纯朴的心里，使他们认识到了自己的能力。

在我辞世之前，看到这样的幸事，深感欣慰。他们爱我，才特意来请我。他们也得到了我们的尊敬和鼓励。这不是召集民众为我举行神圣的欢迎大会，也不是在报上刊登对我的专访，让数十万读者知晓我的近况。可村民的盛情邀请，深深地打动了我的心。仿佛点亮一盏灯，它的火焰很快在许多人的心里燃烧起来了，一个人的力量之光，照耀着众人之心。

所有这一切，不是一个人的功劳。这是全体师生员工，认真思考，

泰戈尔在国际大学附近的村民中间

辛勤工作，自我奉献，共同努力培育的集体成果。让人感到欣喜的是，这不是用人为手段猎取的，也不是靠某个人获得的。从此，我们不必担心前途了，生命力已注入更多的人心里。哪天我们不在了，这座学校也不会衰败，也不会迷失方向。

在我们的努力下，群众已加入实现学校宏旨的行动之中。我们的学校正朝既定目标奋进。我们将在这块很小的地方，解决印度的问题。不是靠政治的强悍，而是抱着谦和的态度，把国民当作亲戚，和他们一起在这儿共事。我们不会拉他们的选票去征服世界，而要和他们作心灵的交流，为他们服务。他们从我们这儿得到许多东西，也会给我们许多东西。全印度的一件件事情将在这儿做成。

1933 年 1 月

圣蒂尼克坦

梵学书院①

红艳艳的朝阳照耀得节日的莲花绽开片片花瓣，召唤我们步入花丛。金色花蕊里凝结的花蜜的芳香，难道不曾飘入我们的心扉？心灵的蜜蜂有权轻盈地飞进世界花林的奥秘之园，此刻，它难道尚未苏醒？它难道不曾听见和风携来的喜讯？"今日"捧着悠长的往昔的见闻，静静走向无穷的来日。它是前往遥远的未来的旅行者。我们应该拉住它，向它提问，留下它全部的含义。若不认真询问，它不会对任何人说一句话。于是我们产生错觉，这儿的歌曲、鼓乐声、人群的欢声笑语，也许就是它的一切，它也许不必倾吐心里话。然而，不能让它悄然离去，你们向欢声笑语中一直缄默不语的这位旅行者询问吧，今天是什么节日？

每年春天，南风吹拂挂满果实的芒果树的枝条，芒果树林里这时举行一年一度的庆祝活动。这节日有什么特点？有什么目的？种子发芽，渐渐长成一棵芒果树，茂密的枝叶播送的喜讯是：种子是不朽的。一年年结出的果实里，藏着同样古老的种子。它不会绝灭，它在永恒的路上两倍、四倍、千百倍地繁衍。

我们如果解剖圣蒂尼克坦校庆圆满成功的内核，会一眼看到一颗不朽的种子，这颗种子里诞生了梵学书院这株参天大树。

这是一颗继承古圣梵典的种子。哲人②有关人生的教诲，正在我们梵学书院这棵大树上结果，并将为我们的后人提供丰硕的果实。

---

① 本篇系泰戈尔在圣蒂尼克坦校庆大会上的讲话。
② 指泰戈尔的父亲德贝特罗那特。

有几个人知道,很久以前的哪一天,哲人决心深入研究梵学圣典?过去听说或见过他的一些人,暗自思忖,那件事在当天发生,又在当天结束了。

然而,那悠远的布萨月初七这一天,不会在自己区区几件琐事中完结。他那种志向不可能在一天之内实现。那无人知悉、之后许多年仍不为世界了解的布萨月初七,成为不朽的日子,年复一年结出盛典的硕果。

梵学书院

我们的生活中发生数不清的事件,但没有永恒之神的保护,它们发生了,又消失了——没有留下任何记载。

而伟大的神明悄然前来,轻轻抚摸并在上面留下无形印记的某人一生的某一时刻,之后不管别人是否看见,是否知道,不管遭到怎样的鄙夷,被人当作垃圾清除,不管在那天和以后多年的历史上有没有记录,必将存活下来。它在凡世的一堆堆死亡和忘却的缝隙里萌发新芽,轻松地昂起头。永恒的阳光与和风担起滋养它的责任,时刻动荡不宁的人世间,骇人听闻的倾轧也不能把它挤死。

象征生命的永生的梵天，无声地抚摸了哲人一生中的一个布萨月初七，从此，死亡无权走进这个日子。这一天如何涵盖他的一生，鲜明地显露本相，已是无人不晓的了。在他漫长的一生中，这一天没有终结，仍然活着——不仅活着，它生命力的扩展益发迅猛了。

大约半个世纪前，哲人路过此地，坐在七叶树下休息。他不知道他人生的探索将在这儿永远延伸。他以为，他只是为静心祈祷修建了一座花园。然而，高洁的人伫立的地方，是不会被低矮的篱墙围阻的。这位富翁的儿子不愿沉湎于荣华富贵，他走到万象的中间。同样，他从不只许圣蒂尼克坦是一座花园，而让它扯掉财富的厚幔，走到外面，成为今天的梵学书院。在主宰悠悠岁月的湿婆神的照拂下，波勒普尔的这块土地朝着过去和未来绵延。

梵学书院里归来了印度消逝的时代——净修林时代。在那个时代，印度在净修林中求学，修行，做完世俗杂事，在生命之神的脚下敬献最后的余力。那时印度与河流、田野、长空密切相连，推倒了它与树木、藤蔓、飞禽走兽之间的隔离墙，在无际的往昔中看见自己的灵魂。

未来的岁月也走进了梵学书院。因为真理不只属于昔时。那些灭绝的，其间没有未来的一席之地的，均是虚假或幻影。站在自然之中，进行旨在联结灵魂与万物的修行，如果是真实的，那么不参与修行，任何时候任何问题都难以解决。没有这样的修行，我们便看不到真理与福祉是浑然一体的，必然导致美与福的脱节。没有这样的修行，我们就会夸大一盘散沙的现象，认定个体是绝对的，并且互相挤压，竭力割断彼此间的纽带。于是我们不能处处感受使万物归一的梵天。

在哲人的生命的影响下，一片净修林在这儿默默地崛起。修行之光射向广阔原野的四方。树林中间形成修行的浓郁气氛。统辖过去与未来的湿婆神在高空安置了他的宝座，他神圣的显现，对住在梵学书院的每一个人每天起着潜移默化的作用。从地平线无声地走来的每一天，让他们接受阳光的洗礼，洁净双眸。蓝天每日潜入他们的心房，伸手轻轻拭去生活中的一切惶惑。他们心头的郁结渐渐冰释，他们错觉的翳膜慢慢化解，从而更加坚毅，更加宽厚。他们满怀信心地期待与欢乐的终极灵魂自觉融合的阻碍一点点缩小，最后完全消失。他们时刻准备凭借质朴的心力去承受痛苦、欺凌和打击。璀璨的极乐之河，冲击着世界的两岸，潺潺流向四面八方。他们已听见要他们把个人生活融入那极乐之河的呼唤。

啊，圣蒂尼克坦的大神，世界上人心通过无羁、丰满的爱接触你的地方，降落甘霖滋养了旺盛的力量。这力量永不罄尽，散入周围的树林，渗透周围的清风。然而，你做着神奇游戏，不对我们展示那力量。你的世界强有力地维系着我们，但它的纽带、它的牵引无从目睹。你的暖风在我们肩上置放的担子并非不重，但我们感觉不到沉甸甸的分量。你的阳光以各种方式把热能倾泼到我们身上，看到统计的数量，我们一定目瞪口呆。可我们只认识阳光，不知道它拥有的能量。你对你的力量下了道命令，只许它暗暗地为我们效劳，表面上似在轻快地游玩。

知识帮助我们看到你的力量，灵魂帮助我们看到你的快乐。看清你修行者的梵学书院是形象的欢乐，对我们这批居住者来说是最大的成就。在这方面不自觉不行，扭转头更不行。啊，瑜伽行者，你站在我们一边依旧执著地进行认识、爱情、劳作的修行。你希望我们凭智力而不靠乞讨获取你的力量。你的世界里，求乞者一无所有。唤醒精神力量的苦修者是那样充实，绝不掩饰自己。在今天欢庆的日子，我们接受你关于力量的训诫。我们幡然苏醒，立即唤醒痴迷的心，并净化灵魂。然后毕恭毕步入梵学书院。我们决心充实、扩大这座书院，从过去和未来同时对它凝望。我们深切地感到，在这儿修身的隐士的欢快的诵经声，依然回荡在每一个角落。我们的岁月将载负他的心声，在这儿的绿荫、阳光、旷野、研讨和憩息里，在你稳固的庇护、深沉的情爱和无穷的欢愉里度过，并在日月、祭火、空气、林木、禽兽、蜂蝶中体味你深邃的恬静、博大的福乐、无与伦比的淳厚的情趣，从而充满勇气和虔诚。

图书馆

谁如果锁住茫茫大海千百年的惊涛骇浪,使之像甜睡的婴儿一样悄无声息,那么,这静穆的海浪可谓图书馆最贴切的比喻。图书馆里,语言是静寂的,流水是凝滞的,人类不朽的性灵之光,被乌黑字母的链子捆绑,投入纸页的大牢。无法预料它们什么时候突然举行暴动,打破死寂,焚毁字母的栅栏,冲到外面。好似喜马拉雅山头上覆盖的冰川中拘禁着滔滔洪水,图书馆里也仿佛围堵着人心的江河。

人用电线禁锢电流,可有谁知道人把"声音"关在"静默"里!有谁知道人把歌曲、心中的希冀、清醒的灵魂的欢呼、神奇的天籁包在纸里!有谁知道人把"昔日"囚禁于"今日"!有谁知道人仅用一本本书在深不可测的岁月的海面上架起了一座壮丽的桥梁!

国际大学出版社

进入图书馆,我们伫立在千百条道路的交叉点上。有的路通往无边的海洋,有的路通往延绵的山脉,有的路向幽深的心底伸展。不管你朝哪个方向奔跑,都不会遇到障碍。在这小小的地方,软禁着人的自我解放。

如同海螺里听得见海啸,你在图书馆听见哪种心脏的跳动?这里,生者与死者同居一室;这里,辩护与反驳形影不离,如孪生兄弟;这里,猜忌与坚信,探索与发现，身子挨着身子；这里，老寿星与短命人耐心而安宁地度日，谁也不歧视谁。

人的声音飞越河流、山峦、海洋，抵达图书馆。这声音是从亿万年的边缘传来的呵！来吧，这里演奏着光的生辰之歌。

最早发现天堂的伟人对聚集在四周的人说："你们全是天堂的儿子，你们身居仙境阆苑。"伟人洪亮的声音变成各种文字，袅袅飘过千年，在图书馆里回响。

我们在孟加拉的原野上难道没有什么需要表达的吗？我们不能为人类社会送去一则喜讯？在世界大合唱里，唯独孟加拉保持沉默？

我们脚边的沧海没有什么话对我们倾吐？我们的恒河不曾从喜马拉雅山携来盖拉莎的仙曲？我们头上没有无垠的蓝天？天幕上繁星书写的无穷岁月的灿烂文字被人抹掉了？

过去，现在，国内，国外，每天给我们送来人类各民族的许多信函。我们只能在两三份蹩脚的英文报纸上发表文章作为答复？其他国家在无限时空的背景上镌刻自己的名字，孟加拉人的姓名只配写在申请书的副本上？人的灵魂同可憎的命运展开搏斗，世界各地吹响的号角呼唤着战士；我们却成天为菜园里竹架上悬吊的葫芦打官司、上诉？

沉默了许多年之后，孟加拉大地的生命已经充实了。让它用自己的语言讲述抱负吧！融汇了孟加拉人的心声，世界之歌将更加动听！

泰戈尔笔下的教育

在北海公园对少年儿童的讲话

几个世纪以前,印度的贤才俊彦来到中国,问候你们的祖先。在印度历史上的史诗时期,印度培育了众多的伟大人物。我来这儿,作为印度同一种文化的代表,也作为印度当代的代表。眼下是过渡时期,新旧时代的交替,并不令人满意。在这个时代,你们恐怕盼不到肩负崇高使命的伟人的诞生。我只期望我被认为是你们中间的一员,我不是你们的导师,不是你们的引路人。

泰戈尔和中国儿童

步入这座公园,我顿时忘了我身处异国他乡。在我面前,你们捧着真情的礼物,我全身心地感到,我与你们国家的关系是非常融洽的。若无这样的关系,独自坐在家中,我必定感到胸中充满浓烈的离愁别绪,为此,我丝毫也不怀疑,别离了你们的热情好客,我身边一定得有一个漂亮的中国孙女。

在印度，当我们到了安全的年龄，大约六十岁，一般都有特权享受孙女的敬爱。当我察觉，一个漂洋过海的客人，在这儿繁花竞放的大地上并不缺少可爱的孙女，我感到这个世界是那么绚丽，那么美好。

你们要是把我看成是一个携来福音、是来对你们讲经布道的人，我心里会有些懊丧的。千万别让我离开簇拥着我的孙女和朋友，别把我赶上高耸的演讲台。我渴望在你们身旁、你们中间得到一张坐椅，不要以哲学家的高贵和名誉，将我隔离起来。

我已为你们的协会成立揭幕。我的朋友徐志摩先生，要我来对你们讲几句话。你们大部人也许未想到，这个协会今天能够问世。我希望你们接受协会的宗旨，并把它当作你们自己的理想。

世界各国的人越走越接近，却不承认深厚的人类关系；强者剥削弱者，某些民族举行的会议上腾起的卑劣的喧嚣，遮住了使他们团结起来的真理，这是一场可怕的灾难。这是耻辱，不应任其延续下去。我为这种不正常的态势深感痛心。

一些印度人穿越沙漠，翻过高山，横渡大海，走到被几乎不可逾越的自然障碍所分隔的民族中间，弘扬爱的精神。你们正处于这样的黄金时代。他们与远方的兄弟共享他们拥有的珍宝，而不是将其毁坏或独占。我相信，人类历史上揭示的这种真理，永远不会死灭。爱泉曾经汩汩流过中国和印度毗连的心田，后来隐匿在我们记忆的深处。我也许能推倒忘却的屏障，我怀着这样的希望，来华访问。

几年前，我应邀访问美国。途中，在日本作短暂停留。日本为全民族全新的繁荣昌盛而自豪。让我感触颇深的是，东方迎来骤然而至的好运，再不能在别人面前低声下气。我们应该懂得，一旦一个国家惊喜地看到获得了突出的政治成就，也必然发觉，目前是她历史上一个危险的吹毛求疵的时期。对她来说，这是一种艰难的考验，需要竭尽全力，保护她免遭那已埋没了明智之路的傲慢的沙暴的袭击。

一个人的骄傲，往往造成对自己孤僻的才华的盲目自信，使他成为孤家寡人，播下失败的种子。它不断引发与我们周围环境的摩擦，逐渐腐蚀我们防卫的甲胄。在亚洲，我们不是在图谋私利的分裂的邪念和固执己见中，而是在团结中，在撼不动的信仰中，在刚直不阿中，寻找力量的源泉。从亚洲的心中传出这样的断言：谦逊的人是世界的继承者，因为谦逊从不在蛮横的自我表演中浪费精力，而通过与各方面的协调，坚定地创造真正的繁荣。

在亚洲，不应通过采用某些组织规定的机械方法，而应通过培养真正的同情心，使我们团结起来。有组织地发挥机器的潜力，目的是打击、消灭我们，我们免遭这种厄运的唯一办法，是设法让我们富于朝气的精神力量，与不是硬塞来的而是主动吸收的物质力量结合起来。我们借用西方的科学技术，是正确的。西方人的许多东西，值得我们接受。我们应该明白，他们智慧的珍宝，数不胜数，这方面他们占有优势。但如果我们忘记我们智慧凝成的精神财富，忘记它比战争之路上生产大批材料和能量的体制，有着更大的价值，那就是堕落，就是对我们祖先的侮辱。

我深切地感到，这种堕落和灾难，在世界各地蔓延。人们的灵魂被麻醉了，跪在金钱和权力的偶像面前。旅途中，我发现，为反对这种有组织地培植起来的利己主义而开展的一场运动中，单纯的劝说已不起作用。我得出的结论是，目前最紧迫的任务，是弘扬和实现教育的理想，这样，我们方能在高洁的生活环境中，将我们的下一代培养成才。

长期以来，单为培养智力的教育实践，没有充沛的感情投入，旧式教育缺少理想。学生心中滋生的唯一愿望，是当官发财，而不是向往内心生活的完满，获得自我解脱。对于人类，这种教育模式是不足取的。

过去的一百五十年间，世界上那些文化水平高的民族，已丧失对生活中精神完满的信心。他们恐是在劫难逃了。当我们着迷于他们成功的辉煌，我们应当知道，我们望见西边地平线闪现的强光，并非日出时的霞光，并非新生的火焰，而是愤怒的大火。只有神志不清的人，才痴呆呆地盯视着它们灼灼地喷发，如同牺牲被魔鬼放光的眼睛所炫惑。

我再说一遍，我们要接受来自在西方的真理，赞美真理不可犹豫不定。不接受真理，我们的文明就不完整，必然故步自封。科学给予我们判断力，使我们积极地思考我们理想的价值。

我们要找到能引导我们走出僵死的习俗的暗影的办法，为此，应该怀着感激之情，面对西方活跃的思想，千万不可鼓动人们培植对西方的憎恶。另一方面，西方人也需要我们的帮助，因为我们的命运已有新的转机。

将别人挡在疆界之外，任何民族不可能进步。让我们带着我们的一切美德，而不是弱点，去赢得西方的心。让我们带着良好的祝愿和理解，相互尊重的态度，思考西方，与西方交往。

我们的国际大学是合作的理想和人类精诚团结的体现。我请你们，我的小姐妹、小兄弟，参与国际大学的建设，你们中间你们迎来的外国人，仍怀念往昔两国人民友谊的纽带。

在北京英语教师联合会举行的欢迎会上的讲话

任何地方举行欢迎会,请我讲话,我总是婉言谢绝。你们明白个中原委,对我表示理解。每次讲话我使用的语言,不是我的母语。不知为什么,我总担心让人发现,我是在维护我赢得的声誉。然而,听说有机会与这儿的女学生见面,我异常兴奋地接受了邀请,冒着又可能干一桩蠢事的风险。

今天下午,我不清楚你们想从我这儿得到什么。我被告知,你们想听我解释我肩负的使命。关于我创办的学校,让你们有一个清晰的概念,在我是困难的。在过去的二十四年里,这所学校的规模逐步扩大了。我的精神随之升华,我的教育理想也已缓慢而自然地趋于圆满。此时此刻,我发觉很难将它剖析,展示在你们面前。

你们可能提出的第一个问题是:我从事教育的动力是什么?直到四十几岁,我每年大部分时间用于文学创作。我脑子里从未萌生参与社会实践的念头。因为,我根深蒂固的看法是,我没有那份天赋。也许你们已了解我的底细,还需要详细交代吗?十三岁那年,我就辍学了,我无意为此自我夸耀,只想告诉你们这是历史事实。

我被迫上学的时候,感到上学实在苦不堪言。我常常掐指计算,我获得自由前必须熬过几年。我的兄长在正规学校读书,度过了那几年,早已踏上了各自的人生之路。每当匆匆吃过早饭,发现送我们上学的躲不过的马车,停在门口,我是多么羡慕他们啊。我甚至异想天开,念几条咒语,我就能一步跨越与他们相差的十四年至二十年,一眨眼变成一个大人。后来,我深刻地认识到,是现行教育制度超常的重荷,折磨我的心灵。

泰戈尔和中国文化名人

儿童的心灵，对于他们生于斯长于斯的大千世界的影响，是非常敏感的。他们的潜意识相当活跃，时刻感受着一些外来的刺激，从而品味了认识的欢乐。缄默的心灵的敏锐感悟，帮助他们毫不紧张地掌握语言——最复杂最困难的表现手段，充满不可界定的概念和与抽象相关的符号。他们以天赐的想象，领悟我们无从解释的词汇的意思。一个孩子可能很容易明白"水"的意思，但哪些概念与一个简单的词"昨天"相关，说清楚就很困难。然而，他们轻而易举地克服重重困难，承认他们的潜意识具有非凡的感悟力。恰恰因为这一点，他们步入现实的大千世界非常容易，非常愉快。

但是，就在这个爱提问题的年龄段，儿童的生活，进入教育的工厂，里面没有生气，没有色彩，远离宇宙；赤裸的白墙，瞪视着，宛如死人的眼珠。我们拥有天帝赐予的、把欢乐带进世界的天赋。这些欢乐的活动，被扼杀儿童心灵感悟的称作纪律的恶势力，带上镣铐，关进监狱，动弹不得，儿童的心灵从此时刻忐忑不宁，得不到休息，盼望从自然母亲那儿获得第一手知识。我们呆坐着，好似某些博物馆里陈列的标本，书本从高处朝我们的头上扔下来，如同花丛中落下的冰雹。

虽然年幼，我终于还是反叛了。当然，对于一个受人尊敬的家庭的孩子，这是一件冒天下之大不韪的事。我的长辈不知如何解决这个难题。他们苦口婆心地规劝我，直到对我彻底失望，才给我自由。享受着自由的欢乐，我听见了自我教育的真正的呼唤。我于是挑起了扮演我老师的角色的重任。我发觉这是一种极愉快的游戏。我反复阅读进入我视野的每一本书——不是学校规定的教科书——大部分书读不懂，脑子里满是超乎我想象的理解不了的疑点。我的读书心得，也许与作家的创作意图大相径庭，但读书本身具有特殊价值。

十二岁那年，我被迫开始学习英语。你们中间的大部分人，也许幸运地从未意识到你们的语言是多么难学。然而，你们不得不承认，英语的拼写和句法，都不完全合理。我生性愚拙，学习上未做一件得体的事，为此付了一笔笔"罚款"。

每天傍晚，我的英语老师上门教书，带来我预料中的恐怖。我真想找我母亲，让她给我讲童话故事，可是不行，我得拿着课本去上课。那书本的黑封面、课文、分解的音节和士兵的刺刀般的重读音符，令人讨厌。至于那位老师，我不能原谅他。他教书太认真了！每天唯一的傍晚，他非来不可！仿佛他家中从来没人生病，没人归天！他遵守时间到了不合情理的地步！我记得，每天令人毛骨悚然的黄昏，我心神不定地斜视着面对马路的凉台。每天同一时刻，他撑着伞，在小巷转弯处出现，恶劣的天气从来拦不住他的脚步。

有一天，在哥哥的书房里，我翻到一本狄更斯写的《老古玩店》，读了起来，以自己的想象铺垫、补充，我大致弄懂了几段情节。就这样，没有老师辅导，而像孩子那样一面看一面猜，我坚持阅读，脑子里出现了朦胧的缤纷意境。

这是我少年时期的经历。我坚信，我后来取得一些成就，赢得一些声誉，应归功于少年时期的自由。执著是成功的基石。你们已经知道，我几乎没有与学校老师接触的体会，我大概是强迫自己挑起管理学校担子的最后一个人。

我选择了一个赏心悦目的地方，在绿荫婆娑的大树底下上课，力所能及地把知识传授给学生，并和他们一起做游戏。傍晚时分，我朗诵古典史诗，吟唱我谱写的歌曲。我主张营造让人心情舒畅的校园气氛。协助我办学的几位老师，过去和我身处不同的环境，不赞成我提倡的自由，认定让学生保持儿童顽皮的天性是不可取的。

后来，我设法创造一种文化氛围。我邀请锐意创新的艺术家离开城市，住在我们的学校，让他们自由地创作。我允许有艺术爱好的年幼的学生，去看他们创作。我创作的场景也是如此。每天我写诗、谱曲，时常请老师坐在身旁唱歌、吟诗。不邀自来的男孩子，站在稍远的地方观望，谛听发自作家内心的新鲜的诗作和乐曲。这样做造成的文化氛围中，他们能汲取生活给予的无形营养。

我们享有长空寥廓的幽美，在我们眼前，循环的季节展示着富丽的色彩。通过与自然的密切接触，我们获得举行季节的庆典的机会。当自然前来倾吐她的心声，我们应当领略她迷人的魅力。当雨霖吻颤周围树木的心，我们受制于陈规旧俗，仍埋头于做算术题，那绝对是错误的，不足取的。

雨季常常给我们带来挣脱职责束缚的轻松感。空中突然传来洪亮的声音："今天是你们的假日！"我们听见了，欢呼，雀跃，发疯似的冲出屋子。自然的爱怜，很容易被严格的作息表压得粉碎，作息表轻视自然的要求，不肯为广阔的世界敞开道路，让它去发现人的灵魂中有它的地盘。我不赞同这种蛮不讲理的行为。

我就这最重要的领域讲得很多了，不过还有一个命题尚未涉及。这就是时代的理想，在所有教育的中心，应给它一席之地。

在这个时代，不同的民族走到了一起，每个民族都有所作为。因而他们不应仅被视为是聚集的人群，他们之间应有关系的纽带。否则，他们会互相冲撞；他们会像疾病纠缠、未完全塑成的躯体，四肢互不关联，内部持续着摩擦。我们期望他们中间诞生和平，而不是掠夺世界、扩张权限的一些人的联盟。

我们的教育，要使每个孩子拥抱并实现当代的目标，切不可以制造分裂的习惯和培植的民族偏见肆意摧残它。当然，众多的民族之间，民族差异应受到保护和尊重。尽管如此，教育的使命，是认识我们团结的重要，并在他们错综的矛盾中发现真理。

我们在国际大学已经这么做了。为实现团结的理想所作的努力，体现于各种活动，有些是教育方面的，有些由各种艺术表现手段组成，有些在为学校附近的村庄服务和协助农村建设中反映出来。由于我期望这所学校成为世界各民族交流的场所，我对西方的名人高士发出了邀请。他们热诚地响应了我的号召。有几位已开始与我们长期合作，共建交流中心，各国各民族的人，将在这儿找到他们真正的家。这儿，见不到总害怕理想主义的富豪和对具有自由精神的人总心怀疑虑的政界要人那种蛮横的神态。

在北京大学对学生的讲话

你们想从我这儿得到什么呢？为什么非要我讲话呢？当我说我不是一个演说家时，我是诚实的。有时我无奈的行动，对我的自我鉴定提出抗议。抒写寂寞的生活中和与自然的神交中产生的感受，耗费了我大部分年华。我像你们这样年轻的时候，如同隐士，独自住在一条木船上，在和你们长江似的一条大河上漂泊。我已改变了在孤寂的心中思考问题的习惯。我畏惧人群，无论何时请我讲话，我都感到惶惶不安。我没有演讲家的天赋，演讲在我仅是难违的天命。

我希望，我今天是带着真实的才能，以诗人的身份，走到你们中间的。你们不该请我演讲，但可以期望得到更好的东西，比如一首抒情诗。我不懂你们的语言，要不然，我会勤奋地学习中国诗歌。学习对我来说已为时过晚，今生今世，我成不了饱学之士。你们无论从事什么工作，千万别把我当作榜样。小时候，我常常逃学，把学习丢在脑后，那时我只有十三岁。

但是，这也拯救了我。我把我今天拥有的一切，归功于少年时期采取的勇敢行动。我厌弃的那些课本，给我训诫，不给我鼓励。至于学识，你们懂数学、逻辑学和哲学，而我一无所知。在你们监考老师面前，我只能颓丧地交白卷。但我获得的敏锐感悟

北京大学静园里的泰戈尔雕像

力，从未受到损伤，它使我能触摸对我喁喁微语的生活和自然。

聪慧的人把他们的思想写进书籍，我敬佩他们的卓越才华。然而，心灵感觉也是珍贵的天资。我们出生在一个伟大的世界。假如我培养木讷的心灵，假如在一堆堆书本下面我的感觉被窒息，我早就丧失了整个世界。真实遍布大千世界，遍布万物和自然，接触真实时，一旦窒息、扼杀了激奋我们的感知力，我们对蓝天、四季的花篮以及爱情、怜悯和友谊的微妙关系的内涵，便浑然不觉。这样的感知力，我一直珍藏着。

自然母亲乐意的话，她将为我戴上桂冠，俯身吻我，为我祝福，快慰地说，"你爱我"。我不是以某个社会或团体的成员身份，而是以调皮鬼和流浪汉的身份，生活在这个伟大的世界。在我面对着的世界的心中，我是自由的。你们也许会说我没有教养，说我没有文化，是个迂腐的诗人。你们可能成为学者、哲学家；不过，我认为我也许有权讪笑你们卖弄的学问。

十三岁光景，我何曾有天赐的聪明去认识感知力的价值？那时节，我尚未完全察觉通往它的曲径。我也不知道放弃别的一切，可赢得生活在万象心中的自由。它来自强烈的直接的自我感觉，而不是来自书本和教师。

真的，我知道，你们不会由于我的数学知识比你们少而看不起我。你们相信，我沿着独特的道路，走近了万象的秘密——这样的结论，不是来自透彻的分析，而是来自这一般的看法：比起尊贵的客人，一个孩子可以朝母亲的寝室走得更近一些。我在心中保鲜了儿童的天真，为此，我发现了自然母亲寝室的门扉，黑暗的室内，亮着一盏灯，从遥远的地平线，唤醒之灯的交响乐，与我唱的歌共鸣。

在上海贝纳斯夫人家中谈儿童教育

幼小的时候，我们凭借身心和极其活跃、好奇的感觉，汲取新的知识。我们被送进学校以后，自然的信息库对我们关上大门。我们的眼睛注视的是字母，耳朵听的是抽象的课文内容，而不是从自然心田汩汩流出的让人直接感受的具象的活水。自以为聪明的老师们，认为在自然怀里上课会弄得学生精神涣散，那样做偏离高尚的目标。

我们制定某条纪律，除了达到我们的目的所需的行动，别的一概不予考虑。其实，正是那种来源于成熟思想的目的，我们强加给了儿童。我们说："别重视你们的心灵，关心在你们面前和给予你们的一切吧。"这把儿童推进了苦恼，因为这是与自然对抗的目的；自然，这位最伟大的老师，步步受到人类的老师的阻拦，他们信任机器印制的课本，而不信任生活的课本。结果，儿童心灵的培养，不仅受到妨碍，而且遭到严重破坏。

我深信不疑的是，儿童应置身于具有教育价值的自然景物之中。应该允许他们的心灵被今日生活中发生的事情绊倒，陡生惊异。新的明天将激起他们对生活中新鲜事物的关注。这是教育他们的最佳方法。然而，学校中司空见惯的是，每天同一时刻，用同一种书本对他们灌输知识。向自然学习过程中的意外的惊喜，从未唤起他们的注意力。

独立自主的孩子，接受新鲜事物是何等快捷！幼小的时候，他们时时采集新鲜的现象，哪怕暂时并不理解其含义。潜在的记忆有无限的接纳的能力，某些事物落在他们的身后，也不会在他们的脑海里消失。

我们成熟的头脑里装满我们必须处理、解决的事情。于是，我们周围发生的一件件事，例如，用歌曲和鲜花庆祝的渐至的早晨，未在我们

泰戈尔和中国孩子

身上留下痕迹。我们的脑子里塞得满满的,没有空间容纳它们;从自然之心流出的教学内容,不再浸润我们。我们只选择实物,拒绝其余不希求的一切,我们追求的是成功的捷径。

儿童不像成人那么分心。每一桩新鲜事儿,进入他们时时敞开的好奇的心灵。他们广收博采,同我们的行动迟缓相比,他们在较短的时间内,学会数不清的活计,着实令我们惊讶。生活中这些非常重要的教学内容,他们就是这样学习的。更令人惊喜的是,其中大部分是抽象的真理。我难以想象,一个孩子胡猜乱想,怎么能够理解抽象的概念,掌握复杂的表达方式和我们的语言。他们的思维是很稚嫩的呀!

天生聪明的孩子,学习知识是很容易的。但成人跟暴君似的,藐视他们的天赋,说,儿童学习应该采用他们用过的方法。我们不该说他们应和我们吃一样的食物,我们应承认,儿童与大人的食品应有所不同。自然课堂里的教学内容,孩子就像吮吸母乳那样容易吸收。它们帮助心灵无拘无束地成长,把它带到自然的路上。儿童这样学习知识,是很愉快的。但我们坚决主张采用填鸭式的精神喂养法，我们的授课成为他们的一种痛苦。这是人类一个非常残酷、非常浪费精力的错误。

我年轻的时候，看透了这种教学的弊病。我清楚地记得它给学生带来的痛苦。我按照自己的思路创建的学校里，学生完全摆脱旧式教学的折磨。坦白地说，十三岁那年，我就不去学校念书了。可那样的自由，日后使我作出的贡献，大大超过一生中其他一切成就。我穿过教育的领域，痴迷地在自选的道路上游逛。我捧着书，专注地阅读，说真的，假如还在学校里，我不会这么刻苦。我无意说我反对学生到学校里去读书，但我反对机械的教育方法，因为那样做太不合情理。它遗患无穷，旧的教育体制，是该理智地重新审视了。

对于自然母亲为之提供了全部创造物的自然的学校，我是有所了解的。我在远离城市、风景幽美的圣蒂尼克坦建立了我的学校。孩子们在这所学校里享受充分的自由。至关重要的是，我从不强迫他们接受他们心灵厌恶的课本。我无意自我吹嘘。我承认，我未能在各个方面实施我的计划。由于我们被迫生活在一个蛮不讲理的、不容反驳的社会，我不得不常常对我信不过的，可周围的人坚持的一套东西作出让步。但我念念不忘要创造一个理想的环境，我觉得，这比课堂里讲课重要得多。

环境是早就存在的，创造环境指的是什么呢？清晨，鸟儿歌鸣，唤醒曙光；黄昏带来幽静；夤夜，繁星洒下安谧。这些都影响学校的孩子。跟随不同季节的步伐，我创作歌曲，欢迎春天、延续数月的旱季和神奇的雨季的来临。当大地以春天的各种鲜花，以秋天五颜六色的服饰装扮自己，我们身穿漂亮的衣服，上台演戏。

儿童生活中，他们拥有的健康成长的自由，蕴涵着未来超群的才华。另外，我们渴望另一种自由——同情人类的自由、摆脱种族和民族偏见的自由。

儿童的心灵通常囚禁在内在的监狱里，所以，他们不能以不同的语言和习惯理解他人。当我们成长的心灵盼望理解时，现实迫使我们在黑暗中摸索着互相寻找，稀里糊涂地互相伤害，我们吞咽这个时代最愚昧的苦果。传教士把这些归咎于邪恶。他们打着兄弟情义的幌子，带着目空一切的教派的傲慢，炮制着误解，并把它塞进书本，毒化儿童的心灵。儿童失去心灵的自由，戴着沉重的精神枷锁。

我想了许多办法，让孩子们摆脱隔离他们心灵的死板的教育方法和以书刊、历史书、地理书和充满民族歧视的其他教科书培植的偏见。做这件事，我得到了几位西方朋友的真诚帮助。在东方，我们心中，累积着对其他民族强烈的愤怒，在家里，我们是在对夷人的怨恨的情绪中长大的。我努力使孩子们消除积怨。来自西方的朋友带着理解、同情心和爱心，全心全意地为我们教书。

我们在所有民族的精神和谐的基础上创建我们的学校，完成这项工程，其他所有民族的帮助必不可少。我在欧洲大陆访问时，我对那些伟大的国家和它们的学者发出了热切的呼吁。我极其荣幸地接受了他们的帮助。不少学者离别他们所在的教研中心，来到物质条件非常艰苦的这所学校，协助我们的教育事业，和我们朝夕相处，度过一年或更长的时间。

在我的心目中，我创建的不是一所普通大学，从本质上讲，它是唯一的国际大学。我希望，对那些赞成我们倡导的精神和谐，为缺少精神和谐而苦恼，并寻找补救办法，与别国的人接触的人来讲，它是广阔的聚会的场所。这样的理想主义者，比比皆是。我游历西方时，其他行业的许多尚无显赫名望的无名之辈，也对我表示要参与这项事业。

只要各国的民族欢聚一堂，一起揭示新的真理，无人煽动我们中间的积怨，人类的前途就会光辉灿烂。为了这样的未来在奋力改变旧貌的，是那些默默无闻的人，而不是指挥屠杀的将军，将军们的名字无可避免地要被人遗忘。

在为人类和人性勇于捐躯的微贱的人的身后，真理的博爱的太阳将冉冉升起，他们恰似那个伟人——他只有屈指可数的几个传道的弟子，在人生的终点,他让人看到的,是他惨败的悲惨情景,而那时,罗马正高踞荣誉的顶峰。他遭到权贵的诽谤,不为大多数人所熟悉,平平淡淡地死去,可他的惨败正是他永垂不朽的标志。

今天,像他那样的志士仁人,被投入监狱,遭受迫害,他们无权无势,但属于不朽的未来。

在国际大学中国学院揭幕仪式上的讲话

人类历史上最令人难忘的事件是开辟道路,这当然不是为机器或机关枪开道,而是为帮助不同的种族达到思想认识的一致,履行彼此承担的体现共同人性的责任。这种为数不多的事件以前发生过,印度人民和中国人民之间曾经修筑交往的大道。在那个年代,全凭个人的英雄气概跨越高山恶水,需有非凡的恢宏气魄克服疑虑、惶惑。两个处于领先地位的国家相逢之时,不是战场上的死敌,宣称自己拥有成为世界霸主的权力;而是文雅的朋友,无比欣喜地交换礼品。之后,出现了缓慢的衰退,两国处于隔绝状态,交往的大道蒙上了互不关心的厚尘。今天,我们的老朋友再次向我们发出呼吁,不遗余力地协助我们重新踏上被遗忘了的世纪的疏懒所抹去的古道。我们为此感到欢欣鼓舞。

国际大学中国学院

在国际大学中国学院揭幕仪式上的讲话

对我来说,今天是一个期待已久的伟大日子,我可以代表印度人民,发出消隐在昔年里的古老誓言——巩固中印两国人民文化交流和友谊的誓言。远在一千八百年前,我们的祖先以无限的忍耐和牺牲精神,为这种交流奠定了基础。十几年前,我应邀前往中国访问的时候,我感觉到从印度之心喷涌而出的生命的洪流,漫过山岳,漫过沙漠,流到遥迢的边陲,丰腴了印度人民的心田。我想起神圣的朝觐途中那些一往无前的英雄,忠于信仰,怀着超越自身、培育联结万民的至爱的理想,舍生忘死,饱受远离家族和亲人的痛苦。他们多数人泯逝了,未留下一丝痕迹。只有少数人对后人讲述了他们的故事。这不是冒险家或侵略者的故事。冒险家和侵略者吹嘘的"壮举",不过是为无从稽考的劫掠生涯进行带有浪漫色彩的狡辩。这是朝觐者赠送爱和智慧的礼品的故事,铭记在接待他们的主人的文化记忆中的不可磨灭的故事。我读着这个故事,作为备受尊敬的民族的代表,在中国受到热烈欢迎。同时我感到惭愧的是,在虚无主义的氛围中,长期的厄运黯淡了人类历史的珍奇之一——崇高的奋斗所蕴含的巨大的人道主义价值。

我在为我举行的欢迎集会上对中国主人说:"朋友们,我前来请你们疏通我相信依然存在的交往的道路。尽管路上蔓生着忘却的荒草,它的走向仍依稀可辨。我没有先人那样的感召力,也没有他们那样的聪慧,完成这个使命的构想在我心里尚未成熟。我们印度是个被打败的国家,我们没有政权、军权,也没有贸易权。在物质上我们不晓得

泰戈尔和首任中国学院院长谭云山

怎样帮助你们，自然也不会损害你们。但我们可以荣幸地和你们欢聚，作为你们的客人，作为你们的东道主，作为你们的兄弟和挚友。让我们常来常往，我邀请你们，一如你们邀请我。我不清楚你们是否听说我在本国创办的学校，它的宗旨之一，是敞开印度的胸怀迎接世界。让貌似的关隘变为通途吧，愿我们不忌讳差异，恰恰在承认差异的基础上团结起来！差异永远不会消除，没有差异，生命反倒羸弱。让所有种族保持各自的特质，汇合于鲜活的统一之中，而不是僵死的单一之中。"

我说的那番话今天终于实现了。在座的中国朋友带来了友谊和合作的礼物。作为随着时间的推移不断增长的理解的核心和象征，过一会儿将揭幕的中国学院，将发挥积极作用。中国的学生和学者将作为我们的成员住在这儿，他们的生活和我们的生活水乳交融。他们将为共同的事业付出辛勤的劳动，帮助逐步复修中印两国人民之间业已中断十个世纪、富于成果的康庄大道。至于国际大学，我希望现在和将来它是各国人士聚会的场所，不管来自东方，还是西方，只要他们坚信人类的团结，决意为自己的信仰忍受艰苦。我信赖他们，纵使他们的探索或许并非意义重大而未能载入史册。

也许有人认为：火车、轮船、飞机已经把世界紧紧联系在一起。几乎每座城市已是国际都市，我们发出旨在加强联系的特殊邀请，纯粹是多此一举。然而，不幸的是，正是渐渐形成的那种联系，在使人们彼此疏远和分离方面，大大超过先前的天然屏障。我们发现的令人痛心的事实是，把人们分隔得最厉害的莫过于那种错误的现代比邻。人们走上同一条路，或互相躲避，或互相陷害，总也走不到一块儿。人与人相遇，或是乔装打扮的剥削者，或是行客，扫一眼他人的生活表层，步入旅店，便从他人的土地上消失了。我们所在的世界上，民族分为两类，一类民族践踏他人的自由，一类民族无力保卫自己。所以，我们倘若过多地干预他人的权利，就难以与他们开展文化交流。当今这个恐怖的世界上，弥漫着惶遽和猜疑的黑暗。爱好和平的民族畏惧一群群掠夺者，退入隔绝的境地，以确保安全。

我至今清楚地记得我们乘船离开上海，沿着浩荡的长江前往南京的情景。我通宵待在客舱外面，欣赏两岸幽美的夜景。入睡的农舍里，闪烁着落寞的灯光，烟雾迷蒙的丘陵沉浸在静谧中。清晨，举目望去，一艘艘木船升起白帆，涨满清风，在江面上疾驶。这幅生命自由运动的壮丽画卷，多么赏心悦目，我陶醉了，我感到我的生命之舟也扬帆飞驰，载着我冲出藩篱，冲出昏眠的昔日，进入广阔的人类世界；载着我游历了人类历史发展的各个阶段。

深夜，一座村庄是一个中心，每一幢默立着的农舍被麻痹了意识的链子缠捆着。我猜想我观赏夜景之时，那些沉睡的灵魂周遭浮荡着离奇的梦。令我的心强烈震颤的是，人们酣眠之时，局限在多么狭窄的个人生活的圈子里呵！沉入黑暗和无忧的寂静中的民房，只有孤灯相伴。我看不见的唯一的清醒者，大概是鬼鬼祟祟的窃贼，趁人沉睡干着不光彩的勾当。

明灿的曙光中，我们跨出了个人生活的圈子。然后，沐着照临古今芸芸众生的阳光，在生活领域中互相了解，互相合作。这是破浪前进的航船捎给黎明的喜讯，也是舒张的风帆对我描述的生命的自由。我为此感奋不已。我衷心祝愿真正的黎明降临人类世界，金色的阳光永远普照大地。

我们所处的时代依旧代表昏睡的人类世界的黑夜？各个国家囿于各自的疆域，名义上是国家，却像入睡的锁闭的民宅，用门闩、插销、各种律条禁锢自己？这些莫非反映文明的黑暗时期？我们尚未认识到在户外清醒地活动的是盗贼？

然而，我毫不沮丧。正如天空尚未破晓，晨鸟歌唱着宣告旭日升起，我的心歌唱着宣告：伟大的未来正向我们走来，离我们很近了。我们应当准备迎接这个新时代。

某些聪明、傲岸、务实的人说，心地善良不是人的本性。古往今来，人类互相厮杀，强者征服弱者。人类文明不可能有货真价实的道德基础。我们无法否认他们列举的事实：强者统治着人类世界，但我们拒

周恩来总理赠送给国际大学的书籍

周恩来总理 1957 年参观国际大学

绝承认这揭示了真理。

唯有合作、友爱、互相信任、互相帮助，能使文明显示真正的伟大价值。当前，应该继续加强精神和道义的力量，以促使人们协调科学方面的利益，控制、驾驭武器和军备。

我知道有些人会指出中国和印度的弱点，警告我们，我们已被无情地抛入世界上强悍的侵略者中间，为免遭灭亡，增强实力，推动进步刻不容缓。确实，我们没有组织起来，软弱可欺，是野蛮势力怜悯的对象。根本原因不是我们对和平的热爱，而是我们不再为我们的信仰付出死的代价。我们务必学会保卫自身的人格，反对强暴者的横行霸道，注意不走他们的老路，不使自己性情残暴，不去毁掉那确保我们的人格得到保护的真正价值。

危险不独来自外部的敌人，也来自我们的背叛。一个多世纪以来，繁荣的西方的马车后面，灰尘呛鼻，喧声震耳，孤立无助中，我们唯唯诺诺，飞驰的车轮把我们压倒，我们被有效地蛊惑，被摆布，依然同意承认那驾车的娴熟体现进步，进步即文明。如果我们鼓足勇气问一句："这种进步的目的何在？是为何人？"则会被认为是东方人狂妄可笑地对绝对的进步持怀疑态度。不过，前些日子，我们耳朵里传进了另一种声音：你们不要只关注那四轮马车具有完美的科学性，也要考虑路上挖的堑壕的深度。今日，我们大胆诘问："这种进步若使美好的人类世界变为漫漫荒漠，它有何价值？"虽然我们作为受压迫受欺侮的、在尘埃中流血的民族的一员说话，但我们绝不承认失败，不接受无休止的凌辱，不认为受压抑的民族精神和被出卖的信仰已经沦丧。

我们应该经常收听这样的消息：靠别人撑腰，有的人腰缠万贯，有的人战胜了对手，有的人捞到贪图的一切，但最终都走向了灭亡。传出这类消息最多的地方，是打着各种幌子猎取人头、啖食人肉的现代世界。

特别需要加以维护的，不是风俗习惯，而是道德力量。道德力量能够提高我们文明的质量，使之受到广泛的尊重。所以，我请求中国人民给予合作。我愿援引中国的先哲老子的一句名言:"有德司契,无德司彻。"与内在理想无关而与外在诱惑勾连的所谓进步,追寻着无穷利欲的满足。然而,文明是一种理想,能给予我们尽责的力量和快乐。

让我们坚持不懈地履行职责,保护并提高各自文化的特殊价值。不可盲目地相信:古老的尽是破烂,现代的样样是珍品。我们把现代的和古老的东西分门别类的时候,往往按照年份,这是个大错误。众所周知,春天的鲜花是古代繁衍下来的,象征着土地的生命的黎明,它难道是泯逝之物或废物的标记?因为绢花是"昨天"制作的,就可取代春天的鲜花?我们爱惜的应具有人类恒久的价值,不管它是古老的还是现代的。优秀的文化精神,使中国人民无私地钟爱万物,热爱人世的一切;赋予他们善良谦和的秉性,而未把他们变为物欲主义者。还有什么比这更值得珍惜的呢?他们本能地抓住了事物的韵律和奥秘,即情感表现的奥秘,而不是科学孕育的权势的奥秘。这唯独天帝深谙的奥秘,是一份珍贵的礼品。我羡慕他们,但愿印度人能分享这份礼品。

我不清楚中国和其他国家的朋友期望分享我们哪些卓越成就。印度的先哲献身于智能和行善的理想,以聪慧获得解脱,以同情获得至爱。如今,我们不应该夸耀他们的智力和爱心。我只希望这些在我们身上尚未衰竭到使我们无力创造一个环境,去热诚地接待嘉宾,去超越自我更加贴近其他国家的人民的心,去认识人类无止境的创造性工作的深远意义。

1937年4月14日
圣蒂尼克坦

在莫斯科和小学生就教育进行座谈

考察俄国的教育,是我俄国之行的主要目的。参观的每所学校,都让我大开眼界。过去的八年中,教育的发展使俄国人的精神面貌焕然一新。哑巴似的人,开口说话了;遮盖卑贱者心灵的厚幔揭去了;低能者的潜能苏醒了。被凌辱压瘫的人,跃出社会的枯井,获得了平等的地位。这么多人的精神面貌变化得如此之快,简直难以想象。遥望俄国沉寂的旧时代之河腾涌起的教育大潮,我兴奋不已。从东到西,从南到北,亿万平民正胸怀大志,埋头苦干。他们面前,崭新的希望之路,越过地平线,朝未来延伸。俄国处处洋溢着勃勃生机。

俄国人民在三个领域,即教育、农业和工业领域里,发愤图强,开辟新的道路。他们不知疲倦地劳动,生产尽可能多的粮食,完美着整个民族的心灵。同印度一样,俄国大部分人是农民。可印度的农民愚昧低能,且又被剥夺了接受教育、增长才能的机会。他们唯一的脆弱的依怙——陋俗,像旧时的管家,大权在握,却好吃懒做,若将他当作旅伴,无从加快它的步履,它一瘸一拐地慢吞吞地走过了几百年。

古代印度的黑天据说是农业之神,牛厩是他的娱乐场所。他的兄长大力罗摩,手持铁犁,这件武器是人类的机械的威力的象征。机械给农业以动力。可如今印度辽阔的田野上觅不到大力罗摩的踪迹。他自惭形秽,去了大洋彼岸他的武器可以显示威力的国度。俄国的农业也唤去了大力罗摩;俄国七零八落的小块土地神速地连成一片,荒原也充满了绿色生机。

人们应该记住,大力罗摩是当代高举铁犁者的生动形象。

1917年十月革命爆发之前,俄国百分之九十九的农民未见过拖拉机。他们和印度的农民一样，是孱弱的罗摩——日日忍饥挨饿，孤苦无助，沉默无语。时过境迁，俄国的大地上突然驶来了千万台拖拉机。用我们的话说，他们过去是黑天弱小的伙伴，如今则是一群大力罗摩。

但拖拉机手不是真正的人，单有拖拉机也无济于事。俄国土地上的农业与俄国人心田上的农业，携手并进。

泰戈尔访问莫斯科

俄国的教育手段生动活泼。我反复强调，教育应与生活旅程相结合，两者一旦脱节，它便沦为仓库里的物件，无力供应精神食粮。

我发现俄国人办教育有声有色的原因，是他们未将学校逐出凡世。他们的教育宗旨是培养大批人才，而不是仅仅让学生通过毕业考试，塑造一批书呆子。印度有不少学校，但要记住，头脑比书本重要，才能比博闻重要。心灵顶着典籍的诗行的重负，引导其前进，我们只怕是心有余而力不足。

我多次与我的学生交谈，发现他们脑子里一片空白，他们不向我提任何问题。求知和知识面的扩大之间有着内在的联系，而在他们那儿已断为两截。从入学的第一天起,按照刻板的教学大纲,向他们灌输书本知识,他们把学到的书本知识重抄一遍,考试就能获得高分。

我记得跟随圣雄甘地从南非归来的一群弟子,曾在圣蒂尼克坦学习。有一天我问他们中间的一位:"你愿意和我的学生一道去苏鲁尔的树林里游玩吗?"他摇摇头:"我不知道。"他想问队长。我阻止道:"你以后再问,先告诉我,你本人愿不愿意去。"他茫然道:"我不知道怎么说。"由此可见,这位弟子遇事从未拿过主意,你拨一拨,他动一动,自己从来不动脑筋。

当然,像他这样茫然失措,不知如何处理寻常小事的例子,在我们的学生中间极为少见。但如果提出稍难的要深思的问题,那就会看到,他们毫无思想准备。他们习惯于等待,伸长耳朵倾听我们在上面讲些什么,人世间恐怕没有比他们更可怜的灵魂了。

俄国正就教学方法进行的各种实验,我今后再作详细介绍。阅读有关报道和书籍,对俄国教育也会有初步的印象。但在人群中直接观察教育的本貌,收获更大。前几天,它已为我亲眼所见。俄国各地建立了叫做少年宫的许多活动站,我参观了其中的一个。少年先锋队很像圣蒂尼克坦的童子军。

步入少年宫,只见台阶两旁站着几排欢迎我的少男少女。进入大厅,他们簇拥着我坐下,我似乎是他们的成员。请你记住,他们全是孤儿。他们从未对他们来自的那个阶级的人提出照顾的特殊要求。这些失去父母爱护的孩子,靠很少的一点助学金生活。缓缓地打量他们娇嫩的面孔,未看到被虐待和处罚的阴影。他们不紧张,不拘束。从他们的神情看得出,他们对未来充满信心。他们是那样兴高采烈,仿佛看到了前面为他们安排的称心的工作岗位。

他们的代表致欢迎词之后,我作了简短的答词。

一个男孩就我提到的一个话题说:"资产阶级为自己牟取暴利,我们主张全体人民共享国家的财富。我们在学校里就开始执行政府制定的人人平等的政策。"

"我们自己管自己。"一个女孩接着说,"我们遇事总是先商量再行动,对大家有利的事,我们尽量办好。"

另一个男孩说:"我们可能犯错误,但我们一向主动请大人们为我们出主意想办法。必要时,低年级同学去征求高年级同学的意见,有时还向老师请教。这种作法是符合宪法的,我们要坚持做下去。"

由此你可以明白,他们的教育不是死背课本的教育。他们在浩浩荡荡的群众队伍中培养自己的品德,端正自己的言行。他们为信守自己的誓言而感到骄傲。

我多次对我校的师生说,我们要大声疾呼,唤醒全国民众对公益事业和自治的责任感。在圣蒂尼克坦的小范围内,我们要首先把这种责任感变成自觉行动。学校里要实行师生共同的自我管理,从而尽善尽美地做好各项工作。这样也可为全国起示范作用。个人意愿服从公众利益的实践,不可能站在国家的演讲台上,要为它提供一个场所,这场所就是我们的书院。

举一个小例子。孟加拉地区在饮食方面的陋习陋俗,可谓"盖世无双"。我们冷酷地折腾厨房,糟蹋自己的胃,实属荒唐之举。可易风易俗比登天还难。着眼于本民族的长远利益,我校的师生如果下决心制服对高蛋白高脂肪食品的贪馋,我所说的教育便富于成果。我们把背"3乘9等于27"当作教育,学生无论如何是不能背错的,在我们看来,不认真检查,是严重失职。但把营养教育当作廉价之物,更是愚蠢的行为。国家对群众的饮食负有责任,充分认识并牢记这种责任,比考试取得及格分数重要得多。

我与少先队员的交谈换了个话题:"你们这儿谁犯了错误,如何处置?"

一个姑娘答道:"领导是不来过问的,处罚由我们自己决定。"

"请说详细些,你们可曾成立民事法庭审判犯错误的人,可曾选谁当审判员?有哪些处罚条例?"我这样问大概出乎他们的意料。

另一个姑娘回答道:"我们这儿没有所谓的法庭,我们只开批评会。"

把扩大的错误硬加到谁的头上,本身是一种惩罚,而且是最严厉的惩罚。"

一个男孩补充说:"学生犯了错误很难过,别人心里也不好受。批评几句,改了就算了。"

"假如那个学生认为别人诬陷了他,他可以向上级机关申诉吗?"我又提了个怪问题。

另一个男孩讲了他们的通行做法:"我们一般进行投票,大部分人认定他犯了错误,有了结论,便不再商讨。"

"即使那样,"我说,"那个学生依然认为大部分人对他不公正,怎么办呢?"

泰戈尔的少先队员座谈

一个女孩回答:"在那种情况下,恐怕只好请老师来评判了。不过,这种事从未发生过。"

问及他们承担的任务,那个女孩滔滔不绝地说:"金钱、名利是外国人做事的动力,我们不追名逐利,我们追求的是人民的利益。我们下乡教农民学识字,对他们讲解保持清洁的环境的必要性,怎样巧干农活儿。我们经常住在村里,为他们表演文艺节目,宣传国家的大好形势。"

今天谁为我表演呢？他们齐声说："宣传队！"

一位女孩说："我们应该及时知道祖国每个领域取得的巨大成就，把喜讯告诉周围的人，这是我们应尽的义务。只有胸怀祖国，处处为他人着想，我们所做的一切才有意义。"

一个男孩介绍了他们的学习："我们首先预习，听老师讲课，接着互相交流学习体会。最后遵照上级的指示，深入基层，让群众分享我们的知识。"

宣传队为我作了表演，内容是实现五年计划的坚强决心。他们的雄心壮志，是在五年之内在全国实现机械化、电气化。不仅在欧洲，在十分遥远的亚洲的国土上，也将推广农业机械化。五年计划的宏伟目标，不是让富人更富，而是使人民强大起来，其中包括中亚地区皮肤黝黑的少数民族。不消说，少数民族的强大，不会成为他们的隐患。

实现五年计划，急需大量资金。在欧洲的国际市场上，俄国的信用证无人接受，俄国人只能做现款交易。他们只得出售农产品，购买紧缺的物资。他们生产的粮食、肉类、蛋类、黄油源源不断运往国际市场。全国的老百姓心甘情愿地勒紧裤腰带过日子，见此情形，外国的银行家并不高兴。战争时期，外国的工程师曾大肆破坏俄国许多工厂的设备。

五年计划宏大而复杂，时间紧迫，他们不敢懈怠。他们面对着整个资本主义世界设置的重重障碍，当务之急是在尽可能短的得时间内，自力更生，提高国民生产总值。

宣传队类似剧团。宣传队员举着彩旗，载歌载舞，表现靠自己的力量实现机械化的过程中取得的惊人成就。这种宣传是非常必要的。应该对缺少生活必需品、艰难度日的人们讲清楚，苦难必将消逝，幸福必将来临。喜悦而自豪地想象着美好的前景，困境中的人们便不会发一句牢骚。

令人宽慰的是，不是一部分人，而是全体俄国人民同心同德，正在为实现这伟大目标而艰苦奋斗。宣传队也表演反映国外重大事件的节目。我忽然想起，我在波蒂萨尔曾听过民间艺人的演唱，内容是关于人体和解脱之道。两者的形式相同，但目的大相径庭。我暗自思忖，回到国内，我也要在圣蒂尼克坦和苏鲁尔组织一支宣传队。

他们每天的作息制度如下：早晨七点起床，做操十五分钟，洗漱，用早餐。八点钟上课。下午一点用午餐，休息片刻。继续上课至三点。科目有：历史、地理、算术、初级自然、初级化学、初级生物、物理、国家学、社会学和文学。此外要学习实用技术，如制作手工艺品，做木工活儿，装订书籍、装配、修理新式农机。三点以后，少先队员根据日程安排，去参观工厂、医院或集体农庄。每五天的最后一天是他们的假日，星期日不放假。

他们每年组织郊游。平时经常举行文艺会演，或去看戏看电影。傍晚阅读小说，谈心，举行辩论会、文学讨论会和最新科学成果报告会。假日里，少先队员浆洗自己的一部分衣服，打扫卧室和宿舍楼，清除楼房周围的杂草。可以读课外读物，外出游玩。他们七八岁入学，十六岁离校。每年不像印度放那么长那么多的假，每个学期没有那么多空隙。几年之内可以学到丰富的知识。

俄国学校的最大特点，是学生把一部分课文内容以画的形式表现出来。这样学的内容在脑子里留下深刻印象，同时掌握了绘画技巧，读书与形象创造的欢乐融为一体。有人误认为他们只注重技能，轻视美术，孤陋寡闻，事实并非如此。

沙皇时代建造的大剧院里演出高雅的歌舞和戏剧，去晚一点就买不着票。在戏剧领域，能与俄国戏剧大师比肩的外国艺术家，寥寥无几。旧时代只有王公贵族享受高雅艺术。穷人无钱买皮靴，身穿褴褛的脏衣服；为寻求精神解脱而向神职人员行贿，在权贵们的面前跪倒磕头，自轻自贱。如今他们坐满了剧院。

我应邀观看了根据托尔斯泰的长篇小说改编的歌剧《复活》。若说普通观众都能完全体味此剧的意蕴，那是夸张。但自始至终这些观众静静地专注地倾听。不能想象英国的工人、农民也能像他们这样全神贯注地欣赏，印度人就更没有这份耐心了。

再举一个例子。莫斯科举办我的绘画展览。不消说，展出的全是抽象派作品。这些虽是外国画，却没有任何国家的艺术风格。但展览厅里观众摩肩接踵，几天中观众人数超过五千。不管评论家如何评论，我不能不赞扬他们的审美趣味。

你不承认审美趣味也行，只管认为那是空泛的好奇。但产生好奇，这恰恰说明心灵是苏醒的。记得我们从美国进口一台空气压缩机，挖了一眼井，水从井底喷涌而出。可当我发觉，它未能从学生的心底抽出丝毫兴致，心里沮丧极了。印度也有发电厂，可几个学生对它表示浓厚的兴趣！尽管他们出身于名门富家。情感麻木之处，兴趣必然衰竭。

我们收到许多学生赠送的画作，看了大为惊讶。这些作品是学生施展想象画出来的，是创作，不是临摹之作。

纵览俄国的建设和创造，我深感欣慰。在俄国的日日夜夜，我依然牵挂着印度的教育，常想以我孤寂的微力汲取、借鉴俄国的成功经验。可是，唉，人生苦短——我恐怕实现不了我的"五年计划"。以往的三十余年，我孤单地撑篙，搏击风浪，看样子还得再撑二三年。我知道，航程不会太长，然而我无怨无悔。

1930 年 10 月 2 日
柏林

图书在版编目（CIP）数据

泰戈尔笔下的教育 /（印）泰戈尔著；
白开元译 . —北京：中央编译出版社，2015.12
ISBN 978 – 7 – 5117 – 2875 – 3

Ⅰ.①泰…　Ⅱ.①泰…　②白…　Ⅲ.①泰戈尔，
R.（1861~1941）–教育学–文集　Ⅳ.①G40 – 53

中国版本图书馆 CIP 数据核字（2015）第 286405 号

泰戈尔笔下的教育

出 版 人：	刘明清
出版统筹：	董　巍
责任编辑：	邓　彤
责任印制：	尹　珺
出版发行：	中央编译出版社
地　　址：	北京西城区车公庄大街乙 5 号鸿儒大厦 B 座（100044）
电　　话：	（010）52612345（总编室）　（010）52612352（编辑室）
	（010）52612316（发行部）　（010）52612317（网络销售）
	（010）52612346（馆配部）　（010）55626985（读者服务部）
传　　真：	（010）66515838
经　　销：	全国新华书店
印　　刷：	北京金瀑印刷有限责任公司
开　　本：	787 毫米×1092 毫米　1/16
字　　数：	245 千字
印　　张：	17.75
版　　次：	2015 年 12 月第 1 版第 1 次印刷
定　　价：	46.00 元

网　　址：	www.cctphome.com	邮　　箱：	cctp@cctphome.com
新浪微博：	@中央编译出版社	微　　信：	中央编译出版社（ID：cctphome）
淘宝店铺：	中央编译出版社直销店（http：//shop108367160.taobao.com）		（010）52612349

本社常年法律顾问：北京嘉润律师事务所律师　李敬伟　问小牛
凡有印装质量问题，本社负责调换。电话：（010）55626985